나는 믿습니다

나는 믿습니다
I believe

김승욱

규장

사도신경

전능하사 천지를 만드신 하나님 아버지를 내가 믿사오며,
그 외아들 우리 주 예수 그리스도를 믿사오니,
이는 성령으로 잉태하사 동정녀 마리아에게 나시고,
본디오 빌라도에게 고난을 받으사,
십자가에 못 박혀 죽으시고,
장사한 지 사흘 만에 죽은 자 가운데서 다시 살아나시며,
하늘에 오르사, 전능하신 하나님 우편에 앉아 계시다가,
저리로서 산 자와 죽은 자를 심판하러 오시리라.
성령을 믿사오며, 거룩한 공회와, 성도가 서로 교통하는 것과,
죄를 사하여주시는 것과, 몸이 다시 사는 것과,
영원히 사는 것을 믿사옵나이다. 아멘.

the Apostles' Creed

추천사

사도신경에서 역동적 생명을 느낀다

한국교회의 대단히 좋은 전통 중 하나가 예배 시간에 사도신경을 함께 고백하는 것이라고 생각합니다. 기독교 역사 속에서 교부들은 일찍이 성경의 가르침을 요약하여 기독교의 기본적인 신앙고백으로 후세들에게 전해주었습니다. 그렇게 전해진 것이 오늘날 우리가 함께 고백하는 '사도신경'입니다.

그 이후 다양한 이름으로 신앙고백들이 만들어지기는 했지만, 그 내용은 사도신경이 주축을 이루고 있습니다. 사도신경은 간략하면서도 가장 중요한 기독교 신앙을 표현한 것으로 예수님을 믿는 사람이라면 누구나 고백해야 하는 공동의 신앙고백문이자, 초신자들이 주기도문, 십계명과 함께 가장 먼저 배우고 암송하는 것이기도 합니다.

사도신경 하나만 분명히 이해하고 제대로 믿고 고백한다면 그 사람은 구원받은 사람이라 할 수 있습니다. 공동 예배시간이나 개인 예배시간에 즐거이 고백하면 우리의 신앙을 다시금 확인하고 북돋을 수 있는 귀한 내용입니다. 특히 대중 예배 중 모두 함께 고백할 때 큰 힘과 기쁨을 느낍니다. 나 혼자만의 신앙이 아니라 수많은 사람들이 함께 같은 신앙을 고백하는 공동체가 존재한다는 것이 얼마나 격려가 되는지 모릅니다.

저는 임종을 앞둔 분들에게도 사도신경을 고백하게 합니다.

"몸이 다시 사는 것과 영원히 사는 것을 믿사옵나이다. 아멘."

그럴 때마다 사도신경을 통해 하나님의 평화와 소망이 넘치는 것을 경험합니다. 개인적으로 저도 임종하는 순간 사도신경을 고백하며 천국에 가고 싶다는 마음이 있습니다.

특별히 오늘날처럼 성경적 신앙이 강하게 도전받는 시대일수록 확실한 신앙을 다 같이 고백하는 것이 중요합니다. 이런 때에 김승욱 목사님이 사도신경을 시리즈로 설교했을 때, 정말 기뻤습니다.

김 목사님의 사도신경 설교는 어느 저서보다 확실했고, 성경적이었으며, 힘이 있었습니다. 그리고 누구나 다 이해할 수 있도록 유익을 주었습니다. 교회를 하나로 단단히 신앙고백 위에 세우는 역할을 했습니다. 너무 고마웠습니다. 불확실한 시대에 확실한 메시지가 선포된 것은 한국교회에 큰 공헌을 한 것이라 생각했습니다.

더욱이 김승욱 목사님의 사도신경 강해설교가 책으로 출판된다는 소식에 한국교회를 위해 크게 환영하며 기뻐하는 바입니다. 바라기는 이 책의 출간이 한국교회의 모든 목사님들이 김 목사님처럼 강단에서 한 번 더 사도신경을 새롭게 선포하는 계기가 되었으면 좋겠습니다. 그래서 세상은 다 변해도 한국교회만은 이 역사적인 신앙고백을 가슴에 품고 분명한 복음을 선포하는 교회로 주님 오시는 날까지 흔들리지 않고 전진하기를 간절히 바랍니다.

김상복 목사
횃불트리니티신학대학원대학교 총장, 할렐루야교회 원로목사

추천사

PART 1 — 하나님 아버지

chapter 1
나는 이것을 믿습니다 … 13

chapter 2
전능하신 하나님 아버지 … 29

chapter 3
천지를 창조하신 하나님 아버지 … 49

PART 2 — 이 땅에 오신 예수님

chapter 4
하나님의 독생자 예수 그리스도 … 67

chapter 5
우리 주 예수 그리스도 … 87

chapter 6
성령으로 잉태하신 예수 그리스도 … 111

chapter 7
동정녀 마리아에게 나신 예수 그리스도 … 129

차례

나를 위해 죽으시고 다시 사신 예수님
PART 3

chapter 8
십자가에 죽으신 예수 그리스도 — 153

chapter 9
사흘 만에 다시 사신 예수 그리스도 — 171

chapter 10
하늘에 오르신 예수 그리스도 — 191

chapter 11
하나님 우편에 앉아 계신 예수 그리스도 — 207

chapter 12
심판하러 다시 오실 예수 그리스도 — 221

성령과 교회
PART 4

chapter 13
성령님을 믿습니다 — 243

chapter 14
거룩한 공회를 믿습니다 — 263

chapter 15
성도들이 서로 교통하는 것을 믿습니다 — 277

chapter 16
죄를 사하여주시는 것을 믿습니다 — 293

chapter 17
몸이 다시 사는 것을 믿습니다 — 311

chapter 18
영원히 사는 것을 믿습니다 — 325

에필로그

하나님
아버지

PART 1

I believe
나 는
믿 습 니 다

내가 또한 너희에게 말하노니 누구든지 사람 앞에서 나를 시인하면 인자도 하나님의 사자들 앞에서 그를 시인할 것이요 사람 앞에서 나를 부인하는 자는 하나님의 사자들 앞에서 부인을 당하리라

누가복음 12장 8,9절

나는 이것을 믿습니다

chapter **1**

나는 무엇을 믿고 있는가?

사도신경은 우리의 신앙을 고백하며 선포하는 고백문입니다. 그래서 우리는 예배 공동체로 모여 예배를 드릴 때마다 가장 먼저 사도신경을 고백하는 것으로 예배를 시작하곤 합니다.

사도신경이 중요한 까닭은 하나님의 백성인 우리가 과연 무엇을 믿고 있는 것인지 그것을 통해 분명하고 명확하게 알 수 있기 때문입니다. 예수 그리스도를 주(主)로 믿고 따르는 모든 교회는 바로 이 사도신경에 나와 있는 내용들을 자신의 신앙고백으로 삼고 있습니다.

믿음은 막연한 것이 아닙니다. 그저 감정에 따라 '한번 믿어볼까?' 하는 차원이 아닙니다. 성경은 분명히 "하나님의 아들을 믿는 것과 아는 일에 하나가 되어"(엡 4:13)라고 권면합니다. 믿음의 내용을 알아야 합니다. 그래야 그 내용 위에 우리의 믿음을 굳건히 세울 수 있습니다.

물론 믿음이란 아는 것 이상의 차원입니다. 그러나 그렇다고 해서 아는 것을 배제하고 이룰 수 있는 것도 아닙니다. 우리가 믿는 믿음의 내용을 확실히 알아야 시험과 어려움이 닥칠 때 우리의 믿음을 확고히 할 수 있습니다.

예수님은 처음부터 그분을 따르는 제자들에게 믿음의 내용을 물으셨습니다.

"너희는 나를 누구라 하느냐"(막 8:29).

무엇을 믿느냐고 물으시며 믿는 것을 확실히 알라고 인도하신 것입니다. 그리고 그 믿는 것을 말로 시인하고 선포하라고 하신 것입니다. 즉, 예수님은 처음부터 믿음을 선포하고 시인하는 자가 되라고 제자들을 인도하십니다.

신앙고백은 옵션이 아니다

누가복음 12장을 보면 믿음을 시인하고 고백하는 것이 얼마나 필수적인지 더 명확하게 알 수 있습니다.

> 내가 또한 너희에게 말하노니 누구든지 사람 앞에서 나를 시인하면 인자도 하나님의 사자들 앞에서 그를 시인할 것이요 사람 앞에서 나를 부인하는 자는 하나님의 사자들 앞에서 부인을 당하리라 눅 12:8,9

공식적인 자리에서 주님을 시인하라고 하심은 그분을 향한 믿음을 선포하고 알리라는 것입니다. 그래야 주님도 하나님과 그분의 천사들 앞에서 우리를 인정해주신다는 것입니다. 주님을 시인하고 믿음을 고백하는 것은 옵션이 아닙니다. 해도 되고 안 해도 상관없는 예배 순서 중 하나가 아니라 신앙의 필수적인 요소입니다.

특별히 오늘날처럼 사이비와 이단들이 득세하고 있는 때에 사도신경을 통해 기독교 정통신앙을 아는 것은 정말 중요합니다. 사이비와 이단들 역시 자신들을 기독교라고 소개하기 때문입니다. 겉모양만 봐서는 그럴듯합니다. 교회와 그리 달라 보이지 않습니다. 그러나 그들이 믿는 내용을 보면 기독교 역사에 근거한 정통신앙과는 매우 다르다는 것을 알 수 있습니다.

예수님이 경고하신 대로 그들은 양의 옷을 입고 노략질하는 이리입니다. 우리의 영혼을 파괴하려는 자들입니다. 그렇기 때문에 우리는 정통적인 기독교 신앙이 무엇이며 무엇이 그릇되고 빗나간 것인지 파악할 수 있어야 합니다. 우리와 우리 자녀들의 영혼이 달려 있는 문제이기 때문에 대강 알고 넘어가서는 안 됩니다.

사도들의 고백이 우리의 고백으로

정통적인 기독교는 역사적인 교리를 가지고 있습니다. 10년 전, 혹은 100년 전 어느 날 갑자기 "내가 보혜사다"라고 외치며 나타난 것이 아닙니다. 수천 년을 지나면서 역사 속에서 증명되고 증거되었고, 열매가 나타난 역사적인 교회인 것입니다.

너희는 사도들과 선지자들의 터 위에 세우심을 입은 자라 엡 2:20

　구약 시대에는 장차 오실 메시아와 하나님을 믿음으로 구원을 얻었지만, 그 모든 계시가 예수님 안에서 완성되면서 예수 그리스도를 믿어 구원에 이를 수 있는 길이 온 세상에 활짝 열렸습니다. 즉, 우리의 믿음이 그냥 생긴 것이 아니라 하나님께서 계시로 말씀을 주신 사도들과 선지자들의 가르침 위에서 성도가 된 것입니다.

　그렇기 때문에 사도신경이 더욱 중요합니다. 처음부터 주님을 직접 뵈었고 주님의 말씀을 기록했던 사도들에게서 나온 신앙이 무엇인지 알아야 하는 것입니다.

　사도신경의 내용들은 초대교회 때부터 사람들이 예수님을 믿고 성도가 되는 과정에서 고백한 신앙의 내용들인데, 그것이 8세기 초에 공인된 문서로 온 교회에 알려지게 되었습니다. 즉, 사도신경은 역사적으로 기독교가 사도들의 가르침 위에 세워졌는데, 그 근본 교리가 무엇인지를 우리에게 알려주는 사도들의 가르침인 것입니다.

　사도신경 원문은 라틴어로 되어 있습니다. 첫 천 년 동안 기독교 지식인들이 라틴어로 성경을 가르치고 예배를 드렸기 때문입니다. 사도신경의 첫 단어는 '크레도(credo)'로, '나는 믿습니다'라는 뜻입니다. 즉, 신앙고백을 통해 '나는 여기 나온 내용들을 믿습니다'라고 선포하는 것으로 사도신경이 시작되는 것입니다.

　그래서 먼저 '크레도', 즉 "나는 믿습니다"라고 믿음을 선포하는 것이 왜 그리 중요한지를 살펴보려고 합니다.

믿음을 선포하는 것은 예배이다

우리는 사도신경으로 신앙을 고백하는 것을 예배라고 생각하기보다 그저 예배 순서 중 하나라고만 생각하는 경향이 있습니다. 그래서 그런지 많은 사람들이 사도신경을 할 때 얼른 외우고 끝내버리곤 합니다.

그러나 믿음을 선포하는 것 자체가 예배입니다. 저는 개인적으로 사도신경을 고백할 때 두 손을 들고 고백할 때가 많은데, 그렇게 하는 것이 사도신경을 예배로 드리는 데 큰 도움이 됩니다. 신앙고백은 그냥 외우고 지나가는 순서가 아니라 그 자체로 예배입니다. 굉장히 중요한 사실입니다.

빌립보서 2장 6-8절을 보면 예수님이 어떤 단계를 거쳐서 우리의 구세주가 되시기 위하여 십자가에 달려 죽으시는 자리에까지 나아가셨는지 가르쳐주고 있습니다. 모두 다섯 단계입니다.

첫 번째 단계, 예수님은 하나님의 본체이시나 하나님과 동등됨을 취하지 않으셨습니다.

두 번째 단계, 자신을 비워 종의 형체를 가지셔서 사람들과 같이 되셨습니다. 하나님이신 분이 사람과 같은 차원으로 자신을 낮추신 것입니다.

세 번째 단계, 사람의 모양으로 나타나셨습니다. 이 말은 육신을 입으셨다는 것입니다. 온 하늘과 우주를 사용해도 그 영광을 담을 수 없을 텐데 주님은 사람의 살과 뼈와 근육 안에 스스로를 가두셨습니다.

네 번째 단계, 자신을 낮추시어 복종하는 자가 되셨습니다. 예수님은 인간의 몸을 입으시고 사람을 다스리고 지배하는 자리가 아닌 종의 자리로 오셔서 복종하는 자가 되셨습니다.

다섯 번째 단계, 마침내 십자가에 달려 돌아가셨습니다.

예수님은 이 다섯 단계를 거쳐 자신을 완전히 낮추시고 죽으심으로 우리의 구세주가 되셨습니다. 그런데 그 후 그 예수님을 가리켜 하나님께서 어떻게 하셨습니까?

> 이러므로 하나님이 그를 지극히 높여 모든 이름 위에 뛰어난 이름을 주사 하늘에 있는 자들과 땅에 있는 자들과 땅 아래에 있는 자들로 모든 무릎을 예수의 이름에 꿇게 하시고 모든 입으로 예수 그리스도를 주라 시인하여 하나님 아버지께 영광을 돌리게 하셨느니라 빌 2:9-11

하나님께서 예수님을 지극히 높이시어 모든 무릎을 그분의 이름 앞에 꿇게 하시고 모든 입으로 예수 그리스도를 주라 시인하게 하시어 하나님 아버지께 영광을 돌리게 하셨습니다. 이 말씀에서 보는 것처럼, 예수님을 시인하는 것, 그분을 주로 인정하고 선포하는 것은 하나님께 영광을 돌리는 행위입니다. 그 자체로 하나님께 영광이 되는 예배라는 것입니다.

기독교 역사를 보면, 많은 사람들이 믿음 때문에 순교를 당했습니다. 자기 믿음을 지키기 위해 목숨을 희생한 것입니다. 우리나라만 해도 많은 순교자들이 있었습니다. 일제강점기에도 성도들 중에 많은 분들이 믿음 때문에 목숨을 잃었습니다. 그 분들이 목숨을 잃은 까닭이 무엇입니까? 예수를 주로 시인했기 때문입니다. 아무 말 안 하고 조용히 살며 믿음을 감추었다면 살 수 있었을 것입니다. 그러나 그들은 그리스도인의 신앙 양심으로 그럴 수 없었습니다.

"나의 주는 오직 예수님이십니다!"

선포하고 시인했기 때문에 순교 당한 것입니다. 영적으로 보자면, 마귀가 가장 싫어하는 일이었습니다. 마귀는 우리가 예수님을 주로 시인하고 선포하지만 않으면 가만히 내버려둡니다. 그러나 예수님을 주로 시인할 때, 그 믿음을 선포할 때 그것이 하나님을 드높이는 예배가 되기 때문에 마귀가 그토록 싫어하며 막으려 하는 것입니다.

우리가 이것을 안다면 신앙고백을 하면서 아무 생각 없이 입으로만 외우고 넘어갈 수 없을 것입니다. 예배로 올려드려야 합니다. 그럴 때 우리의 예배가 진정으로 살아나게 될 것입니다.

믿음을 선포하는 것은 권세이다

예수님이 제자들에게 물으셨습니다.

"사람들이 나를 누구라고 하느냐?"

제자들이 대답했습니다.

"예, 사람들이 더러는 세례 요한이라 하고 더러는 엘리야, 더러는 선지자 중의 하나라 하나이다."

예수님이 다시 물으셨습니다.

"그러면 너희는 나를 누구라 하느냐?"

이것이 중요합니다. 다른 사람들, 부모님이나 친구들은 그렇다 치고 정작 나 자신은 예수님을 누구라고 생각하느냐 하는 말입니다. 중요한 것은 우리의 믿음입니다. 그때 베드로가 제자들을 대표하여 이렇게 대답합니다.

"주는 그리스도이십니다. 살아 계신 하나님의 아들이십니다."

베드로의 놀라운 대답을 들으신 주님은 마음에 감동을 받으시고 이렇게 말씀하십니다.

예수께서 대답하여 이르시되 바요나 시몬아 네가 복이 있도다 이를 네게 알게 한 이는 혈육이 아니요 하늘에 계신 내 아버지시니라 또 내가 네게 이르노니 너는 베드로라 내가 이 반석 위에 내 교회를 세우리니 음부의 권세가 이기지 못하리라 마 16:17,18

베드로의 이 놀라운 고백은 인간적인 고백이 아니라 하늘에 계신 아버지께서 주신 것이기에 그 신앙고백 위에 교회를 세울 것인데, 그 교회를 통해 음부의 권세를 이길 힘을 주시겠다는 말씀입니다. 그리고 이어서 이렇게 약속하십니다.

내가 천국 열쇠를 네게 주리니 네가 땅에서 무엇이든지 매면 하늘에서도 매일 것이요 네가 땅에서 무엇이든지 풀면 하늘에서도 풀리리라 하시고 마 16:19

베드로가 신앙을 고백했더니 주님이 그 선포 위에 교회를 세우겠다고 말씀하시며 지옥의 권세를 파괴할 수 있는 능력과 천국 문을 열 수 있는 열쇠를 주시겠다고 말씀하셨습니다. 그래서 우리는 예수 그리스도의 이름으로 기도하는 것입니다. 얼마나 놀라운 권세입니까? 이것이 신앙고백을 통해 드려진 믿음의 선포로 인해 주어진 권세입니다.

또한 베드로와 요한이 성전에 올라갈 때 성전 앞에서 구걸하고 있던 태어나면서부터 걷지 못한 사람을 보았습니다. 베드로는 그를 향해 이렇게 말합니다.

"은과 금은 내게 없거니와 내게 있는 이것을 네게 주노니 나사렛 예수 그리스도의 이름으로 일어나 걸으라"(행 3:6).

그러자 그가 걷기도 하고 뛰기도 하며 하나님을 찬양했습니다. 선포가 권세로 연결된 것입니다.

시인하고 고백할 때 구원받는다

우리는 구원을 받을 때도 입으로 시인하여 구원받습니다. 우리가 주님을 믿기 전에는 다 마귀의 지배 아래 있었습니다. 에베소서 2장 2,3절에 보면 우리는 그때 다 공중의 권세 잡은 자를 따르며 불순종의 아들들 가운데 있었다고 합니다. 우리가 하나님을 위해 지어졌지만 육체의 욕심을 따르는 본질상 진노의 자녀였다고 말합니다.

성경은 주님 밖에 있던 우리를 긍정적으로 그리지 않습니다. 정확하고 적나라하게 지적합니다. 그래야 우리가 깨달을 수 있기 때문입니다. 우리는 다 예외 없이 본래 마귀의 지배 아래 있었고 불순종의 아들들 가운데 하나였습니다.

그런 우리가 그 자리에서 빠져나오게 됩니다. 어둠의 왕국에서 빛의 왕국으로 옮겨지게 됩니다. 마귀의 지배 아래서 놓여나 하나님의 자녀가 된 것입니다. 그런데 그게 언제, 어떻게 이루어집니까?

> 네가 만일 네 입으로 예수를 주로 시인하며 또 하나님께서 그를 죽은 자 가운데서 살리신 것을 네 마음에 믿으면 구원을 받으리라 롬 10:9

마음으로 믿고 입으로 시인할 때 우리가 구원을 받습니다. 시인하는 것에 권세가 있습니다. 구원 받는 권세, 어둠에서 놓여남을 얻는 권세, 마귀의 쇠사슬을 끊어버리는 권세가 우리의 믿음을 시인하고 선포하는 것에 있다는 것입니다.

그러니 살다가 절망과 아픔이 찾아올 때, 두려움의 늪에 빠질 때 믿음의 주요 나를 도우시고 온전케 하시는 예수님의 이름을 선포하기 바랍니다. 성경은 "누구든지 주의 이름을 부르는 자는 구원을 받으리라"(롬 10:13)라고 분명히 말합니다. 믿음을 선포하고 입으로 시인하는 것은 음부의 권세를 파할 수 있는 능력입니다. 신앙고백으로 인해 하늘의 열쇠가 우리에게 주어집니다. 우리는 늘 이것을 기억해야 합니다.

믿음을 선포하는 것은 '하나 됨'이다

교회를 보면 배경도 다양하고, 교단도 다양하고, 스타일도 다양합니다. 장로교, 감리교, 성결교, 침례교 등, 이렇게 많은 교단들이 있는데 어떻게 교회가 하나 될 수 있을까요? 그것은 우리의 신앙고백, 즉 우리의 근본적인 믿음의 기둥이 하나이기 때문에 가능합니다. 언어가 통하지 않고 문화가 통하지 않고 배경이 완전히 다를지라도 그 위에 서 있는 우리가 믿고 고백하는 예수 그리스도를 향한 신앙고백으로 하나 될 수 있는 것입니다.

또한 바로 그 믿음의 고백 때문에 동시대의 성도들뿐 아니라 역사에 살았던 모든 성도들과도 하나가 될 수 있습니다. 성경은 2천 년 전 예수 그리스도를 주로 고백했던 초대교회 성도들은 물론이고 장차 오실 메시아를 바라보며 하나님을 섬겼던 구약의 성도들과도 우리가 하나임을 가르쳐줍니다. 또한 앞으로 올 믿는 후손들과도 하나라고 가르칩니다. 하나님께서는 우리가 그들과 하나가 되어 서기를 간절히 원하십니다.

'믿음의 장'이라 불리는 히브리서 11장을 보면 아브라함, 야곱, 요셉, 모세를 비롯한 믿음의 선진들이 어떻게 살았는지 알려주고 있습니다. 그런 히브리서 11장은 이렇게 끝을 맺고 있습니다.

이 사람들은 다 믿음으로 말미암아 증거를 받았으나 약속된 것을 받지 못하였으니 이는 하나님이 우리를 위하여 더 좋은 것을 예비하셨은즉 우리가 아니면 그들로 온전함을 이루지 못하게 하려 하심이라 히 11:39,40

예상 밖의 결론입니다. 아브라함, 요셉, 모세와 같은 믿음의 조상들은 하나님의 약속을 받은 사람들입니다. 하나님의 약속으로 승리했던 사람들입니다. 그런데 이 말씀을 보면, 그들 중 아무도 하나님께서 궁극적으로 준비하신 약속을 받지는 못했다고 합니다.

왜 그렇습니까? 40절에 보니 "하나님이 우리를 위하여 더 좋은 것을 예비하셨은즉"이라고 합니다. 그들은 살면서 많은 약속들을 받았지만 궁극적이고 온전한 약속은 우리와 함께 다 같이 받을 것이라는 말씀입니다. 릴레이 경주를 보면, 앞에서 뛰는 자가 있고 바통을 이어받아 뛰는 자가 있게 마련입니다. 그 믿음의 바통이 오늘날 우리에게까지 오게 되었습니다. 이제 우리가 뛰다가 우리의 바통을 우리 후손에게 넘겨주어야 합니다.

이렇게 하나님께서는 전체적인 그림을 그리고 계십니다. 우리만 받은 약속이 아니라 역사상 모든 믿는 자들이 하나가 되어 받을 수 있는 궁극적인 약속이 있다는 것입니다. 그것이 하나님의 나라입니다. 그 나라에 대한 소망이 과거 믿음의 선진들에게 있었던 것처럼 우리에게도 있어야 지금 우리가 할 일을 제대로 깨달을 수 있으며, 우리 자녀들과 그 나라의 그림을 같이 그려가면서 이 믿음의 경주를 감당할 수 있는 것입니다.

궁극적인 약속이 이루어질 때

아브라함은 75세가 되었을 때 하나님의 부르심을 받고 그 약속 때문에 담대한 결정을 합니다. 본토, 친척, 아비 집을 떠나 하나님이 가라고 하시는 땅으로 무작정 떠납니다. 그곳이 어느 땅인지도 모르는데 말입니다. 수천 년 전, 벌써 노인이 된 아브라함이 그런 결정을 했다는 것은 완전히 정신 나간 짓이라고 볼 수밖에 없습니다. 그러나 그는 오직 하나님의 약속을 붙잡고 그런 무모한 도전을 했습니다.

그런데 아브라함이 이 세상을 떠날 때 세상의 땅을 차지하고 있었습니까? 아닙니다. 히브리서 11장을 보면, 그는 여전히 나그네처럼 이삭 및 야곱과 더불어 장막에 거했습니다. 그렇다고 그가 믿음을 잃었습니까? 아닙니다. 그는 하나님께서 말씀하신 궁극적인 약속은 하나님나라에 있다는 것을 알았습니다. 사람의 손으로 짓지 않고 하나님의 손으로 지으신 그 성을 바라보면서, 아브라함은 믿음을 저버리지 않고 오히려 궁극적인 약속이 이루어질 때를 바라보며 믿음으로 믿음의 후손을 가르치고 키웠습니다.

언젠가 하나님의 나라가 완성되면 우리는 다 하나님의 충만한 영광을 보게 될 것입니다. 그때 우리는 하나님의 모든 권세와 능력과 평화가 그곳에 충만한 것을 보게 될 것입니다. 그런데 이것은 역사 속 모든 성도들과 이 시대를 살고 있는 우리와 우리 믿음의 후손들이 함께 이루어나가게 될 것입니다.

내가 예수님을 믿고 하나님의 교회가 되었다면, 이제 나만 잘 먹고 잘 살고 내 자식 잘되는 것으로 만족할 수 없습니다. 그렇다면 세상 종교와 아무런 다를 바가 없습니다. 그 이상이 있어야 합니다. '하나님나라'라는 하나님의 궁극적인 약속, 그것이 있음을 알아야 합니다. 그래야 하나님을 믿는 하나님의 백성으로서 지금 우리가 해야 할 일이 무엇인지를 깨닫게 됩니다. 이것을 통해서 우리 자손들과 함께 보게 될 하나님의 영광스런 나라를 위해 살게 되는 것입니다.

그래서 성경은 역사 속에 살았던 모든 성도들과 우리가 하나가 되는 것은 그들과 우리가 같은 신앙고백을 하고 있기 때문이라고 말합니다. 이 믿음의 고백을 통해 우리는 모든 성도들과 함께 주님의 나라를 이루어가는 것입니다.

역사를 거쳐 하나 되는 것뿐 아니라 지역과 교단과 나라를 초월해 예수님을 믿는 모든 자들과 하나 되는 것 역시 우리의 신앙고백으로 이뤄지는 것입니다.

이것이 얼마나 어려운 일입니까? 우리나라만 보더라도 지역과 세대 간의 갈등이 있습니다. 이 갈등을 넘어서는 것이 여간 힘든 일이 아닙니다. 게다가 우리나라는 분단국가입니다. 이념 갈등을 당해낼 재간이 없어 보입니다. 사정이 이런데 과연 하나 됨이 가능할까요? 주님은 처음부터 이것을 위해 기도하셨습니다.

> 아버지여, 아버지께서 내 안에, 내가 아버지 안에 있는 것같이 그들도 다 하나가 되어 우리 안에 있게 하사 세상으로 아버지께서 나를 보내신 것을 믿게 하옵소서
> 요 17:21

예수님의 이 기도가 응답되고 있는지 우리 자신을 한번 돌아보십시오. 예수님은 우리의 하나 됨을 위해 기도하셨습니다. 우리가 하

나 될 때 주님의 영광이 임하며 온 세상이 주님을 알게 될 것이기 때문입니다.

우리가 어떻게 하나 될 수 있습니까? 믿음으로, 믿음의 고백으로 가능합니다. 우리의 이념과 생각과 전통과 교단을 뛰어 넘어 오직 주가 되시는 예수님, 그분을 향한 신앙고백으로 하나 될 수 있는 것입니다.

하나님의 나라는 우리의 차이를 넘어섭니다. 교회보다 크고, 교단보다 크며, 나라보다 큽니다. 하나님나라와 주님을 바라보며 믿음으로 나아갈 때 우리가 하나 될 수 있습니다. 이것이 시작입니다.

믿음의 고백에는 바로 이런 힘이 있습니다. 그냥 암송하고 지나가는 예배 순서가 아닙니다. 우리의 신앙고백은 예배입니다. 우리의 신앙고백은 권세입니다. 우리의 신앙고백은 하나 됨입니다. 날마다 주님 앞에 이러한 신앙고백을 올려드리며 하나님을 드높이고 어둠을 물리치는 주님의 빛이 되는 우리 모두가 되기를 바랍니다.

"나는 이것을 믿습니다!"

I believe
나 는
믿 습 니 다

그러므로 너희는 이렇게 기도하라 하늘에 계신 우리 아버지여 이름이 거룩히 여김을 받으시오며 나라가 임하시오며 뜻이 하늘에서 이루어진 것같이 땅에서도 이루어지이다

마태복음 6장 9,10절

전능하신 하나님 아버지

chapter **2**

우리는 무엇을 믿는가?

마음을 확정하는 것은 참으로 중요한 일입니다. 아무리 당혹스럽고 어려운 상황일지라도 마음이 확정되면 흔들리지 않습니다. 특별히 하나님을 믿는 우리는 우리의 도움이 천지를 지으신 여호와께로부터 온다는 확신을 가지고 주님을 바라볼 때, 그 확정된 마음으로 모든 상황 가운데서도 넉넉히 이길 수 있습니다.

그렇다면 우리의 마음이 붙들어야 할 것은 무엇일까요? 무엇을 믿어야 할까요? 믿음에는 내용이 있어야 합니다. 사도신경에는 우리가 믿고 있는 성경적이며 역사적인 기독교 교리의 가장 기본적이고 근본적인 내용들이 담겨 있습니다. 그렇기 때문에 우리가 사도신경을 주의 깊게 살펴야 하는 것입니다. 이제 사도신경의 내용을 하나하나 자세히 살펴보겠습니다.

전능하신 하나님 아버지

제일 먼저 우리는 전능하신 하나님, 바로 우리의 아버지 되시는 하나님을 믿는다고 고백합니다.

'전능하신 하나님'을 믿는다는 것은 하나님께서 모든 이름 위에 계시며 홀로 영광을 받으시기에 합당하시며 역사를 주관하시는 분임을 믿는다는 뜻입니다. 하나님은 우주만물을 창조하신 전능하신 분이십니다. 모든 것의 시작이시고 모든 것의 근원이 되십니다. 그래서 홀로 영광을 받으시기에 합당하신 분입니다. 여러 신 중에 한 분이 아니라 모든 것 위에 홀로 계셔서 모든 것을 통치하시는 전능하신 분이시란 것입니다.

그런데 한 가지가 더 있습니다. 우리 하나님께서는 전능하실 뿐만 아니라 우리의 아버지가 되십니다. 하나님은 저 높은 곳에서 세상을 통치하고 관리하는 분이 아니라 우리의 아버지로서 우리에게 관심을 갖고 계신 분입니다.

하나님은 예수님의 아버지가 되시며, 예수님 안에서 우리의 아버지가 되십니다. 우리를 사랑하시는 아버지이십니다. 우리를 위해 좋은 것 주기를 원하시는 분입니다. 그래서 성경은 그의 선하심과 인자하심이 영원하다고 선포하고 있는 것입니다. 그리고 우리를 향한 그분의 뜻이 선하시고 기뻐하시고 온전하신 것이라고 가르쳐줍니다.

하나님의 선하심은 십자가에서 증명되었습니다. 독생자를 아끼지 아니하시고 우리를 위해 희생제물로 내어주실 만큼 우리를 사랑하시고 위하시는 우리의 아버지가 되십니다. 그렇기 때문에 우리가 '전능하신 하나님 아버지'를 믿는다고 고백하는 것입니다.

예수님이 가르쳐주신 '하늘에 계신 우리 아버지'

예수님께서도 제자들에게 주기도문을 통해 바로 이것을 가르쳐주셨습니다. 어느 날 제자들이 예수님께 이런 요청을 드렸습니다.

"주님, 우리에게 기도를 가르쳐주세요."

제자들의 요청에 예수님은 이렇게 말씀하십니다.

> 그러므로 너희는 이렇게 기도하라 하늘에 계신 우리 아버지여 이름이 거룩히 여김을 받으시오며 마 6:9

'하늘에 계신 우리 아버지'께 기도하라고 가르치신 것입니다. 기도는 믿는 자들의 가장 기본적인 모습입니다. 우리는 기도할 때 예수님의 이름으로, 성령님의 도우심을 받아, 하나님께 기도합니다.

우리가 기도드리는 하나님은 어떤 분이십니까? 예수님이 가르쳐주신 것처럼 '하늘에 계신 전능하신 분'입니다. 하늘 보좌에 계신 분입니다. 온 우주와 모든 역사 위에 계시어 그 모든 것을 홀로 주관하시는 분임을 가리키는 것입니다. 그런데 그분이 우리 아버지이십니다. 예수님은 우리가 기도할 때 하늘에 계신 분으로만 여기며 기도할 것이 아니라 우리의 아버지이심을 기억하며 기도하라고 하십니다. 우리의 기도를 듣기 원하시고 사랑하시는 아버지께 기도하라는 것입니다.

예수님은 기도를 가르쳐주시면서 하나님이 어떤 분이신지를 알려주십니다. 그리고 이것은 우리 신앙고백의 기초가 됩니다. 여기에서부터 우리의 믿음이 서는 것입니다. "나는 전능하신 하나님 아버지를 믿는다"라고 말입니다.

구약 성도들이 바라본 하나님 아버지

히브리서 11장을 보면 하나님을 믿고 따랐던 믿음의 선진들의 모습이 설명되고 있습니다. 그들은 구약의 성도들입니다. 예수 그리스도께서 이 땅에 오시기 전, 하나님을 믿었던 자들입니다. 물론 장차 오실 메시아를 믿었지만, 그들의 신앙 중심은 구약시대의 하나님이었습니다. 그들은 어떤 하나님을 믿었습니까?

> 믿음은 바라는 것들의 실상이요 보이지 않는 것들의 증거니 선진들이 이로써 증거를 얻었느니라 믿음으로 모든 세계가 하나님의 말씀으로 지어진 줄을 우리가 아나니 보이는 것은 나타난 것으로 말미암아 된 것이 아니니라 히 11:1-3

그들은 육신의 눈으로는 볼 수 없지만 모든 것의 시작이 되시고 모든 것의 근원이 되시는 하나님을 믿음의 눈으로 보았습니다. '모든 것의 근원이 되었다'는 것은 '전능하신 하나님'을 가리킵니다. 그들은 하나님을 믿음의 눈으로 보았을 뿐 아니라 그 하나님을 바랐습니다. 그 하나님께 소망을 두었다는 말입니다. 하나님을 소망의 근원으로 믿었다는 것은 그분을 나에 대해 선하신 관심과 사랑을 가지신 아버지로 믿었다는 것입니다. 믿음의 선진들은 전능하신 하나님을 믿는 동시에 아버지 되시는 하나님을 믿었습니다.

구원의 하나님 아버지를 바라본 노아

7절에 보면 노아에 대한 말씀이 기록되어 있습니다.

> 믿음으로 노아는 아직 보이지 않는 일에 경고하심을 받아 경외함으로 방주를 준비하여 그 집을 구원하였으니 히 11:7

성경을 보면 노아는 하나님의 지시에 따라 120년 간 방주를 지었습니다. 비 한 방울 내리지 않는 맑은 날씨에, 그것도 산꼭대기에 120년 동안이나 큰 배를 짓는다는 것은 누가 봐도 미친 짓이었을 것입니다. 그 긴 시간 동안 그와 그의 가족들은 사람들의 모욕을 받으며 인내했습니다. 이것이 가능했던 것은 그가 사람들의 말보다 하나님의 말씀에 더 초점을 맞추고 귀를 기울였기 때문입니다. 전능하신 하나님을 경외했기 때문에 세상의 여론을 따라 살지 않고 하나님의 음성에 따라 살았습니다.

그러나 그가 방주를 지을 수 있었던 것은 전능하신 하나님을 경외하고 두려워했기 때문만은 아닙니다. 그는 동시에 구원하시려는 아버지의 약속을 들었습니다. 방주를 지음으로 말미암아 나와 내 가족을 구할 수 있다는 믿음, 그 구원을 위해 하나님께서 지금 나에게 말씀을 주고 계시다는 믿음이 그에게 있었다는 것입니다.

즉, 노아는 하나님께서 전능자로서만 방주를 지으라고 말씀하신 것이 아니라 우리를 구원하고자 하시는 사랑의 하나님 아버지로서 말씀하고 계시다는 것을 믿고 방주를 지은 것입니다.

약속의 하나님 아버지를 바라본 아브라함

아브라함은 어땠습니까? 그는 75세에 하나님의 음성을 듣고 자신이 살고 있는 곳의 모든 것을 버리고 하나님의 지시를 따라 떠나게 됩니다.

> 믿음으로 아브라함은 부르심을 받았을 때에 순종하여 장래의 유업으로 받을 땅에 나아갈새 갈 바를 알지 못하고 나아갔으며 히 11:8

당시 본토, 친척, 아비 집을 떠났다는 것은 완전한 모험입니다. 그렇다면 그 모험에 나선 그에게는 어떤 믿음이 있었을까요?

우선 그에게는 하나님의 말씀이 전능자의 말씀이라는 확신이 있었습니다. 하나님이 말씀하시면 순종해야 한다고 믿었습니다. 전능하신 하나님이 말씀하시는데 어찌 거역할 수 있단 말입니까? "어떻게 할 수 있나요?"라거나 "왜 그래야 하죠?"라고 토를 달 수도 없습니다. 하나님의 말씀은 순종해야 하는 전능자의 말씀입니다. 아브라함은 순종했습니다. 갈 바를 알지 못했지만 그는 장래 유업으로 받을 땅을 향해 나아갔습니다.

그러나 그의 순종은 두려움으로 인한, 막무가내의 순종이 아니었습니다. 그는 하나님의 약속을 붙잡았습니다. 자신과 자손들에게 유업을 주시고자, "가라"고 말씀하신 것으로 알고 순종했습니다. 즉, 말씀하시는 분이 선하신 분, 나의 삶을 궁극적으로 책임지실 분임을 알고, 아버지 되시는 그분을 바라보며 순종한 것입니다.

사라도 미쁘신 하나님 아버지의 약속을 믿음으로 바라보았습니다.

> 믿음으로 사라 자신도 나이가 많아 단산하였으나 잉태할 수 있는 힘을 얻었으니 이는 약속하신 이를 미쁘신 줄 알았음이라 히 11:11

사라는 아이를 낳을 수 있는 나이가 훨씬 지났습니다. 그런데 하나님께서 아들을 낳을 것이라 약속하셨습니다. 그녀는 불가능을 가능케 하실 전지전능하신 하나님을 믿었습니다. 또한 그녀는 약속하신 그분이 미쁘시다는 것, 즉 하나님께서 약속에 신실하신 아버지시라는 것을 믿었습니다.

본향을 바라본 구약의 성도들

히브리서 기자는 아브라함부터 요셉까지 족장들 전체를 가리켜 이렇게 묘사합니다.

> 그들이 이제는 더 나은 본향을 사모하니 곧 하늘에 있는 것이라 이러므로 하나님이 그들의 하나님이라 일컬음 받으심을 부끄러워하지 아니하시고 그들을 위하여 한 성을 예비하셨느니라 히 11:16

믿음의 족장들은 더 나은 본향을 사모하며 살았습니다. 세상에 집착하지 않았다는 것입니다. 그 본향이 전능자의 나라라는 것을 알았기 때문입니다. 세상은 다 지나가지만 영원히 있을 그 나라, 전능자의 나라를 보았기 때문입니다.

그러나 그들은 동시에 사랑이신 아버지를 보았습니다. 아버지로서 나를 위해 준비하신 집이 있다는 것을 보았기 때문에 그들은 세상을 살면서도 세상에 집착하지 않고 도리어 세상을 축복하며 살 수 있었습니다.

> 믿음으로 모세가 났을 때에 그 부모가 아름다운 아이임을 보고 석 달 동안 숨겨 왕의 명령을 무서워하지 아니하였으며 히 11:23

모세의 부모는 애굽 왕의 명령을 거역하고 모세를 살렸습니다. 당시 애굽 왕은 절대적인 권력자였습니다. 왕의 명령에 불순종한다는 것은 목숨을 거는 일이었습니다. 그러나 모세의 부모는 사람을 두려워하지 않았습니다.

왜냐하면 그 위에 계신 전능자 하나님을 보았기 때문입니다. 그리고 그 전능하신 하나님께서 나와 자녀를 살릴 수 있는 아버지이심을 알았기에 믿음으로 자신의 아들을 맡길 수 있었던 것입니다.

이렇게 믿음으로 살고 죽었던 믿음의 선진들은 하나님에 대한 분명한 믿음이 있었습니다. 영원부터 영원까지 홀로 경배받기에 합당하신 하나님이란 것을 믿었고, 동시에 아버지 되시는 하나님, 나를 사랑하시고 나를 위해 선한 계획을 가지고 계신 아버지 하나님이란 것을 믿었습니다. 그렇기 때문에 그들이 믿음의 선진들이 될 수 있었던 것입니다.

이것이 우리 신앙고백의 첫 번째 요소입니다. 우리가 믿는 하나님은 전능하신 하나님이시며 동시에 아버지 하나님이십니다. 우리가 이러한 하나님을 확실히 믿게 될 때 우리 삶에 엄청난 영향을 끼칩니다. 이 믿음이 주는 중요한 영향력 몇 가지를 살펴봅시다.

예배의 변화

첫째, 우리의 예배에 하나님을 향한 진정한 경배와 기쁨이 넘치게 됩니다.

예배가 무엇입니까? 성경을 보면 예배에는 경배와 기뻐함이라는 두 가지 요소가 항상 함께합니다. 경배라는 것은 '엎드려 절하며 하나님을 높여드린다'는 뜻입니다. 또한 동시에 그 안에 기쁨과 감사로 인한 축제가 있습니다.

이런 예배는 언제 가능합니까? 하나님이 누구이신지를 알아야만 가능합니다. 어떤 종교를 보면 완전한 두려움과 경외함의 예배만 압니다. 다른 것은 모릅니다. 또 어떤 종교는 신 앞에서 절제를 완전히 잊은 채 감정대로만 행합니다.

그러나 우리가 믿는 성경의 하나님은 전능하신 동시에 우리를 사랑하시는 아버지이십니다. 그렇기 때문에 그 하나님을 제대로 인식한다면 그 앞에서 경외함으로 경배를 드리는 동시에 기뻐함으로 축제하는 예배를 드리게 되는 것입니다. 그럴 때 우리의 예배가 진정한 예배가 됩니다.

시편 100편은 이스라엘 백성들을 예배의 자리로 부를 때 자주 인용되는 말씀입니다. 어떤 분위기로 예배가 드려지고 있습니까?

> 온 땅이여 여호와께 즐거운 찬송을 부를지어다 기쁨으로 여호와를 섬기며 노래하면서 그의 앞에 나아갈지어다 여호와가 우리 하나님이신 줄 너희는 알지어다 그는 우리를 지으신 이요 우리는 그의 것이니 그의 백성이요 그의 기르시는 양이로다 감사함으로 그의 문에 들어가며 찬송함으로 그의 궁정에 들어가서 그에게 감사하며 그의 이름을 송축할지어다 여호와는 선하시니 그의 인자하심이 영원하고 그의 성실하심이 대대에 이르리로다 시 100:1-5

여기에는 분명히 송축함, 경배함이 있습니다. 동시에 자유도 있고 기쁨도 있고 감사도 있습니다. 하나님을 예배할 때 이 두 가지가 우리 마음속에 같이 있어야 합니다.

다윗은 하나님을 경외하는 사람이었습니다. 그러나 동시에 하나님 앞에서 자유하며 뛰며 춤추며 찬양하는 자였습니다. 그래서 하나님께서는 다윗을 '내 마음에 맞는 자'라고 하신 것입니다. 이 두 가지는 항상 같이 가게 되어 있습니다. 하나님께서는 이것이 진정한 예배라고 말씀해주고 계십니다.

그러면 우리는 어떻게 예배를 드리고 있습니까? 혹시 예배드릴 때 너무 경직된 것은 아닙니까? 심각한 얼굴을 한 채 근엄하게 앉아 있는 것은 아닙니까? 그러면 하나님께서 아버지시란 사실을 잊어버립니다. 하나님은 우리의 모습을 다 아실 뿐 아니라 그대로 사랑하시는 우리의 아버지가 되십니다. 그렇기 때문에 우리가 그분 앞에서 자유로울 수 있습니다. 감사드릴 수 있습니다. 뛰며 춤추며 찬양할 수 있습니다.

동시에 그분은 전능하신 하나님이시기에 경솔히 나갈 수 없습니다. 무릎을 꿇고 경배를 드리며 홀로 영광 받으시기에 합당하신 하나님 앞에서 온 마음을 다해 드리는 찬양이 있어야 합니다.

이러한 예배가 우리의 예배여야 합니다. 예배가 살아야 우리에게 성령의 기름 부음이 넘칩니다. 주님은 영과 진리로 예배하는 자를 찾는다고 말씀하시는데, 그러기 위해서는 우리의 예배 대상이 누구신지를 분명히 알아야 합니다. 그래야 그분 앞에 무릎 꿇는 것, 경배하는 것, 순종하는 것, 자신을 낮추는 것을 배울 수 있습니다. 동시에 그분 앞에서 다시 일어나 새 힘을 얻어 찬양하고 기뻐하며 감격하고 감사할 수 있게 됩니다.

기도의 변화

둘째, 기도가 영향을 받습니다. 하나님이 누구이신가를 알 때 우리의 기도는 달라집니다. 확신과 신뢰로 간구할 수 있게 됩니다.

예수님이 제자들에게 기도를 가르치며 강조하신 것도 바로 이것입니다. 우리가 기도하는 대상은 하늘에 계신 우리 아버지, 전능하신 하나님이십니다. 사람의 손으로 깎아 만든 나무 인형이나 돌 앞에 기도하는 것이 아닙니다. 스스로 계시며 영원부터 영원까지 계신 하늘의 하나님 앞에 기도하는 것입니다.

그 하나님은 우리의 아버지가 되십니다. 그분은 우리를 사랑하십니다. 우리를 사랑하시어 우리를 위하여 독생자 예수님을 아끼지 않고 보내주신 분입니다. 그분은 우리의 이름을 아십니다. 하나님께서 나를 아시고, 나의 필요를 아시는 아버지가 되시기 때문에, 우리가 하나님을 '아빠'라 부르며 우리의 부족한 것과 필요한 것을 아뢰는 것이 자연스럽고 당연합니다. 아버지이시기에 우리의 간구를 귀찮아하거나 건성으로 들으시지 않습니다. 아버지 하나님께서는 선하시고 기뻐하시고 온전하신 뜻으로 우리 기도에 응답하십니다.

제가 학생 때 참 좋아하던 자매가 있었습니다. "하나님, 저 자매를 제 아내로 만들어주세요" 하고 엄청나게 기도했지만 안 들어주셨습니다. 왜냐하면 진짜 아내가 기다리고 있었기 때문입니다. 물론 그 자매에게도 진짜 남편이 기다리고 있었겠지요.

이런 경우에도 하나님이 기도를 안 들어주시는 것이 아닙니다. 우리는 내 뜻대로 해주셔야만 기도에 응답하시는 것이라고 자주 착각

합니다. 그러나 만일 어린 자녀가 자신의 생일파티에서 "아빠, 저 담배를 피워보고 싶어요. 담배 좀 주세요" 한다고 해서 선뜻 아이의 손에 담배를 쥐여줄 부모는 없습니다. 마찬가지로 하나님께서도 아버지로서 우리에게 허락하시는 것이 있고 허락하지 않으시는 것이 있습니다.

'예스'(Yes)도 응답이지만 '노'(No)도, 때로는 '기다려'(Wait)도 응답입니다. 우리의 아버지이신 하나님은 반드시 우리 기도에 응답하십니다. 그러니 확신을 가지고 기도하라는 것입니다.

하나님은 반드시 응답하신다

언젠가 원코리아 청년 수련회(남한과 북한과 디아스포라가 하나의 코리아로 협력하여 하나님나라의 확장과 세계 선교 감당을 위한 연합수련회)에서 한 탈북 청년의 간증을 듣고 가슴이 뭉클했던 적이 있습니다. 그는 남한에 와서 한동대를 졸업하고 국내 대기업에서 일하고 있는 믿음 좋은 청년이었습니다. 그는 자신이 어떻게 하나님을 만나게 되었고 믿게 되었는지를 간증했습니다.

그가 탈북하기 전, 그의 새어머니가 그를 불러서 이런 충고를 했다고 합니다.

"네가 정말 어렵고 필사적인 상황에 처하게 되면 하나님께 이렇게 기도하렴. '하나님 아버지, 도와주세요. 예수님의 이름으로 기도합니다.'"

아마도 그의 새어머니는 주님을 믿는 북한 성도 중 한 명이었나봅니다. 그러나 그때 그는 믿지 않는 자였기에 별로 주의를 기울이지 않고 한 귀로 듣고 한 귀로 흘렸다고 합니다.

북한을 탈출하여 중국에 간 그는 다른 탈북자들과 한 건물의 방 안에 숨어 있었는데, 갑자기 공안이 들이닥쳤다고 합니다. 공안에게 발각되는 일은 죽음과 같은 것입니다. 그 순간, 그곳에 함께 숨어 있던 자들의 얼굴은 사색이 되었고, 죽음을 맞닥뜨린 것 같은 공포에 사로잡혀 그대로 얼어버렸다고 합니다.

다들 어쩔 줄 모르고 '이젠 죽었구나' 하고 있는데, 그때 갑자기 새어머니가 해주신 말씀이 생각났습니다. 그래서 이 청년은 눈을 감고 하나님 아버지를 부르며 난생 처음 기도를 했습니다.

기도가 끝날 때쯤 공안의 말을 통역하는 조선족 한 명이 와서 그를 흔들더랍니다. '이젠 죽었구나' 하며 눈을 떴는데, 그 조선족은 전혀 예상 밖의 말을 꺼냈습니다.

"당신 한국 사람입니까?"

한국에서 왔다고 하면 산다고 들었던 것이 생각 나서 그렇다고 대답했습니다. 그러자 공안은 두 번째 질문을 했습니다.

"한국 어디에서 왔습니까?"

"서울에서 왔습니다."

그 청년은 서울 말고 아는 곳이 없었습니다. 이제 주소를 대라고 하면 모든 게 끝입니다. 그런데 더 이상 묻지 않고 또 예상 밖의 질문을 던지더랍니다.

"이 사람들도 다 한국에서 왔습니까?"

머리로는 아니라고 대답해야 자신이 살 수 있다는 것을 알았습니다. 한 사람이라도 들통 나면 다 죽게 될 것이기 때문입니다. 그런데 입술에선 "그렇습니다"라는 대답이 나왔다고 합니다. '이제 끝났구나' 하는데 공안은 또 예상 밖의 이야기를 합니다.

"한국 사람들이니 다들 이곳에서 나가주세요."

함께 있던 사람들 모두가 놀랐습니다. 그러면서 좁은 문으로 한꺼번에 나가기 위해 우르르 몰려들자 서로 못 나가고 있었습니다. 그때 공안이 뒤에서 그의 어깨를 또 딱 잡는 것입니다.

'이제 들켰구나!'

그런데 또 예상 밖의 말이 들려옵니다.

"그렇게 한꺼번에 도망치듯 나가면 한국 사람들을 의심한 제 입장이 곤란해집니다. 천천히 나가주세요."

그래서 천천히 나와서 살았다고 합니다. 청년은 이렇게 간증했습니다.

"저는 그때 살아 계신 하나님을 만났습니다. 너무나 연약한 믿음으로, 너무나 연약한 목소리로 하나님 아버지를 불렀던 그 기도를 들어주셔서 저를 살려주신 하나님을 제가 어떻게 부인할 수 있겠습니까? 제 인생은 하나님의 것입니다. 하나님을 위해서 사는 것뿐입니다."

우리 하나님 아버지는 이런 분이십니다. 그래서 하나님께 기도하는 것입니다. 주님의 선하시고 온전하시고 기뻐하시는 뜻을 믿기에 기도하는 것이고 주님 안에서 살 수 있는 것입니다. 이 확신은 하나님이 누구이신가를 알 때 우리에게 주어지는 것입니다. 그럴 때 우리의 기도가 달라집니다.

신뢰의 변화

마지막으로, 우리의 신뢰가 달라집니다. 나의 기도를 들으시고 응답하시는 하나님 아버지를 분명히 알 때 우리는 우리의 피난처 되시는 하나님 안에서 살게 되는 것입니다.

성경을 보면 하나님을 가리켜 '피난처'라고 표현하는 경우가 많은데, 특별히 시편에 많이 나옵니다. 하나님이 전능자시라면, 그리고 나에게 관심과 사랑이 많으신 아버지시라면 그분은 반드시 나의 피난처가 되어주실 것입니다.

우리는 한 치 앞을 예측하지 못합니다. 그래서 우리에게는 피난처가 필요합니다. 그 피난처로 달려 나갈 수 있어야 합니다. 갑작스레 일이 어려워지고 고난이 닥치면 우리는 자꾸 사람을 의지합니다. 사람 의지하고 사람 찾다가 더 큰 낭패를 보는 경우도 많습니다. 성경은 우리의 피난처가 되시는 전능하신 하나님 아버지께로 피하라고 가르쳐줍니다. 그분에게 달려가면 안전합니다.

시편 91편은 피난처 되시는 하나님 아버지를 정말 아름답게 그려내고 있습니다.

지존자의 은밀한 곳에 거주하며 전능자의 그늘 아래에 사는 자여, 나는 여호와

를 향하여 말하기를 그는 나의 피난처요 나의 요새요 내가 의뢰하는 하나님이라 하리니 시 91:1,2

시편 기자는 하나님을 가리켜 지존자이시며 전능자라고 말합니다. '지존자'란 말은 '가장 높은 곳에 거하시는 분'을 뜻합니다. 하나님께서는 하늘 보좌에 계시는 지존하신 분이며, 그래서 전능하신 분이란 뜻입니다. 그런데 그 전능하신 하나님께서 우리의 피난처요 요새요 의뢰하는 하나님이 되십니다!

이는 그가 너를 새 사냥꾼의 올무에서와 심한 전염병에서 건지실 것임이로다 시 91:3

새가 사냥꾼의 올무에 잡히면 끝난 것입니다. 그런데 그 올무에서 우리를 건져주실 수 있는 전능자, 아버지 하나님이 계십니다. 그 하나님이 우리를 심한 전염병에서도 건지실 것입니다.

그 옛 시절 전염병은 정말 무서운 것이었습니다. 그것은 오늘날도 마찬가지입니다. 바로 얼마 전에도 에볼라 바이러스, 메르스 바이러스 때문에 온 세상이 발칵 뒤집혔었습니다. 그러니 의학이 지금처럼 발달하지 않았던 시대의 전염병은 누구도 막을 수도, 예측할 수도 없는 테러였을 것입니다. 그런데 하나님께서는 그런 심한 전염병에서도 우리를 구하겠다고 약속하십니다. 우리의 피난처가 되시기 때문입니다.

그가 너를 그의 깃으로 덮으시리니 네가 그의 날개 아래에 피하리로다 그의 진실함은 방패와 손 방패가 되시나니 너는 밤에 찾아오는 공포와 낮에 날아드는 화살과 어두울 때 퍼지는 전염병과 밝을 때 닥쳐오는 재앙을 두려워하지 아니하리로다 시 91:4-6

어미 새가 새끼 새를 자신의 날개로 품고 보호하듯이 하나님께서 우리를 그렇게 품고 보호하겠다고 하십니다. 그러니 밤에 찾아오는 공포도, 낮에 날아드는 화살도, 어두울 때 퍼지는 전염병도, 밝을 때 닥쳐오는 재앙도 두려워할 필요가 없다고 하는 것입니다.

네가 말하기를 여호와는 나의 피난처시라 하고 지존자를 너의 거처로 삼았으므로 화가 네게 미치지 못하며 재앙이 네 장막에 가까이 오지 못하리니 그가 너를 위하여 그의 천사들을 명령하사 네 모든 길에서 너를 지키게 하심이라 시 91:9-11

하나님께서는 그분을 피난처로 삼는 자들에게 그분의 천사들을 명하시어 보호하십니다. 주의 사자, 하나님의 천군천사가 하나님의 백성들인 우리를 보호하고 있다는 말씀입니다.

이것이 바로 지존자이자 전능자이신 하나님이 하시는 일입니다. 그분은 우리의 아버지가 되시어 우리를 보호하시고 우리의 온전한 피난처가 되십니다. 언제 화가 임할지 모르는 이 세상에 살면서 우리가 담대히 나아갈 수 있는 것은 바로 이 때문입니다.

하나님이 우리를 보호하시기에 우리는 자녀들을 멀리 떠나 보낼 때도 이렇게 축복할 수 있습니다.

"육신의 부모인 나는 너와 함께 갈 수 없지만, 하나님이 너를 지키실 것이다. 부모인 나보다 너를 훨씬 더 안전하게 지키는 피난처가 되어주실 게다. 하나님이 너의 출입을 지키실 것이다."

이것이 전능자 하나님을 아버지로 알고 믿는 우리에게 주어지는 하나님의 약속이 됩니다. 그러니 땅이 흔들리고 물결이 일어나 산을 덮을지라도 하나님으로 말미암아 두려워하지 마십시오. 그리고 어려움 속에 처할 때 사람에게 뛰어가지 말고 우리의 피난처 되시는 하나님께로 달려가는 우리 모두가 되기를 바랍니다.

"나는 전능하신 하나님 아버지를 믿습니다!"

I believe

나는
믿습니다

여호와는 크신 하나님이시요 모든 신들보다 크신 왕이시기 때문이로다 땅의 깊은 곳이 그의 손 안에 있으며 산들의 높은 곳도 그의 것이로다 바다도 그의 것이라 그가 만드셨고 육지도 그의 손이 지으셨도다 오라 우리가 굽혀 경배하며 우리를 지으신 여호와 앞에 무릎을 꿇자 그는 우리의 하나님이시요 우리는 그가 기르시는 백성이며 그의 손이 돌보시는 양이기 때문이라 너희가 오늘 그의 음성을 듣거든

시편 95편 3-7절

천지를 창조하신 하나님 아버지

chapter **3**

인생의 토대

예수님은 우리에게 견고한 반석 위에 집을 지으라고 말씀하셨습니다. 이 말씀은 산상수훈을 마치며 주신 결론의 말씀이었습니다. 집을 지을 때 중요한 것은 얼마나 화려하고 훌륭한 집을 짓느냐 하는 것이 아니라 어떤 토대 위에 짓느냐 하는 것입니다.

인생이 그렇습니다. 어느 학교에 가서 어떤 직장을 얻고 세상에서 어떻게 이름을 얻는가 하는 것도 중요하겠지만, 더 중요한 것은 어떤 토대 위에 내 인생의 집을 짓느냐 하는 것입니다. 토대가 견고하지 않으면 순식간에 다 무너지기 때문입니다. 그렇기 때문에 기초가 확실해야 합니다.

그런데 그 기초가 무엇입니까? 하나님의 말씀입니다. 그리고 그 말씀에 순종하는 믿음입니다. 예수님은 수천 년의 시간이 지나도 여전히 진리로 남아 있는 하나님의 말씀 위에 인생의 집을 세우라고 말씀하십니다.

마찬가지로 우리의 신앙도 견고한 토대 위에 서 있어야 합니다. 그저 교회 다닌다고, 크리스천이라는 이름을 가지고 산다고 내 믿음이 견고하게 서 있는 것이 아닙니다. 토대가 확실하지 않으면 무너질 수밖에 없습니다. 신앙생활을 오래하고, 세례 받고 교회 다닌 지 수십 년이 되었다고 해도 그것이 중요한 게 아닙니다. 바람이 불 때 쓰러지지 않기 위해서는 토대 위에 서 있는 믿음이어야 합니다. 시험이 닥치고 유혹이 닥칠 때 내가 믿는 것이 무엇인지 확실히 알고 그 토대 위에 견고히 서 있어야 그 믿음이 흔들리지 않습니다.

거듭 강조하지만 사도신경을 통해 내가 믿는 것이 구체적으로 무엇인지 아는 것은 우리 믿음의 기초를 튼튼히 하는 것이기에 매우 중요합니다. 그중에서 이번 장에서는 '천지를 지으신 하나님을 믿는 것'에 대해 살펴보고자 합니다.

천지를 지으신 하나님을 믿음

하늘과 땅을 지으신 분, 천지를 창조하신 하나님을 믿는 것처럼 기초적이며 우선적인 내용이 없습니다. 왜냐하면 성경이 바로 그에서부터 시작되기 때문입니다.

태초에 하나님이 천지를 창조하시니라 창 1:1

성경은 이 한 문장으로 시작됩니다. 그렇다는 것은 이것이야말로 가장 기초적인 믿음의 내용이란 것입니다. 히브리서 기자는 믿음의 선진들 역시 이것을 붙잡았다고 증거하고 있습니다.

> 믿음으로 모든 세계가 하나님의 말씀으로 지어진 줄을 우리가 아나니 보이는 것은 나타난 것으로 말미암아 된 것이 아니니라 히 11:3

"천지를 지으신 하나님을 내가 믿습니다."

이것이 우리 믿음의 시작이자 열쇠입니다. 믿음의 선진들도 여기서부터 시작하였습니다. 이 세상과 우주만물은 그냥 생긴 것이 아니라 창조하신 분이 있다는 것, 그 창조주께서 나를 지으셨다는 믿음이 우리에게 믿음의 기둥으로 확실히 서 있어야 한다는 것입니다. 그 창조주 앞에서 나는 어떻게 살아야 하는가를 늘 염두에 두면서 사는 것이 신앙생활이기 때문입니다.

예배의 이유가 되는 믿음

시편 95편은 창조주 하나님에 대한 찬양으로 가득합니다. 이 시편은 하나님의 백성들에게 즐거이 예배하라는 초청으로 시작됩니다.

> 오라 우리가 여호와께 노래하며 우리의 구원의 반석을 향하여 즐거이 외치자 우리가 감사함으로 그 앞에 나아가며 시를 지어 즐거이 그를 노래하자 시 95:1,2

그런데 사람들을 예배의 자리로 초청하는 이유가 무엇입니까?

여호와는 크신 하나님이시요 모든 신들보다 크신 왕이시기 때문이로다 시 95:3

그분이 크신 하나님이요, 가장 크신 하나님이시기 때문입니다. 그렇다면 왜 그분을 가장 크신 분이라고 하는 것일까요?

땅의 깊은 곳이 그의 손 안에 있으며 산들의 높은 곳도 그의 것이로다 바다도 그의 것이라 그가 만드셨고 육지도 그의 손이 지으셨도다 시 95:4,5

이 구절은 하나님의 위대하심은 무엇보다도 그분의 천지창조에서 증거되고 있음을 가리켜 보여주고 있습니다. 모든 것을 창조하신 하나님이시기에 그분 앞에 찬양과 예배를 드리자는 것입니다. 피조물에 불과한 사람이나 깎아서 만든 돌조각과 나무 같은 것을 숭배하는 것이 아니라 모든 것 위에 계신 하나님, 천지를 지으신 하나님께 찬양과 예배를 드리자는 것입니다.

그런데 하나님은 우주만물만 만드신 것이 아닙니다.

오라 우리가 굽혀 경배하며 우리를 지으신 여호와 앞에 무릎을 꿇자 시 95:6

그분은 또한 우리를 만드신 창조주이십니다. 그래서 그분 앞에 무릎 꿇고 예배하는 것은 지극히 당연한 일입니다.

또한 그분은 친히 우리의 목자가 되어주십니다.

> 그는 우리의 하나님이시요 우리는 그가 기르시는 백성이며 그의 손이 돌보시는 양이기 때문이라 시 95:7

예배는 우리 크리스천에게 가장 기본적이고 중요한 것입니다. 이 시편에는 예배가 무엇으로부터 비롯되는지가 아주 분명하게 나와 있습니다. 하나님께서 나를 지으신 창조주이시기에 그분께 경배하고 엎드리는 것입니다. 하늘과 땅을 지으신 하나님을 믿는다는 것이 이렇게 중요합니다. 이 신앙고백 안에 우리의 예배가 담겨 있고, 삶의 방향과 세계관이 담겨 있습니다.

그렇다면 천지를 창조하신 하나님을 믿는다는 것은 구체적으로 어떤 의미입니까? 그 안에 담긴 내용을 좀 더 자세히 살펴봅시다.

창조주 하나님이 계심을 믿음

너무나 기초적인 것 같지만 가장 중요한 부분이기도 합니다. 이 안에 엄청난 의미가 담겨 있습니다. 천지를 지으신 창조주가 계신 것이 확실하다면 그분은 나의 삶의 주(主)가 되실 수밖에 없습니다. 창조주가 계시다는 것은 역사의 흐름이 그분의 뜻 안에서 시작되고 그분의 뜻과 함께 움직인다는 것을 의미하는데, 어찌 우리가 하나님을 바라보지 않을 수 있겠습니까? 그분의 피조물인 나는 그분이 주신 삶의 의미가 무엇인가를 기억하며 살아야 합니다. 무작정 살 수 없습니다. 내 인생이지만 내 맘대로 살 수 없다는 것입니다.

이렇듯 창조주 하나님이 계심을 믿는 것은 하나님이 나의 주인이 되셔서 나의 삶을 주관하심을 믿는 것을 의미합니다. 우리는 사도신경을 고백할 때마다 이것을 고백하는 것입니다.

하나님을 중심으로 삼지 않으면 인간이 중심이 될 수밖에 없습니다. 인간이 신의 자리를 차지해버리는 것입니다. 타락한 인간이 신이 되면 인간은 멸망합니다. 역사가 그 증거를 보여주고 있습니다.

하나님이 이것을 아셨기에 바벨탑을 세워 스스로 신이 되려 했던 인류를 그대로 두지 않으셨습니다. 스스로 멸망할 것이 뻔했기에 그들을 심판하고 흩으신 것입니다.

우리는 어마어마한 우주를 보며 누가 주인인지 알아야 합니다. 우주는 우연히 생겨난 것이 아닙니다. 누군가 정교하게 디자인한 것이 분명합니다. 엄청난 조화와 균형이 보입니다. 지구와 태양 사이의 거리가 이쪽 혹은 저쪽으로 조금만 더 치우쳤다면 오늘날 지구에 살아있을 사람은 아무도 없을 것입니다. 이런 엄청난 조화와 균형을 보면서 우리는 우주를 만드신 하나님이 계시다는 것을 믿을 수밖에 없습니다.

천지를 창조하신 하나님이 계시기 때문에 내가 주(主)가 될 수 없습니다. 하나님이 주가 되심을 인정하며 살아야 합니다. 창조주 하나님이 계심을 믿는 것, 이것이 우리의 신앙고백이 뜻하는 첫 번째 의미입니다.

우리를 사랑하시는 창조주 하나님을 믿음

천지를 창조하신 하나님이 계시다고 해봅시다. 그런데 그분이 나와 무슨 상관이 있다는 말입니까? 만일 하나님이 엄청난 능력으로 우주만물을 창조하시고 더 이상 그 세계에 개입하지 않으신 채 그대로 놔두시는 분이라면 말입니다.

하지만 성경은 아니라고 말합니다. 성경이 계시하는 하나님은 "세상을 이처럼 사랑하사" 독생자를 주신 분이십니다. 하나님께서는 그분이 만드신 세상을 그저 버려두지 않으십니다. 사랑한다고 말씀하십니다. 사랑하셔서 그분의 독생자를 보내주시기까지 하셨습니다. 그렇다면 천지를 창조하신 하나님을 보는 우리의 눈은 바뀔 수밖에 없습니다.

세상을 보면 두려운 일이 참 많습니다. 전쟁과 재앙이 끊이질 않습니다. 뉴스를 보면 얼마나 가슴이 답답하고 머리가 아픈지 모릅니다. 끝없는 문제들이 벌어지고 있는 곳이 우리가 살고 있는 이 세상입니다.

우주는 어떻습니까? 만약 하나님이 계시지 않는 우주라면 우주가 그저 아름답고 경이롭게만 보이지 않을 것입니다. 우리가 알 수 없는 엄청난 힘으로 꽉 차 있는 공간이라니, 얼마나 두려운 공간이겠습니까?

그래서인지 종말에 관해 그린 소설들은 하나같이 분위기가 어둡습니다. 인간의 상상력이 만들어낸 종말은 어두울 수밖에 없습니다. 하나님이 안 보이면 그런 우주로 보일 수밖에 없기 때문입니다.

오래전에 〈오늘의 양식〉에 이런 예화가 실렸습니다. 어느 청년이 밤하늘을 향해 이렇게 외쳤습니다.

"우주만물을 지탱하고 있는 당신은 아군입니까? 적군입니까?"

그러자 저 하늘에서 대답이 들려옵니다.

"아군이다."

이런 대답이 가능한 이유는 천지만물을 지으신 하나님이 우리를 버리지 않으시기 때문입니다. 우리를 사랑하시어 우리를 찾아오셨기 때문입니다. 요한복음 서론에는 이런 말씀이 있습니다.

> 태초에 말씀이 계시니라 이 말씀이 하나님과 함께 계셨으니 이 말씀은 곧 하나님이시니라 그가 태초에 하나님과 함께 계셨고 만물이 그로 말미암아 지은 바 되었으니 지은 것이 하나도 그가 없이는 된 것이 없느니라 그 안에 생명이 있었으니 이 생명은 사람들의 빛이라 … 말씀이 육신이 되어 우리 가운데 거하시매 우리가 그의 영광을 보니 아버지의 독생자의 영광이요 은혜와 진리가 충만하더라 요 1:1-4,14

어둠 가운데 있었던 우리가 독생자의 영광의 빛이요, 은혜와 진리가 충만한 빛을 보게 되었습니다. 우리가 어떻게 이 빛을 볼 수 있게 되었습니까? 말씀이신 예수님이 육신이 되셔서 우리 가운데 거하셨기 때문입니다. 천지를 창조하신 하나님이 우리를 사랑하시어 우리를 구원하시기 위해 창조물 안으로 들어오셨기 때문입니다. 하나님이 인간 세계 속으로 친히 들어오셨기 때문에 우리가 그분을 보게 되었으며, 그분이 우리의 영원한 아군이심을 믿을 수 있게 된 것입니다.

로마서 8장에서 사도 바울은 이렇게 말했습니다.

> 그런즉 이 일에 대하여 우리가 무슨 말 하리요 만일 하나님이 우리를 위하시면 누가 우리를 대적하리요 자기 아들을 아끼지 아니하시고 우리 모든 사람을 위하여 내주신 이가 어찌 그 아들과 함께 모든 것을 우리에게 주시지 아니하겠느냐 누가 능히 하나님께서 택하신 자들을 고발하리요 의롭다 하신 이는 하나님이시니 누가 정죄하리요 죽으실 뿐 아니라 다시 살아나신 이는 그리스도 예수시니 그는 하나님 우편에 계신 자요 우리를 위하여 간구하시는 자시니라 **롬 8:31-34**

우리가 천지를 창조하신 하나님을 믿는다고 고백할 때는 나와 상관없이 저 멀리 있는 신을 믿는 것이 아니라, 나를 사랑하시며 그리스도 예수 안에서 나의 하나님이자 아버지가 되시는 분을 믿는다고 고백하는 것입니다.

세상의 풍파가 아무리 캄캄하고 두렵더라도 우리에겐 확실한 믿음이 있습니다. 이 모든 것을 창조하신 분께서 우리를 위하시는 분이요, 우리에게 복을 주시고 사랑하시는 분이며, 그 사랑을 십자가에서 증명하신 분이라는 믿음 말입니다.

모든 것을 회복하시는 하나님을 믿음

하나님의 구속사역은 한마디로 회복사역입니다. 하나님과 우리의 관계가 끊어졌을 때 그 관계를 회복하시는 것이 하나님의 구속사역입니다. 그렇기 때문에 '회복'이 중요합니다.

하나님과 인류의 관계가 끊어졌을 때 사람들과의 관계만 끊어진 것이 아닙니다. 피조물이 병들고 말았습니다. 피조물이 함께 하나님의 은혜 가운데서 떠나고 말았습니다.

창세기 3장에 보면, 아담과 하와가 죄를 짓고 에덴동산에서 쫓겨나게 되었을 때 하나님께서는 그 후로는 땅에서 가시덤불과 엉겅퀴가 날 것이라고 말씀하셨습니다. 땅이 병든 것입니다. 사람의 타락으로 말미암아 피조물도 함께 병들고 파괴되었습니다.

하나님께서는 천지만물을 다 만드신 다음, 마지막으로 인간을 만드셨습니다. 그분의 형상을 따라 인간을 만드신 후에 피조물들을 다스리게 하셨습니다. 그러나 다스리는 특권을 주시는 동시에 책임도 함께 주셨습니다.

모든 특권에는 책임이 따르기 마련입니다. 한 나라의 지도자에게는 특권만 있는 게 아니라 책임도 있습니다. 한 가정의 가장에게는 특권만 주어진 것이 아니라 책임도 주어졌습니다. 다스리는 특권뿐 아니라 그에 대한 책임도 있는 것이기 때문입니다. 그렇기 때문에 그 책임을 제대로 감당하지 못할 때 그 책임 아래 있는 모든 사람들, 모든 요소가 같이 무너질 수밖에 없습니다.

한 나라의 지도자가 타락하면 나라가 타락합니다. 지도자가 우둔하면 나라가 우둔해집니다. 공동체의 지도자가 타락하면 온 공동체가 아픕니다. 이것이 자연적인 원칙입니다. 그래서 사람들이 하나님을 떠나 타락했을 때 사람들에게 맡기신 피조물이 함께 병든 것은 당연한 것입니다.

그렇기 때문에 하나님이 사람들을 회복하신다는 것은 사람의 회복과 구속을 통해 피조물까지도 구속하기 원하신다는 것을 알아야 합니다. 성경 여러 곳에서 하나님은 자신이 창조하신 창조물에 대해 회복의 계획을 분명히 가지고 계심을 가르치고 있습니다.

로마서 8장에서 이에 대해 굉장히 명확하게 설명합니다.

> 피조물이 고대하는 바는 하나님의 아들들이 나타나는 것이니 … 그 바라는 것은 피조물도 썩어짐의 종 노릇 한 데서 해방되어 하나님의 자녀들의 영광의 자유에 이르는 것이니라 롬 8:19,21

피조물, 즉 자연은 하나님의 아들들이 나타나기를 간절히 고대합니다. 하나님의 아들들이 나타난다는 것은 예수를 믿어 구원 받은 자들을 가리키는 것입니다. 왜냐하면 사람의 타락으로 자연 역시 병들었기 때문입니다. 사람이 타락하여 전쟁을 하자 자연이 같이 파괴되었습니다. 사람의 욕심으로 지구온난화가 생기고 자연이 파괴되었습니다. 인간의 타락과 자연의 파괴는 자연스럽게 연결됩니다.

그래서 자연이 하나님의 아들들이 나타나기를 기다리며 고대하는 것입니다. 사람들이 예수님을 믿어 하나님의 자녀가 되면, 그때부터 회복이 이루어지는 것을 온 피조물도 안다는 것입니다.

예수를 믿어 하나님의 아들들이 일어나게 될 때, 그들을 통해 하나님의 빛이 비춰지며 주님의 성품이 보여질 것이기 때문에 사회와 세상이 함께 밝아질 것입니다. 그리고 언젠가 하나님의 구속 사역이 완성되는 날, 주님이 다시 오시어 새 하늘과 새 땅을 만드시고 모든 것을 새롭게 하실 것입니다. 그러니 하늘과 땅을 지으신 하나님의 계획 안에는 모든 피조물의 회복이 함께 포함되어 있는 것입니다.

그렇다면 우리는 회복하시는 하나님을 믿어야 합니다. 우리의 삶을 회복하시고 사회를 회복하시고 나라를 회복하시는 하나님을 믿어야 합니다. 주님이 이 세상에 오신 이유는 어둠에서부터 우리를 구하시고 회복하시기 위해서입니다. 이제 빛으로 구원 받은 우리가 그 빛을 가지고 나아가 회복의 역사를 감당하라는 것입니다. 주님의 복음과 주님의 선하신 일을 통해 세상을 빛으로 밝히며 회복하라는 것입니다.

구속 이후, 새로운 사명

시편 95편은 바로 이 사명을 강조하고 있습니다. 앞부분은 천지를 창조하신 하나님, 우리를 구원하신 하나님에 대한 찬양입니다. 그러다 후반절에는 이렇게 끝을 맺고 있습니다.

너희는 므리바에서와 같이 또 광야의 맛사에서 지냈던 날과 같이 너희 마음을 완악하게 하지 말지어다 그때에 너희 조상들이 내가 행한 일을 보고서도 나를 시험하고 조사하였도다 내가 사십 년 동안 그 세대로 말미암아 근심하여 이르기를 그들은 마음이 미혹된 백성이라 내 길을 알지 못한다 하였도다 그러므로 내가 노하여 맹세하기를 그들은 내 안식에 들어오지 못하리라 하였도다 시 95:8-11

이 부분에서 시편 기자는 이스라엘의 역사적인 한 배경을 통해 우리에게 교훈을 주고 있습니다. 이 시를 전체적으로 보면 매우 밝게 시작하지만, 그 끝에 경고가 주어집니다.

하나님의 백성들이 애굽으로부터 하나님의 구속을 받습니다. 전에는 쇠사슬에 묶여 있었던 자들이 자유를 누리게 됩니다. 자유를 누리면서 하나님이 그들을 약속의 땅으로 인도하십니다. 그런데 이스라엘 백성들은 애굽에서 나와 광야를 지나면서 하나님을 시험하고 마음이 완악해짐으로 하나님의 음성을 듣지 않았습니다.

이스라엘 백성들은 구원을 받으면서 그 구원이 자기만을 위한 것이라 생각했습니다. 내가 잘되고, 내 자식들이 잘되고, 더 이상 쇠사슬에 묶여 종살이 할 필요 없는 자유인이 되었다는 것에 "할렐루야"를 외치며 기뻐했습니다.

그러나 그것이 끝이 아닙니다. 하나님은 이제 그들에게 새로운 사명을 주십니다. 이제 그들을 거룩한 백성, 제사장 나라로 삼아 새로운 역사를 펼치시려는 하나님의 계획이 분명히 보입니다.

제사장이란 하나님과 사람들을 연결시키는 다리 역할을 하는 직분입니다. 그러므로 '제사장 나라'라는 것은 모든 민족과 나라들을 하나님과 연결시키는 복의 도구가 되는 것입니다. 그 사명을 주시기 위해 약속의 땅으로 이끌려고 하시는데, 그들은 그것을 들으려 하지 않았습니다. 자기가 구원 받은 것으로 끝인 줄 알았습니다. 그래서 하나님의 계획과 상관없이 40년 동안 광야를 돌며 반항하다가 그 세대가 광야에서 죽게 됩니다. 40년 동안 하나님의 계획이 지연되었습니다.

하나님의 백성들이 하나님의 계획을 알지 못하고 있으니 하나님의 계획이 지연되는 것입니다. 하나님의 계획이 지연된다는 것은 우리가 하나님의 백성들답게 빛으로 전진하지 못하고 방황한다는 것입니다. 시편 95편이 그렇게 연결이 되는 것입니다.

처음에는 창조주 하나님을 가리키면서 그분을 기쁘게 예배하자고 초청합니다. 이 내용으로만 끝났으면 7절로 마무리되어야 하는데, 하나님께서는 우리가 그분의 음성을 듣기 원하시며 역사 속 한 장면으로 교훈을 주십니다. 구원 받은 백성들이 소명 의식 없이 살게 될 때에 하나님이 한탄하시고 백성들은 온전한 안식을 누리지 못하는 비극으로 한 세대의 역사가 끝났다는 것을 우리에게 가르쳐주시는 것입니다.

천지를 창조하신 하나님을 믿는다는 것은 망가진 우리 때문에 망가진 사회와 역사와 피조물까지도 다시 회복하시려는 하나님의 전체적인 계획을 자각하고 주님의 복음의 빛이 되어 세상을 밝히고 축복하고 회복하는 자리에까지 나아가겠다는 것을 포함하고 있습니다. 그것이 우리의 사명입니다.

"하나님께서 천지를 창조하셨기 때문에 내 삶은 내 것이 아닙니다. 천지를 창조하신 하나님이 나를 만드시고 나를 아시고 나를 구원하시고 사랑하시는 하나님이시기 때문에 그 안에서 기뻐하며 소망을 갖고 살아갑니다. 또한 망가진 이 세상 창조물들을 우리의 빛을 통해 밝히고 다시금 회복하기 원하시는 하나님의 뜻이 있음을 깨닫고 이제 나를 드립니다. 성령의 기름을 부으사 빛으로 일어나게 하소서!"

여기까지 나아가야 우리의 신앙고백이 온전한 고백이 되는 것입니다. 우리가 구원받은 것은 이 사명을 감당하기 위함입니다. 우리가 복 받은 것은 하나님의 사명을 감당하기 위함입니다. 그래서 하나님께 영광을 돌리고, 우리 모두의 회복을 원하시는 하나님의 계획을 이루어드리기 위함입니다. 우리가 다 이것을 깨닫게 되기를 바랍니다. 그리고 하나님의 그 계획에 우리 자신을 드리는 은혜가 있기를 바랍니다. 그 사명을 감당하게 될 때 나와 우리 가정이 잘되며, 사회가 회복되고, 땅이 회복되고, 역사가 회복될 줄 믿습니다.

"나는 천지를 지으신 하나님을 믿습니다!"

이 땅에
오신
예수님

PART 2

I believe

나는
믿 습 니 다

찬송하리로다 하나님 곧 우리 주 예수 그리스도의 아버지께서 그리스도 안에서 하늘에 속한 모든 신령한 복을 우리에게 주시되 곧 창세전에 그리스도 안에서 우리를 택하사 우리로 사랑 안에서 그 앞에 거룩하고 흠이 없게 하시려고 그 기쁘신 뜻대로 우리를 예정하사 예수 그리스도로 말미암아 자기의 아들들이 되게 하셨으니 이는 그가 사랑하시는 자 안에서 우리에게 거저 주시는 바 그의 은혜의 영광을 찬송하게 하려는 것이라 우리는 그리스도 안에서 그의 은혜의 풍성함을 따라 그의 피로 말미암아 속량 곧 죄 사함을 받았느니라

에베소서 1장 3-7절

하나님의 독생자 예수 그리스도

chapter 4

말씀에 계시된 하나님을 믿는다

지금 우리는 사도신경을 통해 과연 우리가 무엇을 믿고 있는지, 믿음의 내용에 대해 살펴보고 있습니다. 여기서 한 가지 꼭 기억해야 할 것이 있는데, 그것은 우리가 믿는 내용들이 성경에 계시된 내용이란 것입니다. 우리는 어떤 전통이나 철학에 따라 하나님을 믿는 것이 아니라 하나님께서 친히 그분의 선지자와 사도들을 통해 말씀으로 계시해주신 내용을 믿어야 합니다.

이것이 중요한 것은, 하나님에 대한 우리의 믿음에 있어서 인간의 논리나 생각으로는 이해가 안 되는 것들이 있기 때문입니다. 우리는 우리의 논리와 생각을 초월하는 하나님을 믿고 있다는 것을 먼저 인정하고 나아가야 합니다. 우리 하나님은 우리의 상식과 논리에 제한되어 계신 분이 아닙니다.

성경은 하나님께서 '유일하신 한 분 하나님'이시란 사실을 알려줍니다. 그래서 모세를 통해 십계명을 주실 때도 가장 먼저 주신 말씀이 이것이었습니다.

> 나는 너를 애굽 땅, 종 되었던 집에서 인도하여 낸 네 하나님 여호와니라 너는 나 외에는 다른 신들을 네게 두지 말라 출 20:2,3

'하나님 외에 다른 신은 없다'는 말씀은 하나님이 유일한 분이심을 가르쳐주시는 것입니다. 그래서 이스라엘 백성들은 신명기 6장 4절의 "우리 하나님 여호와는 오직 유일한 여호와이시니"라는 구절을 오늘날까지도 민족의 말씀으로 고백합니다. 이것이 성경이 가르쳐주는 분명한 교리입니다.

그런데 성경은 그 유일하신 하나님께서 동시에 세 인격체가 되신다고 말합니다. 신앙생활을 하다 보면 '삼위일체(三位一體)'란 말을 접하게 됩니다. 본질적으로 하나이신 하나님께서 세 인격체로 존재하신다는 뜻입니다. 이것은 우리의 논리와 생각을 뛰어넘는 것입니다. 그러나 성경을 통해 하나님께서 그분에 대해 이러한 분이라고 계시해주시기 때문에 우리가 믿음으로 받아들이는 것입니다.

삼위일체 하나님을 증거하는 구약의 계시

성경 전체를 보면 하나님이 한 분 이상의 분으로 나타나는 것을 여러 곳에서 볼 수 있습니다. 구약 첫 페이지인 창세기 1장에 이런 말씀이 나옵니다.

> 하나님이 이르시되 우리의 형상을 따라 우리의 모양대로 우리가 사람을 만들고 그들로 바다의 물고기와 하늘의 새와 가축과 온 땅과 땅에 기는 모든 것을 다스리게 하자 하시고 창 1:26

하나님께서 천지를 창조하신 후 마지막으로 인간을 만들고자 하실 때 이렇게 말씀하셨습니다. 그런데 여기서 하나님은 분명히 복수를 사용하십니다. 여기서 말씀하시는 '우리'는 과연 누구일까요? 하나이신 하나님께서 '우리'라고 말씀하셨을 때에는 분명 한 분 이상의 인격체가 있음을 가리키는 것입니다.

시편 110편은 다윗의 시편입니다. 유대의 왕으로서 누구보다 여호와 하나님을 사랑하고 섬겼던 다윗은 하늘의 비전을 보며 이 시를 썼는데, 1절에 놀라운 말씀이 담겨 있습니다.

> 여호와께서 내 주에게 말씀하시기를 내가 네 원수들로 네 발판이 되게 하기까지 너는 내 오른쪽에 앉아 있으라 하셨도다 시 110:1

정말 굉장한 말씀입니다. 유일하신 여호와 하나님께서 '내 주에게' 말씀하셨다는 것입니다. 여기서 다윗이 사용한 단어는 '아도나이'인데, 이 단어는 높은 분, 주군을 가리킬 때도 사용할 수 있지만 가장 높으신 하나님을 가리킬 때 사용하는 단어이기도 합니다. 다윗의 경우 그는 유대의 왕이었기 때문에 그보다 높은 사람이 없었습니다.

그렇다는 것은 다윗이 언급한 대상이 분명히 하나님이시란 것입니다. 즉 다윗은 "여호와 하나님이 내 주 하나님에게 말씀하고 계신다"라고 말하고 있는 것입니다. 유일하신 하나님의 인격체가 또 있으시다는 것을 보여주는 것입니다.

예수님의 영광이 곧 하나님의 영광

신약성경에 이르러서는 구체적으로 하나님의 독생자 예수 그리스도를 가리키며 그가 곧 하나님이심을 가르치고 있습니다.

> 태초에 말씀이 계시니라 이 말씀이 하나님과 함께 계셨으니 이 말씀은 곧 하나님이시니라 요 1:1

사도 요한은 태초부터 말씀이 하나님과 함께 계셨는데, 그 말씀이 곧 하나님이시라는 엄청난 말을 하고 있습니다. 요한 역시 유대인으로서 일평생 그의 조상들과 함께 "여호와 우리 하나님은 유일하신 하나님이십니다"라고 항상 외쳤습니다. 그런 그가 3년 동안 예수 그리스도와 동행하며 한 가지 결론에 이르게 됩니다.

'예수 그리스도, 이분이 하나님이시구나!'

그래서 14절에서는 이렇게 증언합니다.

> 말씀이 육신이 되어 우리 가운데 거하시매 우리가 그의 영광을 보니 아버지의 독생자의 영광이요 은혜와 진리가 충만하더라 요 1:14

예수 그리스도의 영광이 하나님 아버지의 영광 그 자체였다고, 그래서 은혜와 진리가 충만했다고 고백하고 있습니다.

성자 예수님을 만난 바울의 변화

바울은 한때 유대인 랍비로서 하나님의 유일성을 목숨처럼 지키던 사람이었습니다. 그래서 '예수가 주님이요 하나님'이라고 이야기하는 그리스도인들을 증오했고, 그들을 핍박하고 붙잡아들이는 데 앞장섰던 사람입니다. 그런 그가 갑자기 예수님이 하나님이시라고 선포하기 시작합니다.

> 그리스도가 그들에게서 나셨으니 그는 만물 위에 계셔서 세세에 찬양을 받으실 하나님이시니라 롬 9:5

도대체 바울에게 무슨 일이 일어난 것입니까? 그리스도인들을 잡기 위해 다메섹으로 향하던 그는 다메섹 도상에서 하늘이 열리고 하나님의 어린양 예수 그리스도께서 하나님 우편에 계신 것을 보게 됩니다. 그는 그제야 그가 생명처럼 여겼던 구약성경 시편 110편의 다윗의 고백이 무엇을 의미하는지 깨달았습니다.

'하나님 우편에 앉아 계신 다윗의 주님이 바로 예수 그리스도시구나! 내가 핍박하고 있는 예수님이 죽음에서 다시 살아나셔서 승천하시어 하나님 우편에 앉아 계신 성자 하나님이시구나!'

이것을 깨달은 바울은 그때부터 목숨 걸고 온 세상을 향해 예수 그리스도께서 하나님이시란 것을 외치기 시작했습니다. 그래서 고린도교회 성도들을 향한 두 번째 편지를 마치며 이런 말로 축복합니다.

주 예수 그리스도의 은혜와 하나님의 사랑과 성령의 교통하심이 너희 무리와 함께 있을지어다 고후 13:13

한 분이신 하나님께서 성부와 성자와 성령의 세 인격체로 영원히 존재하신다는 것을 믿었기에 이렇게 축복했던 것입니다.

그 본체의 형상이 되신 예수 그리스도

히브리서 1장은 이렇게 시작합니다.

옛적에 선지자들을 통하여 여러 부분과 여러 모양으로 우리 조상들에게 말씀하신 하나님이 이 모든 날 마지막에는 아들을 통하여 우리에게 말씀하셨으니 이 아들을 만유의 상속자로 세우시고 또 그로 말미암아 모든 세계를 지으셨느니라 이는 하나님의 영광의 광채시요 그 본체의 형상이시라 그의 능력의 말씀으로 만물을 붙드시며 죄를 정결하게 하는 일을 하시고 높은 곳에 계신 지극히 크신 이

의 우편에 앉으셨느니라 히 1:1-3

히브리서는 신약성경 중에서 구약의 가르침을 가장 많이 인용하는 책입니다. 구약시대에는 선지자들을 통해 율법과 말씀으로 하나님에 대해 부분적으로 계시하셨지만, 신약시대에는 하나님의 아들 예수 그리스도를 보내시어 하나님에 대한 완전한 계시를 주셨습니다. 예수 그리스도는 하나님의 영광 자체가 되시며 그 본체의 형상이 되시기에 우리는 그분을 통해 하나님을 온전히 알 수 있게 된 것입니다.

이것이 성경의 계시입니다. 인간의 논리와 생각으로 만들어진 어떤 사상이나 철학이 아니라 하나님께서 스스로 하나님 자신에 대해 계시해주신 내용입니다. 이처럼 성경의 계시는 우리의 논리와 생각을 뛰어넘습니다.

사도신경은 내용의 반 이상을 예수 그리스도에 대한 고백에 할애하고 있습니다. 그만큼 하나님의 외아들 예수님을 믿는 것이 중요하고 중대하기 때문입니다. 성경 전체에 비추어, 우리의 믿음을 요약한다면 '예수님을 나의 주'로 믿는 것입니다. 이것이 성경이 가르치는 믿음입니다.

예수님을 아는 것, 그 중요성

하나님의 모든 계시가 예수님의 계시를 통해 완성됩니다. 하나님이 이루시고자 하는 구원의 계획이 예수님을 통해 완성되는 것입니다. 우리에게 보여주시고 허락하시는 하나님의 모든 복이 예수 그리스도를 통해 완성되기 때문에 성경은 그분을 제대로 알고 믿는 것이 가장 중요하다고 가르치는 것입니다. 이는 성경의 계시에 근거한 신앙고백인 사도신경이 가르치는 바이기도 합니다.

오늘날 사이비와 이단들이 갈라지는 것도 대부분 예수 그리스도에 대한 오해에서 비롯됩니다. 그래서 에베소서 4장 13절은 "우리가 다 하나님의 아들을 믿는 것과 아는 일에 하나가 되자"고 권면합니다.

그렇다면 하나님의 독생자 예수 그리스도를 믿을 때 무슨 일이 일어나기에 그분을 믿는 것에 대해 성경이 이토록 강조하는 것일까요? 에베소서 1장 3-7절 말씀에 따르면 우리가 예수님을 믿을 때 그분 안에서 얻게 되는 엄청난 하나님의 복이 있습니다. 그것을 몇 가지로 살펴보고자 합니다. 예수님을 믿을 때 우리에게 무슨 일이 일어납니까?

신령한 복을 받는 열쇠

첫째로, 우리가 예수님을 믿고 예수님 안에 있을 때 우리에게 하늘에 속한 모든 신령한 복이 주어집니다. 하나님께서는 하늘에 속한 신령한 복을 다 가지고 계시는 복의 근원이 되시는데, 그 하늘의 문을 여는 열쇠가 바로 예수 그리스도시란 것입니다.

> 찬송하리로다 하나님 곧 우리 주 예수 그리스도의 아버지께서 그리스도 안에서 하늘에 속한 모든 신령한 복을 우리에게 주시되 엡 1:3

그런데 여기서 말하는 복은 '하늘에 속한 신령한 복'입니다. 이것은 세상이 말하는 복과 차이가 있습니다. 이 두 가지를 혼동하지 말아야 합니다. 세상의 복은 잠깐입니다. 그리고 당분간의 유익은 줄 수 있을지 몰라도 늘 유익한 것은 아닙니다. 그러나 하늘에 속한 복은 신령하며 영원합니다. 하나님께서는 하늘에 속한 이 모든 신령한 복을 그분의 아들 예수 그리스도 안에서, 그분 안에 있는 백성들에게 아낌없이 주겠다고 말씀하십니다.

이런 예화가 있습니다. 제2차 세계대전이 끝나고 쑥대밭이 된 프랑스에 살고 있던 한 과부에게 일어난 일입니다. 전쟁 통에 남편을 잃은 그녀에게는 아직 어린 자녀가 넷이나 있었습니다. 먹을 것도 없고 하루하루 살기가 너무 버거운 나날이었습니다. 자녀들은 엄마만 바라보는데 어떻게 살아야 할지 앞이 캄캄했습니다.

그래도 하나님을 신실하게 믿던 자였기에 매일같이 말씀에서 주시는 약속을 하나씩 적어 한 바구니에 넣어두었다가 너무 힘들 때마다 '하나님, 내게 주시는 약속은 무엇입니까?' 하고는 한 구절씩 꺼내어 보곤 했습니다. 그럴 때마다 하나님이 적합한 약속을 주셔서 그녀의 마음을 위로하고 격려해주셨다고 합니다.

어느 날, 특별히 힘들고 아무런 희망이 보이지 않던 날에 그녀는 막막함에 눈물을 흘리며 하나님의 약속을 붙잡기 위해 말씀 바구니로 향했습니다. 그런데 그만 발을 잘못 디뎌 넘어지면서 그 바구니를 쳤다고 합니다. 그 순간 그 안에 적혀 있던 모든 구절들이 그녀의 치마 위로 쏟아졌습니다. 그때 그녀는 하늘에서 이런 음성을 듣는 것

같았다고 합니다.

"다 네 것이다! 여기 있는 약속들이 다 네 것이다!"

하나님의 말씀에 담겨 있는 모든 약속이, 하늘에 속한 하나님의 모든 신령한 복이 예수 그리스도 안에서 전부 우리에게 주어진 것입니다.

거룩하고 흠 없는 자로 택함 받는 은혜

둘째로, 하나님은 우리를 택하시어 거룩하고 흠이 없게 하십니다.

> 곧 창세전에 그리스도 안에서 우리를 택하사 우리로 사랑 안에서 그 앞에 거룩하고 흠이 없게 하시려고 엡 1:4

하나님께서는 창세전에 우리를 그리스도 안에서 택하셨습니다. 택하셨다는 것은 의지를 가지고 행동하셨다는 것입니다. 그래서 내가 예수님을 믿고 그분 안에 있다는 것은 하나님께서 나를 창세전에 택하셨다는 것의 증거가 되고, 그 택하심을 통하여 우리가 흠이 없고 거룩하게 된다는 것입니다.

얼마 전에 발리에 가서 선교사님들과 함께 3일 동안 집회를 했습니다. 발리는 바다가 참 아름다운 곳입니다. 그런데 그곳에는 주인 없이 떠도는 개들이 참 많았습니다. 첫날 새벽에 도착해 간단히 아침을 먹고 바닷가를 잠시 걸었는데, 개들이 참 순했습니다. 어떤 개들은 혹시나 먹을 것을 주지는 않을까 졸졸 따라다니기도 합니다. 버려진 개들이기에 하나같이 다 마른 모습이 안쓰러웠습니다.

그런데 저 앞을 보니 덩치 큰 남성 한 명이 개들을 불러 모으고 있었습니다. 그러고는 특별히 작은 개들을 모아 자기 오토바이 바구니에 막 집어넣었습니다. 기분이 이상했습니다. 꼭 데려가서 해코지를 할 것 같았습니다. 말이 안 통하니 뭐라고 항의할 수도, 주변에 도움을 청할 수도 없는 안타까운 순간이었습니다.

'내가 이곳에 살면서 여유가 좀 있다면 이 녀석들을 데려다가 키울 수도 있을 텐데….'

그러다 문득 택함을 받는다는 것이 무엇인지 실제적으로 확 다가왔습니다.

'아, 택함을 받는 게 이런 것이구나. 누구에게 택함을 받느냐에 따라서 인생이 바뀌는 것이다. 누군가의 손에 잡히면 죽을 수도 있고, 또 다른 누군가의 손에 붙들리면 행복을 누릴 수도 있는 거구나. 하나님께 택함 받는 것도 이런 것이구나.'

에베소서 2장에 이런 말씀이 있습니다.

> 그때에 너희는 그리스도 밖에 있었고 이스라엘 나라 밖의 사람이라 약속의 언약들에 대하여는 외인이요 세상에서 소망이 없고 하나님도 없는 자이더니 엡 2:12

긍휼이 풍성하신 하나님께서 우리를 자녀로 택하시는 것은 사망에서 생명으로, 어둠에서 빛으로 옮기시기 위함입니다. 죄로 말미암아 흠 많고 더러운 우리를 예수 그리스도 안에서 택하시어 깨끗하게 하시고 흠이 없게 하신다는 것이 이런 놀라운 은혜입니다.

우리 인생은 아무리 잘나가도 8,90년 살면 끝입니다. 그러면 우리의 영혼은 어디로 갑니까? 누구에게 택함을 받았느냐에 따라 모든 것이 달라집니다. 그리스도 예수 안에 있는 자들에게는 하나님의 택함을 받아 그분의 약속 안으로 들어가는 놀라운 은혜가 주어집니다. 이것을 분명히 믿고 예수 그리스도를 구세주로 믿는 우리 모두가 되기를 바랍니다.

자녀 삼아 주시는 복

셋째로, 예수님 안에서 하나님은 우리를 자녀로 삼아주십니다. 하나님은 예수 그리스도 안에서 우리를 택하셨을 뿐 아니라 아들들이 되게 하셨습니다.

> 그 기쁘신 뜻대로 우리를 예정하사 예수 그리스도로 말미암아 자기의 아들들이 되게 하셨으니 엡 1:5

아들이 되었다는 것은 법적으로 관계가 형성되었다는 말입니다. 이제부터는 상속자로 살 수 있는 특권이 주어진 것입니다. 그 누구도, 그 무엇도 그 관계를 끊을 수 없습니다. 우리는 예수님 안에서 하나님의 자녀로서 평화와 자유를 누리게 되었습니다.

누가복음 15장에 보면 '탕자의 비유'가 소개되고 있는데, 우리가 하나님의 자녀 된 놀라운 감격이 이 비유를 통해 너무나 생생하고 분명하게 전해지고 있습니다.

어떤 사람에게 두 아들이 있었습니다. 둘째 아들은 아버지의 유산을 미리 받아 아버지 곁을 떠나 방탕하게 삽니다. 그러다 재산을 모두 탕진하고 먹을 것이 없어 돼지우리에서 돼지들이 먹는 쥐엄 열매로 배고픔을 달래는 지경에까지 이릅니다. 그러다 정신이 번쩍 들었습니다.

'내가 이러고 있을 때가 아니다. 아버지께로 돌아가자.'

아버지의 집을 향해 가고는 있지만, 그의 마음은 너무나 무거웠습니다.

'무슨 면목으로 아버지를 뵐 수 있을까? 아버지께 나를 아들로 삼지 마시고 그저 하인으로 삼아달라고 말씀드려야지.'

그러나 저 멀리서 아들이 오는 것을 발견한 아버지는 아들을 향해 달려가 목을 안고 입을 맞추어줍니다. 아들이 살아 돌아왔다고 기뻐서 어쩔 줄 몰라 합니다. 그때 아들이 아버지에게 말합니다.

"아버지, 저는 하늘과 아버지께 죄를 지었으니 아버지의 아들이 되기에 합당하지 않습니다. 저를 종으로 삼아주십시오."

그러나 아버지는 아들의 입을 다물게 하고 그를 위해 잔치를 준비합니다. 아마도 아버지는 아들에게 이렇게 말했을 것입니다.

"네가 언제부터 명분으로 나의 아들이었니? 너는 처음부터 혈통으로 내 아들이었단다!"

우리 역시 하나님 앞에 자녀로 설 자격이 없을 때가 참 많습니다. 그러나 하나님께서 말씀하십니다.

"내가 언제 명분 때문에 너를 나의 자녀로 삼았느냐? 나의 독생자 예수 그리스도 안에서 너를 자녀 삼아 너의 이름을 내 생명책에 기록한 순간 너는 혈통으로 나의 자녀란다. 그러니 그 누구도, 어떤 상황도 나의 자녀 된 너를 빼앗아갈 수 없단다!"

이것이 바로 예수 그리스도 안에서 우리에게 주어진 복입니다. 예수 그리스도의 십자가로 말미암아 아버지의 생명책에 우리의 이름이 기록되었습니다. 그렇기 때문에 자녀 된 자유와 기쁨을 누리며 하나님을 예배할 수 있는 것입니다.

거저 주시는 은혜의 영광

넷째로, 우리가 예수 그리스도를 믿을 때 우리에게 은혜의 영광을 거저 주십니다.

> 이는 그가 사랑하시는 자 안에서 우리에게 거저 주시는 바 그의 은혜의 영광을 찬송하게 하려는 것이라 엡 1:6

하나님께서 우리에게 은혜의 영광을 거저 주시는 이유는, 그것은 도저히 우리가 살 수 없는 것이기 때문입니다. 세상 모든 돈으로도, 어떤 자원으로도 그 영광을 살 수 없습니다.

그러나 우리가 살 수 없는 그 영광을 위하여 대가를 치러주신 분이 계십니다. 바로 하나님이 사랑하시는 자, 그분의 아들 예수 그리스도이십니다.

누군가 대가를 치르셨기에 우리가 거저 얻을 수 있는 것입니다. 자녀가 아무 걱정 없이 먹을 것을 먹고, 안락한 집에 거처할 수 있는 것은 그 부모가 대가를 치렀기 때문입니다. 거저 주어지는 것은 사실이지만, 그렇다고 아무도 그 대가를 치르지 않은 것은 아닙니다.

예수 그리스도께서는 십자가 위에서 하나님 은혜의 대로를 열어주셨습니다. 하나님과 우리 사이를 꽉 막고 있던 죄의 담을 자신의 몸을 드려 허물어주신 것입니다.

워싱턴 D.C.에 있는 '한국전쟁 참전용사 기념공원'에 가보면, 언덕 가장 위에 한 대리석이 서 있고, 그 대리석에 숫자가 적혀 있습니다.

'54,246.'

한국 전쟁 때 한국 땅에 와서 목숨을 잃은 미국 군인들의 숫자입니다. 그리고 그 밑에 한 문장이 새겨져 있습니다.

"Freedom is not free"(자유는 거저 주어지지 않는다).

자유는 거저 주어지는 것이 아니라 수많은 사람들의 희생을 통해 주어지는 것입니다. 우리나라의 해방을 위해 얼마나 많은 조상들이 목숨과 건강을 희생했습니까? 그들의 희생 위에 자유가 주어졌습니다. 자유가 거저 주어지지 않는다는 것은 역사 속에서 수없이 증명되었습니다.

하물며 우리가 하나님 안에서 받게 된 영적인 자유가 어떻게 대가 없이 주어진 것이겠습니까? 절대로 아닙니다. 예수 그리스도께서 십자가에서 치르신 대가가 있었기에 우리에게 그 놀라운 자유가 주어진 것입니다.

요한계시록 5장에 보면, 하나님의 오른손에 큰 두루마리가 있다고 묘사됩니다. 일곱 개의 인으로 인봉된 두루마리입니다. 누군가 그 두루마리를 펴야 그 안에 담긴 은혜와 구원과 자유를 누리게 되는데, 그 두루마리의 인봉을 떼어 펼 수 있는 자가 아무도 없습니다. 천군천사들 중에도, 사람들 중에도 아무도 합당하지 않습니다. 그런데 합당하신 한 분이 나타나셨습니다. 죽임 당하신 어린양이십니다. 죽임 당하신 예수 그리스도로 말미암아 우리에게 하나님 은혜의 영광이 임했습니다.

그분의 피로 얻는 죄 사함의 은혜

다섯째, 예수님 안에서 우리는 그분의 피로 말미암아 죄 사함을 받습니다.

> 우리는 그리스도 안에서 그의 은혜의 풍성함을 따라 그의 피로 말미암아 속량 곧 죄 사함을 받았느니라 엡 1:7

발리에서 선교사님들을 대상으로 진행되는 집회 도중에 예수님의 피로 인한 죄 사함이 얼마나 귀한 은혜인지를 가슴 깊이 깨닫게 된 경험이 있습니다. 그때 선교사님들 앞에서 말씀을 전해야 하는데, 왠지 도저히 말씀을 전할 수 없을 것 같은 심정이었습니다. 마음이 너무나 무거웠습니다. 나 자신이 합당하지 않게 느껴졌습니다.

제가 말씀을 전해야 하는 분들은 적어도 10년 이상, 길게는 3,40년 이상을 선교지에서 헌신해오신 분들이었습니다. 오늘날 한국 선교의 선구자들과 같은 분들이었습니다. 그런 분들 앞에서 말씀을 전해야 하다니, 자꾸만 나 자신이 초라해 보이고 자격이 없어 보였습니다. 나의 죄악 된 부분과 잘못된 부분이 보이기 시작했고, 합당하지 않다는 압박감 때문에 견딜 수 없었습니다.

너무나 힘들어서 한국에 있는 아내에게 기도해달라고 긴급 도움을 요청했습니다. 그리고 하나님 앞에 간절히 울부짖었습니다. 그러는 가운데 하나님이 긍휼에 대한 말씀을 주셨습니다.

'하나님의 모든 자비하심으로 너를 권한다. 매일매일 예수 그리스도의 자비와 긍휼 안으로 들어가라. 예수의 흘린 피로 너를 씻어줄 것이니 합당치 않다고 말하지 말라. 씻음 받은 자로 서서 담대하게 말씀을 전하라.'

하나님의 말씀에 힘입어 저는 그날 담대하게 말씀을 전할 수 있었습니다. 합당치 않은 자가 하나님의 자비하심으로 말미암아 예수께서 흘리신 피의 효력으로 모든 죄와 수치를 씻음 받았기에 이제 합당한 자로서 말씀을 전파할 수 있게 된 것입니다.

우리의 합당함은 다른 데 있지 않습니다. 주님이 그 피로 씻어주셨기 때문에 주어진 것입니다.

그 아들 예수의 피가 우리를 모든 죄에서 깨끗하게 하실 것이요 요일 1:7

인간의 말이 아닙니다. 하나님의 말씀입니다. 하나님이 이렇게 외치고 계신 것입니다.

"내 아들 예수 그리스도의 피가 그 안에 있는 너희를 모든 죄에서 깨끗하게 할 것이다."

하나님의 이 엄청난 말씀이 예수 그리스도 안에 있는 우리에게 주어지는 약속이요, 축복입니다. 그렇기 때문에 성경은 우리에게 하나님을 믿고 그 아들 예수 그리스도를 믿어야 한다고 강조하는 것입니다. 예수 그리스도를 믿을 때에 우리는 예수님 안에 있게 되는 것이고, 그럴 때에야 하늘의 모든 신령한 복이 우리에게 남김없이 주어지는 것입니다.

예수를 믿는 믿음 안에 굳게 서라

우리가 예수 그리스도 안에 있을 때, 하늘의 모든 신령한 복이 우리에게 주어집니다. 우리가 예수님 안에 있을 때, 예수님 안에서 택함 받은 것이 증명됩니다. 우리가 거룩함과 흠이 없는 백성들로 하나님 앞에 세워지기 위해 택함 받은 것이 예수님 안에서 증명되는 것입니다.

우리가 그리스도 예수 안에 있을 때, 명분이 아니라 혈통으로 구원받은 하나님의 자녀가 됩니다. 우리가 그리스도 예수 안에 있을 때,

하나님께서 거저 주시는 은혜의 영광을 받게 됩니다. 우리가 그리스도 예수 안에 있을 때, 그분의 피로 말미암아 모든 죄에서 깨끗함을 받게 됩니다.

하나님께서는 예수님을 믿어야 이 모든 신령한 것이 주어진다고 말씀합니다. 그래서 예수님을 믿어야 하는 것입니다. 그래서 예수 그리스도를 나의 주, 나의 구세주로 믿어야 합니다. 예수님을 믿음으로 말미암아 하나님이 약속하신 이 모든 복을 다 누리게 되기를 바랍니다.

"나는 하나님의 독생자 예수 그리스도를 믿습니다!"

I believe

나 는
믿 습 니 다

그런즉 이스라엘 온 집은 확실히 알지니 너희가 십자가에
못 박은 이 예수를 하나님이 주와 그리스도가 되게 하셨
느니라 하니라

사도행전 2장 36절

우리 주 예수 그리스도

chapter **5**

나에게 예수님은 누구신가

제가 예전에 요한복음을 강해할 때 한 가지 다루기 어려운 주제가 있었는데, 그것은 가룟 유다에 대한 질문이었습니다. 다른 복음서보다도 특히 요한복음에는 가룟 유다에 대한 기록이 구체적으로 나오기 때문에 그냥 넘어갈 수가 없었습니다. 그런데 지금 살펴보고 있는 사도신경의 고백을 이해하는 데 필요하여 여기서도 잠시 가룟 유다에 대해 살펴보고자 합니다.

가룟 유다는 예수님의 열두 제자 중의 한 사람이었습니다. 열두 제자 중의 한 사람이었다는 것은 열정을 갖고 예수님을 끝까지 따르는 사람 중 하나였다는 것입니다.

처음에는 예수님을 따르던 사람들 가운데 힘들어하며 떠난 사람들이 많았습니다. 그래도 끝까지 자리를 지킨 사람들이 열두 제자였고, 그중 한 사람이 가룟 유다입니다.

겉으로 보기에 가룟 유다는 꽤 괜찮은 자였습니다. 열정도 있었고, 예수님을 가까이 따랐기 때문에 그분에 대해 아는 것도 많았습니다. 점차 사람들에게 인정을 받다가 돈 주머니를 책임지는 회계 역할도 맡게 되었습니다. 어떻게 보아도 가룟 유다는 예수님을 참 잘 믿는 사람이었습니다.

그런데 그는 결정적인 순간에 예수님을 팔아넘기고 맙니다. 후에 예수님이 "그는 처음부터 마귀의 자식이었다"라고 말씀하셨을 정도로 가룟 유다에게는 수수께끼 같은 구석이 있습니다.

오늘날 우리가 판단한다면 '예수 잘 믿고 교회 잘 다니는 사람 같았는데 어떻게 그의 결말이 그렇게 다를 수가 있었는가?'라고 여겨질 것입니다. 그런데 다른 건 다 넘기더라도, 그에게 한 가지 결핍이 있었음을 알게 됩니다. 그것은 그가 예수님을 '주'(主)로 삼지 않았다는 것입니다.

이것이 굉장히 중요합니다. 그는 예수님을 따르는 자였습니다. 예수님에 대한 열정이 있었습니다. 예수님에 대해 기대감이 많았습니다. 그렇지만 예수님을 주로 삼지는 않았습니다. 그래서 마지막 순간, '예수가 내가 기대했던 그런 분이 아니었구나. 우리가 기대했던 메시아가 아니었구나'라고 생각하며 예수님을 팔아 넘겨 버린 것입니다.

그는 자신이 원했던 예수, 자신이 바랐던 예수, 자신이 필요했던 예수를 따랐기 때문에 나중에 실망할 수밖에 없었고, 예수를 팔아넘기는 행동을 보였던 것입니다.

이 이야기를 통해 제가 드리고 싶은 도전은 이것입니다. 우리가 아무리 믿는 무리 중의 하나라고 할지라도, 그리고 아무리 예수님을 가까이서 따르며 그분에 대해 많이 안다고 할지라도, 그래서 사람들에게 인정받는 신앙인이 된다 할지라도, 우리는 자신에게 물어야 됩니다.

"나는 예수님을 주로 삼고 있는가?"

이것이 아니면, 이것이 없다면 우리의 믿음은 결단코 온전한 믿음이 될 수 없습니다.

믿음의 기초

사도신경에는 "우리 주 예수 그리스도를 믿사오니"라는 부분이 있습니다. 이것은 성경이 가르치고 있는 명확한 교훈입니다.

사도행전 2장을 보십시오. 예수님은 우리를 위해 십자가에 달려 돌아가셨고, 사흘 째 되던 날에 부활하셨습니다. 그리고 부활하신 후에는 그 부활의 몸을 가지고 제자들과 40일을 함께하셨습니다. 그러면서 하나님 우편으로 승천하시기 전에 제자들에게 한 가지를 권면하십니다.

"너희들은 이제 가서 아버지께서 너희에게 약속하신 성령을 기다려라."

그러고는 그들의 눈앞에서 승천하십니다. 하나님 우편으로 올라가십니다. 그리고 언젠가 그런 모습으로 다시 내려오실 것을 우리에게 말씀하십니다. 제자들은 예루살렘으로 돌아가 하나님께서 약속하신 성령을 능동적으로 기다렸습니다.

예수님이 승천하신 날로부터 열흘 후에는 '오순절'이라는 큰 명절이 있었습니다. 그 오순절 날 약속하신 하나님의 영이 제자들에게 임하십니다. 2장 앞부분을 보면, 그들이 성령의 능력을 받아 다른 방언으로 말을 하기 시작합니다. 다른 방언으로 예수를 전파하기 시작한 것입니다.

이게 중요합니다. 사도들은 서민들이었습니다. 다른 언어를 배운 적이 없는 사람들이었기 때문에 이들이 다른 나라 언어로 복음을 전했다는 것은 하나님의 능력으로만 가능한 것이었습니다.

유대교에는 세 개의 큰 명절이 있습니다. 그중 하나인 오순절은 전 세계에 흩어져 있는 유대 디아스포라들이 다 모이는 날이었습니다. 그러니까 로마, 그리스, 소아시아, 마게도냐, 수리아에 가 있는 디아스포라 유대인들의 3세대, 4세대, 5세대가 그날만큼은 예루살렘에 다 모이는 것입니다. 그런데 4세대, 5세대쯤 되면 히브리 언어를 잊어버립니다.

그러니 그들에게는 그들의 언어로 예수님에 대한 말씀을 전해야 하는데, 그날 성령의 능력으로 말미암아 사도들이 여러 나라 언어로 예수님에 대한 말씀을 전하기 시작한 것입니다. 그래서 그들이 예수님에 대한 이야기를 듣게 됩니다.

그 후에 그들은 각자의 나라로 흩어집니다. 하나님께서 미리 준비를 하신 것입니다. 나중에 사도 바울을 통해 지중해 세계에 선교를 하게 하시지만 이미 오순절 날 예수님에 대해 이야기를 들은 사람들이 돌아가서 예수를 믿기 시작해 공동체, 즉 교회를 이루기 시작했던 것입니다. 그래서 우리가 성경을 공부해보면, 사도 바울이 로마에 복음을 들고 들어가기 전에 이미 로마에 교회가 존재하고 있었음을 알 수 있습니다. 오순절 날 예수님에 대한 이야기를 듣고 믿기 시작한 사람들이 돌아가서 믿음의 공동체를 세웠던 것입니다.

그날 성령의 능력을 입은 사도들이 여러 지방의 언어로 전해진 메시지는 모두 하나의 메시지, 바로 예수님에 대한 메시지였습니다. 그 내용이 사도행전 2장 17절부터 기록되어 있습니다. 초대교회의 역사가 막 펼쳐지려고 합니다. 그때 하나님의 영의 능력으로 사도들이 예수에 대한 말씀을 전하기 시작했습니다.

> 그런즉 이스라엘 온 집은 확실히 알지니 너희가 십자가에 못 박은 이 예수를 하나님이 주와 그리스도가 되게 하셨느니라 하니라 행 2:36

예수님에 대한 이야기, 예수 복음의 결론이 이것입니다. 성령이 주시는 메시지의 결론은 '너희들이 못 박아 죽인 예수 그리스도께서 다시 살아서 하나님의 아들로 증명이 되셨다'는 것입니다. 여기서 '그리스도'라는 말의 의미는 '하나님의 기름 부음을 받은 자', 즉 '메시아'라는 것입니다. 이스라엘 백성들과 세상이 기다렸던 소망, 하나님의 구속자라는 의미입니다. 그런데 거기서 끝나는 게 아니라 예수님이 또한 '주'가 되신다고 말씀하십니다.

하나님이 요구하시는 믿음

그렇다면 우리가 예수님을 믿는다는 게 무엇인가를 우리에게 처음부터 알려주시는 성령님의 메시지는 무엇이겠습니까? 내가 예수님을 믿는다는 것은 다른 뜻이 아닙니다. "예수님을 나의 구원자, 그리고 나의 주님으로 믿습니다"라는 의미입니다.

우리가 교회생활을 하다 보면, 또 예수님을 믿고 믿음생활을 하다 보면 이런 경향이 생깁니다. 예수님을 믿고 구원을 받아야 하니까 우선 예수님을 구원자로 믿고, 나중에 소화할 수 있으면, 좀 더 성숙해지면 예수님을 주로 여기고 따라보겠다는 것입니다.

하지만 그렇지 않습니다. 성경은 처음부터 예수님을 믿는다는 게 무엇인지를 명확하게 가르칩니다. 예수님을 믿는다는 것은 그분을 나의 주님으로 받아들이는 것을 포함한다고 가르칩니다. 고차원의 믿음이 따로 있는 게 아닙니다. 예수님을 믿는다는 것은 그 기초에서부터, 믿는 순간 예수님을 나의 주님으로 받아들인다는 의미를 포함하고 있다는 것입니다.

> 네가 만일 네 입으로 예수를 주로 시인하며 또 하나님께서 그를 죽은 자 가운데서 살리신 것을 네 마음에 믿으면 구원을 받으리라 **롬 10:9**

고차원의 믿음, 목사가 되어야만 따를 수 있는 그런 믿음을 말하는 게 아닙니다. 예수님을 주로 시인하며 받아들이는 일은 믿음의 처음부터 시작되어야 합니다. 이것이 믿음의 기초이자 기본입니다.

세례를 받는 이유도 이 때문입니다. 한국에서는 세례 받는 것이 별일 아니지만, 북한이나 이슬람국가에서 세례를 받는다면 그 사람은 곧 블랙리스트에 오르게 됩니다. 아무도 모르게 혼자 예수님을 믿을 수는 있습니다. 그러나 공적 예배에서 세례를 받는 것을 누군가 신고한다면 그 순간 블랙리스트에 오르는 겁니다.

세례를 받는 것은 "이제 사람들 앞에 부끄러움 없이 예수님을 따르겠다, 예수님이 나의 주님이시다"라는 것을 고백하는 것입니다. 그런데 세례는 믿음의 처음에 받습니다. 즉, 처음부터 그렇게 믿으라는 것입니다.

그래서 생각해봐야 됩니다. 물론 우리가 가룟 유다는 아니지만 가룟 유다처럼 믿을 수도 있기 때문입니다. 우리는 믿는 무리 중의 하나가 되어 있고, 예수님에 대해 알고, 사람들에게 인정을 받아 직분까지 받았기에 예수님을 믿는다고 말합니다. 하지만 잠시만 생각해 봅시다. 성경은 당신에게 예수님이 주가 되시는지를 묻고 있습니다. 우리가 스스로에게 물어보아야 합니다.

"예수님이 나의 주님이신가?"

그렇지 않다면 내 믿음은 하나님이 말씀하시는 믿음이 아닙니다.

목사로서 제게 맡겨진 중요한 책임이 하나 있습니다. 성도들로 하여금 하나님이 요구하시는 믿음을 갖게 하는 것입니다. 하나님께서 맡겨주신 성도들을 올바른 믿음으로 인도해야 하는 것입니다. 이것이 영적 인도자로서의 제 책임입니다. 영적 인도자가 사람들의 편리에 맞춰서 대강 얘기해준다면 그는 더 이상 영적 인도자가 아닙니다. 사람들이 세운 연설자는 될 수 있을지 몰라도 하나님이 세우신 영적 인도자는 될 수가 없습니다.

이런 의미에서, 교회생활을 오랫동안 해온 사람들이 가지고 있을 수 있는 믿음, 즉 구원 받는 믿음 따로 있고 나중에 예수를 주로 따르는 고차원적 믿음이 따로 있다는 오해를 확실하게 끊어줘야 하는 책임이 저에게 있습니다.

그렇다면 예수님을 주로 삼고 따르는 것이 믿음이라는 것을 어떻게 실제적으로 적용할 수 있을까요? 이에 대해 묵상하는 가운데 예수님을 진정한 나의 주로 받아들이고 믿는 자가 가져야 할 세 가지 개념이 있어야 한다는 생각이 들었습니다. 그것은 주권의 개념, 순종의 개념, 위탁의 개념입니다.

예수님을 진정으로 주님으로 믿고 받아들였다면 '내 삶의 주권자가 누구신가'라는 주권에 대한 새로운 개념, '나의 삶의 목적이 무엇인가'라는 순종에 대한 개념, '내 삶을 전적으로 그분에게 맡기는' 위탁의 개념이 반드시 있어야 된다는 것입니다. 이제 이 세 가지에 대해 살펴보겠습니다.

주인이 바뀌었다

첫째로, 주권입니다. 이는 주인이 바뀌는 것을 말합니다. 예수님을 주로 믿는다는 건, 쉬운 말로 하자면 주인이 바뀐다는 것입니다. 전에는 내가 나의 주인이었습니다. 내 삶이니까 내 마음대로 살면 된다고 생각하고 살았습니다. 하지만 사회 구조 속에서 자식은 부모 밑에 있고, 학생은 스승 밑에 있고, 군인은 사령관 밑에 있어야 합니다. 필요한 일이고, 중요합니다.

그러나 궁극적인 의미에서 볼 때, 나의 주인은 어떠한 사람이나 어떠한 사상이나 심지어 나 자신도 될 수가 없습니다. 예수님을 믿는 그 순간 내 주인이 바뀌어버리기 때문입니다. 왜 그럴까요?

C. S. 루이스는 이 일을 이렇게 표현했습니다.

"예수께서 사랑으로 나를 정복해버리셨기 때문입니다."

예수께서 사랑으로 나를 정복해버리셨기 때문에, 그분이 나의 주인이 되셨다는 고백입니다. 굉장히 아름다운 표현입니다.

에베소서 2장을 보면 우리가 그리스도 밖에 있었을 때, 즉 예수님을 믿기 전의 우리의 모습이 설명되어 있습니다. 그것은 그렇게 아름다운 모습이 아닙니다. 예수님을 믿기 전, 우리는 사탄의 지배 아래 있었습니다.

신문을 보면서 '어떻게 사람이 이런 일을 할 수 있는가?'라는 생각을 하게 하는 기사들을 본 적이 있었을 것입니다. 그러나 어찌 보면 사람이기에 그렇게 할 수 있는 것입니다. 짐승이 못하는 일도 사람은 합니다. 성경은 우리가 그리스도 밖에 있을 때 사탄의 지배 아래 있었다고 말합니다. 육신의 몸과 육신의 정욕에 사로잡혀 있었다고 말합니다.

사람은 무엇에 중독되면 헤어나기가 어렵습니다. 사로잡히고 맙니다. 게임 중독, 인터넷 중독, 음란사이트 중독, 도박 중독…. 이런 것들이 우리를 사로잡습니다. 사로잡히면 못 빠져 나옵니다. 그래서 우리는 본질상 하나님 앞에 진노의 자식들이었습니다. 이것이 우리에 대한 설명입니다.

그런데 긍휼이 풍성하신 하나님이 우리에 대한 그 큰 사랑으로 인해 허물로 죽은 우리를 그리스도와 함께 살리셨습니다. 이것이 성경의 가르침입니다. 우리는 그저 불쌍한 사람이 아니라 마귀의 손에 붙잡혀 있었고, 몸과 마음이 정욕에 사로잡혀 있었고, 본질상 진노의 자녀들이었는데 하나님께서, 예수께서 오셔서 그분의 사랑으로 우리를 정복하신 것입니다. 우리를 살려주신 것입니다.

C. S. 루이스는 이렇게 말합니다.

"나는 당신이 싫어서 30년 동안 도망다녔습니다. 그런데 당신은 나를 추적하는 사냥꾼처럼 끝까지 추적하셔서 무서워서 싫다고 도망하는 사슴과 같은 나를 당신의 사랑의 화살로 쏴서 당신의 것으로 만들어주셨습니다."

그분이 나를 사랑으로 정복하셨다면 그분이 내 삶의 새로운 주인이 되시는 것입니다. 바울은 이 사실을 이렇게 표현합니다.

> 내가 그리스도와 함께 십자가에 못 박혔나니 그런즉 이제는 내가 사는 것이 아니요 오직 내 안에 그리스도께서 사시는 것이라 이제 내가 육체 가운데 사는 것은 나를 사랑하사 나를 위하여 자기 자신을 버리신 하나님의 아들을 믿는 믿음 안에서 사는 것이라 **갈 2:20**

내가 예수님을 믿는 그 순간, 그리스도와 함께 나의 원래 자아는 십자가에 못 박혔습니다. 바울은 원래 무서운 사람이었습니다. 자신의 목적을 이루기 위해 사람까지 죽이는 자였습니다. 그런데 그가 예수님을 만나는 그 순간, 무엇인가가 확실하게 달라졌습니다. 예수님을 믿는 그 순간, 원래 자아가 그리스도와 함께 십자가에 못 박혀 죽었기 때문입니다. 그래서 이제 바울이 사는 것이 아니라 오직 그 안에 그리스도께서 사시게 된 것입니다. 주인이 바뀐 것입니다. 주권이 바뀐 것입니다.

하나님께서는 모세를 이렇게 부르셨습니다.

> 네가 선 곳은 거룩한 땅이니 네 발에서 신을 벗으라 출 3:5

신발을 벗는다는 게 무슨 의미 같습니까? 신발을 벗는다는 것은 내가 주장하는 방향, 내가 갖고 있는 삶의 목표, 내가 오늘 잡은 모든 일정들을 내려놓으라는 뜻입니다. 신발을 신고 있으면 갈 곳이 많습니다. 하나님이 나를 부르셔서 왔지만 빨리 또 다른 곳으로 가야 합니다. 그래서 신발을 신고 있습니다. 그런데 신발을 벗는다는 것은 내가 해야 할 일들을 다 내려놓는다는 의미입니다. 하나님이 모세를 그렇게 부르십니다.

"내가 하나님이다. 내 앞에 나올 때는 신발을 벗어야 돼."

하박국서에서는 하나님께 예배드리는 것을 이렇게 설명합니다.

오직 여호와는 그 성전에 계시니 온 땅은 그 앞에서 잠잠할지니라 하시니라

합 2:20

우리가 예배드리러 성전에 갈 때 해야 할 일은 잠잠해지는 것입니다. 우리가 주님으로 섬기고 있는 하나님을 예배하러 갈 때조차 우리 안에는 세상의 소리가 가득 차 있습니다. 언론과 여론의 소리로 가득 차 있습니다. 주님은 그런 우리에게 말씀하십니다.

"잠잠하라. 여호와는 성전에 계시니 그분 앞에서 세상은 잠잠하라. 주님의 소리를 들으라."

주님께서 말씀하시는 것을 듣고 내 영혼의 지성소를 주님의 말씀으로, 주님의 음성으로 새롭게 채우라는 것입니다. 이걸 못하면 진정한 예배를 드리는 게 아닙니다. 습관적으로 드리는 예배일 뿐입니다. 빨리 와서 그냥 시간 때우고 가는 것입니다. 이것은 하나님께서 진정으로 찾으시는 예배가 아닙니다.

하나님이 찾으시는 예배는 "잠잠하라"는 것입니다. 신발을 벗는 것입니다.

"하나님, 이제 제 삶을 새롭게 정리해주세요. 제 생각을 새롭게 순환시켜주세요. 세상에서 너무나 세상의 소리, 언론의 소리들로 꽉 차 있는 제 정신을 주님의 말씀으로 맑게 해주세요."

이것이 나의 삶의 주인이 하나님이심을 예배를 통해서 인정하는 것입니다. 예배를 드릴 때에도 삶의 주인을 예수님으로 삼고 있습니까? 이것이 중요한 질문입니다.

예수님을 주로 삼으면 주권의 개념이 바뀝니다. 주인이 바뀌는 것입니다. 이것이 예수님을 나의 주님으로 믿는 것입니다.

삶의 목적이 바뀌다

둘째로, 삶의 목적이 바뀌어야 합니다. 즉, 우리는 순종의 삶을 살아야 합니다. 내가 예수님을 주로 믿는다는 것은 그분께 순종한다는 뜻입니다. "예수님이 나의 주님"이시라고 입으로는 고백하면서도 순종하지 않는다면 그 말이 무슨 의미가 있을까요? 겉으로는 예수님이 나의 주님이시라고 인정하지만, 그분의 말씀을 따르지 않는다면 사실 아무런 의미가 없게 됩니다.

아이들을 사랑한다고 말하면서도 그에 합당한 행동이 따르지 않는다면 그 사랑은 진정한 사랑이 아닙니다. 말로 하는 사랑은 사랑이 아닙니다. 마찬가지로 예수님을 주로 따른다는 것은 그분께 순종한다는 의미이며, 그분을 기쁘시게 해드리는 것이 내 삶의 목적이 되는 것을 의미합니다.

예수님은 산상수훈을 통해 이러한 경고를 하십니다. 우리가 주의 깊게 들어야 하는 말씀입니다.

> 나더러 주여 주여 하는 자마다 다 천국에 들어갈 것이 아니요 다만 하늘에 계신 내 아버지의 뜻대로 행하는 자라야 들어가리라 마 7:21

이 말씀은 "입으로 주여, 주여 하는 것이 구원 받는 믿음이 아니다. 아버지의 뜻대로, 내 뜻대로 행하는 자들이 내가 인정하는 믿음을 가진 자들이다"라는 말씀입니다.

예수님은 우리의 주님이 되십니다. '주'라는 말은 그분이 나의 리더가 되었다는 뜻입니다. 우리는 리더를 따라야 합니다. 리더에게 순종해야 합니다. "당신이 나의 리더입니다"라고 고백하면서도 그를 따르지 않는다면, 어떻게 그 고백을 증명할 수 있겠습니까?

우리는 자신을 돌아봐야 합니다. '내가 진짜 예수를 믿는가?' 그리고 열매가 있는지 점검해야 합니다. '내가 예수님의 말씀에 순종하고 있는가?'에 대한 열매 말입니다. 믿음은 아는 게 아니고 순종입니다. 따르는 것입니다. 그분이 나의 주가 되셨기에 이제는 그분이 내 삶을 붙잡고 계시며, 나는 그분의 말씀에 순종하며 사는 것입니다.

그런데 주님께 순종할 때 굉장히 중요하게 보아야 할 것이 있습니다. 기쁨으로, 사랑으로 순종해야 한다는 것입니다. 순종이란 것은 마지못해 할 수도 있습니다. '안 하면 큰일 나겠다. 이거 안 하면 구원 못 받지.' 그래서 버거운 마음으로 마지못해 순종할 수 있습니다. 하지만 이것은 진정한 의미의 순종이 아닙니다. 순종이라는 것은 항상 나를 먼저 사랑하신 그분을 내가 사랑하는 것입니다. 예수님이 사랑으로 나를 정복하셨다는 것을 알고 나를 먼저 사랑하신 그분을 이제 내가 사랑하는 것입니다. 그리고 그 사랑이 동기가 되어서, 자원함으로 기쁘게 순종하는 것입니다. 이것이 진정한 순종입니다.

출애굽기 21장에는 하나님께서 만드신 독특한 제도가 나옵니다.

이 제도는 끼니라도 때우면서 살려고 종이 되어 다른 집으로 들어간 자들이 있다면, 또 서로에게 빌린 돈이 있다면 7년째 되는 날에는 모두 다 자유인이 되게 해주어야 한다는 것입니다. 당시 히브리인들 중에는 여러 가지 사정으로 살아가기가 어려워져서 종으로 팔려가는 경우가 있었습니다. 그런데 그 몸값을 다 지불하지 못했더라도 7년째에는 모두 자유인이 되게 하라는 하나님의 아주 독특한 명령이었습니다. 오늘날로 말하면, 탕감제도 정도 될 수 있을 것입니다.

물론 될 수 있는 대로 갚으려고 노력함에도 갚지 못했을 경우를 염두에 두신 것으로, 어느 한 시점에서 주님의 백성답게 탕감해주라는 굉장히 독특한 이 제도를 허락하신 것입니다. 그런데 여기에 한 가지 예외를 두십니다. 그것은 종들 중에 7년째 자유의 날이 되었음에도 주인이 너무 좋아서, 주인의 사랑이 감사해서, 혹은 두고 가야 하는 가족이 너무 사랑스러워서 스스로 자유인이 되는 것을 포기하겠다고 결단하면, 주인은 그 종을 데리고 재판장 앞에 가라고 합니다. 거기서 자신이 자원함으로 기쁘게 종으로 남겠다는 것을 공식적으로 밝히면, 사람들이 보는 앞에서 귀를 뚫으라고 말씀하십니다.

이것은 장차 예수님 안에서 일어날 일을 미리 보여주신 예표입니다. 예수님을 믿는 백성들은 자유롭게 됩니다. 죄와 사망의 종으로 죄와 사망의 법에 묶여 있었는데 주님이 오셔서 우리를 그 죄와 사망의 법에서 해방시켜주셨습니다. 그런데 그 해방은 나의 정욕을 위해 주신 해방이 아니라 주님을 섬기라고 주신 해방입니다.

하나님이신 그리스도, 십자가에 달려 죽으신 그분의 사랑이 나를 해방하셨다면, 그 자유를 가지고 내 멋대로 사는 게 아니라 나를 위해 자기 몸을 아끼지 않고 버리신 그분을 위해 드려지는 삶이 되라고 말씀하십니다. 그 해방이 '주어진 해방'이라는 것을 깨닫고, 주님 앞에 나와 주님을 섬기며 살겠다고 기쁨으로 고백할 때의 모습을 구약에서 미리 보여준 것입니다.

저는 이 말씀을 읽을 때마다 감동이 됩니다.

"저는 기쁘고 감사하게, 감격하여서 저의 자유를 주님께 드리기를 원합니다."

이렇게 선포하고 싶습니다. 이것이 순종의 의미입니다. 나를 먼저 사랑하신 그 사랑에 감격해서, 사랑이 동기가 되어서 그분을 위해 사는 것이 나의 삶에 가장 가치 있는 삶이라는 것을 알았기 때문에 드리는 순종 말입니다.

얼마 전에 뉴스를 통해서 그런 삶을 사셨던 진짜 멋진 분을 만나게 되었습니다. 스물일곱 살의 꽃다운 나이에 IS에 일 년 반 동안 잡혀 있다가 순교를 당한 케일라 뮬러라는 자매입니다. 그녀는 스무 살 때부터 하나님께서 주신 마음을 가지고 인권이 유린당하고 있는 사람들, 특별히 난민들을 찾아가서 의료봉사를 하던 귀한 자매였습니다. 그리고 2012년부터는 내전으로 인해 많은 난민들이 발생한 시리아의 난민캠프에서 봉사를 했는데, 2013년 8월에 IS에 잡혀 일 년 반 동안 인질로 있다가 2015년 2월에 숨지게 된 것입니다.

그녀는 어렸을 때부터 주님의 마음을 가지고 자기 삶의 주인을 예수님으로 섬겼습니다. 그래서 '예수님이 나를 통해 무슨 일을 하기 원하실까'를 생각하며, 그분을 기쁘시게 하는 것, 그분께 복종하는 것을 삶의 가장 큰 의미로 여기고, 기쁨으로 순종하겠다는 마음으로 난민촌에서 봉사하는 일을 어려서부터 한 것입니다.

그 자매가 잡힌 지 일 년 정도가 지난 후에 부모님에게 몰래 편지를 보냈는데, 그 내용이 언론에 소개가 되었습니다. 그 내용을 보니 어떻게 그런 자리에서 이런 편지를 쓸 수 있었을지, 놀랄 만큼 감동적이었습니다. 케일라가 부모님에게 쓴 편지 내용을 조금 인용해보겠습니다.

저는 지금 고난 중에 거하고 있지 않습니다. 만일 제게 고난이 있다면 그것은 저로 인해서 염려하고 있을 부모님과 가족들로 인한 마음의 아픔뿐입니다. 누구도 저의 속박이 이렇게 오래 갈 줄을 몰랐겠지요. 그러나 저는 포기하지 않고 있습니다. 아직 싸울 힘이 많이 남아 있습니다. 이 어려움이 아무리 오랫동안 지속될지라도 저는 포기하지 않을 것을 꼭 믿어주십시오. 이 일로 인한 부모님의 아픔이 제 아픔이 되었습니다. 그러나 언젠가 우리가 다시 만나게 될 것에 대한 소망이 오늘도 제 힘의 근원이 되고 있습니다. 저와 함께 인내해주십시오. 부모님의 아픔을 하나님께 올려드리십시오. 제가 강하고 담대하기를 부모님이 원하시는 줄 알기에 저도 그렇게 버티고 있겠습니다. 저로 인해 두려워 마시고 오직 기도에 힘써주십시오. 저도 기도하겠습니다.

하나님의 뜻 안에서 다시 만날 그날을 기대하면서
케일라 올림

케일라와 그녀의 부모님이 하나님의 뜻 안에서 다시 만날 그때가 지상에서 이루어지지는 못하게 되었습니다. 이제 천국에서 이루어지겠지요. 하지만 스물예닐곱 살의 자매가 테러 단체에 잡혀 일 년 동안 인질로 살고 있는 중 간신히 빼돌린 편지에 이런 내용이 담겨 있다는 것이 너무나 놀라웠습니다.

'살려달라, 나는 지금 이렇게 어렵다, 어떻게 해서라도 꼭 구해달라'는 내용의 간청이 아니라 '부모님 걱정 마십시오. 전 괜찮습니다. 마음에 평화가 있습니다. 기도하면 됩니다. 하나님의 희망이 있습니다'라는 편지를 썼다는 게 믿어지지가 않을 만큼 놀라웠습니다.

편지를 읽으며 케일라 뮬러는 어떤 사람이었을까 생각해보았습니다. 아마도 예수님 안에서 자기 삶의 목적을 깨닫고, 그 나라와 그 의를 구하는 일에 후회 없이 자신의 삶을 던진 사람이었을 것입니다. 주님을 따르다가, 하나님의 일을 하다가 세상의 시선으로는 망할지라도, 주님에게 순종하다가 세상의 기준으로는 실패한 삶이 될지라도, 전혀 후회함 없이 하나님을 섬기는 것을 기쁨으로 여기는 사람이었을 것입니다. 귀를 뚫고 하나님께 기쁨으로 드리는 순종이었기에 후회 없이, 다시 뒤돌아봄 없이 하나님 앞에서 담대하게 살다가 '만일 이 세상에서 순교하게 된다면 언젠가 주님 안에서 만나게 되리라'는 믿음을 가진 사람이었을 것입니다. 이러한 믿음이 정말 아름다운 믿음입니다.

어떤 분들은 이런 믿음은 우리와는 상관없는 믿음이라고 생각할 수도 있습니다. 그러나 저는 순교도 하나님의 은혜로 되는 것이라고 생각합니다. 우리 모두가 예수님을 주로 삼고, 그분께 순종하는 것을 삶의 기쁜 목적으로 삼으며, 세상에 압도당하는 것이 아니라 세상을 이길 수 있는 사람, 세상이 감당하지 못하는 하나님의 사람들이 되기를 바랍니다(히 11:38 참조). 이것이 바로 예수님을 나의 주로 삼는 것입니다.

신뢰의 대상이 바뀌다

'예수님을 나의 주로 삼는다'는 말 안에는 주님께 나를 위탁한다는 개념이 확실하게 포함되어 있습니다. 예수님을 나의 주로 삼는다는 것은 전적으로 그분을 따르며, 그분께 순종하며, 그분을 주인으로 모시는 것인 동시에 그분께 다 맡기는 것입니다. 그분께 다 맡겼다는 것은 그분께서 책임져주심을 믿는다는 것입니다. 예수님이 나의 주가 되시면 나에게 전적인 순종을 요구하시는 것뿐만 아니라 주인이 되셨기에 나의 삶을 책임지십니다.

따라서 이제 우리의 신뢰 대상이 바뀌게 됩니다. 전에는 신뢰의 대상이 리더가 될 수도 있고, 나의 부모가 될 수도 있고, 나 자신이 될 수도 있었지만, 이제는 그 모든 것이 아닌 예수님이 신뢰의 대상이 되시는 겁니다. 이 세상의 모든 것은 지나갑니다. 모든 것은 시들 때가 있습니다. 그런데 죽음에서 부활하신 예수 그리스도께서 내 주가 되셨습니다. 주님께 나의 모든 것을 맡기고 산다는 것은 대단한 일이며, 굉장한 복입니다.

사도들이 축도를 할 때마다 사용한 문구가 있습니다.

> 주 예수 그리스도의 은혜와 하나님의 사랑과 성령의 교통하심이 너희 무리와 함께 있을지어다 고후 13:13

예수님은 지나가는 세상과 함께 썩어지고 묻히실 분이 아니라 죽음을 이기신 주, 부활의 주가 되십니다. 그렇기 때문에 주 예수 그리스도의 은혜가 어떠한 상황과 위기 가운데서도 나를 붙잡아주시는 것이고, 주님 안에서 하나님의 사랑이 내게 부어지는 것이며, 주님 안에서 성령님이 함께하시는 교통하심이 우리에게 주어지는 복이라고 믿습니다.

예수님을 주로 삼는 자들이 누리는 복이 또 있습니다. 우리가 잘 아는 찬송가가 있지요.

> 나의 갈 길 다가도록 예수 인도하시니
> 내 주 안에 있는 긍휼 어찌 의심하리요
> 믿음으로 사는 자는 하늘 위로 받겠네
> 무슨 일을 만나든지 만사형통하리라
> 무슨 일을 만나든지 만사형통하리라
> _새찬송가 384장

이 찬송은 저희 어머니가 가장 즐겨 부르시는 찬송입니다. 저희 가정은 처음부터 예수를 믿는 가정이 아니었습니다. 저희 집이 1970년 대 초반에 미국으로 이민을 갔는데, 가장 힘들어하셨던 분은 어머니셨습니다. 한국에서 전혀 그렇게 살지 않으셨던 분이 하루에 14시간에서 16시간씩 막노동을 하셔야 했습니다. 쉬는 날도 없었습니다. 그렇게 일을 해도 앞이 캄캄한 나날을 벗어나지 못하자 나중에는 절망에 빠져 삶을 포기하려는 자리까지 가게 되었습니다.

그때 자녀 둘이 초등학생이고 하나는 유치원생으로 세 아이가 있었음에도 삶을 포기할 정도였으니 오죽했겠습니까. 지금도 그 생각을 하면 마음이 찡해집니다.

그런데 그 어머니가 예수님을 만나셨습니다. 예수님을 만나고 그 예수님을 주로 삼게 되셨습니다. 그때부터 삶이 변화되기 시작하셨습니다. 예수님을 그냥 믿은 게 아니라 주로 받아들이셨기에 어머니는 자신의 삶을 전적으로 주님께 맡기셨습니다. 그때부터 변화가 되었습니다. 그러면서 신앙의 간증으로 "내가 사는 것이 아니요 오직 내 안에 그리스도께서 사시는 것이라"(갈 2:20)라고 하시고, 본인의 간증 찬송으로는 〈나의 갈 길 다가도록〉을 부르셨습니다.

내가 일하고, 내가 모으고, 내가 힘을 써보지만 사람은 다 한계가 있지 않습니까? 어머니도 한계에 이르니 완전히 삶이 무너지신 겁니다. 그런데 그 가운데서 예수님을 찾게 되셨고, 예수님을 만나셨는데, 그분은 죽음을 이기신 부활의 주님이셨습니다. 그분이 자신의 삶을 위탁드릴 수 있는 분이라는 것을 깨닫고, 그때부터 예수님을 의지하고 신뢰하면서 무슨 일이 임하든지 만사형통할 것을 믿으며 오늘까지 귀한 권사님으로 사시게 되셨습니다. 이것은 자신의 삶을 위탁한 자들이 누릴 수 있는 복입니다. 할렐루야!

제가 미국에서 목회하고 있을 때 한 여 성도님이 교회에 전혀 관심이 없는 남편을 너무 안타깝게 여기시기에 전도를 하기 위해 전화를 드린 적이 있습니다. 남편 되시는 분은 미국에서뿐만 아니라 중국에서도 사업을 크게 하는 분이었습니다. 그런데 굉장히 솔직하게 얘기를 해주셨습니다.

"목사님, 제가 지금 60세가 넘었습니다. 제 건강이 언제까지 갈지 모르는데 그 전에 세상을 좀 즐겨야 되지 않겠어요?"

너무나 솔직했습니다. 건강이 무너지기 전에, 사업이 언제나 좋은 것도 아닌데 이렇게 번성할 때 좀 누리고 즐겨야 되지 않겠냐는 말이었습니다. 그러면서 자기와 같은 생각을 하는 중국 사업가 친구들이 많다고 했습니다.

그 분의 이야기를 들으면서 한 가지 깨달은 게 있었습니다.

'이것이 예수님이 없는 세상의 생각이구나. 언젠가는 무너질 것, 언젠가는 지나갈 것을 불안하게 붙잡고, 불안하게 누리려는 것이 이 세상의 사고구나.'

지나가는 세상, 언젠가는 없어지고 시들어버릴 것을 알면서도 붙잡고 있으니 불안한 겁니다. 즐기면서도 즐길 수가 없는 것입니다. 그러면서도 그 위에 인생을 세우는 것이 세상입니다. 예수님을 주로 삼고 믿는 것과는 정반대의 것입니다.

예수님을 나의 주로 믿고 산다는 것은 죽음을 이기신 분, 알파와

오메가, 처음과 마지막이 되시며, 영원히 견고한 반석이 되시는 예수님 위에 나의 삶을 세우는 것입니다. 지나가는 세상과 썩어져 없어질 반석이 아니라, 견고한 반석 위에 내 생명을, 내 삶을, 내 자녀의 삶을 세우는 것입니다.

처음과 마지막이 되시고 영원하신 주님께 내 삶을 위탁하며 살게 될 때 우리는 세상이 알 수 없는, 하늘이 주시는 기쁨과 능력을 신뢰하며 확실한 믿음으로 살게 될 줄 믿습니다. 우리는 예수님을 나의 주로 분명히 믿어야 합니다. 이것이 나와 내 가정이 살 수 있는 복의 길이 되기 때문입니다.

"나는 우리 주 예수 그리스도를 믿습니다!"

I believe

나는
믿습니다

예수 그리스도의 나심은 이러하니라 그의 어머니 마리아가 요셉과 약혼하고 동거하기 전에 성령으로 잉태된 것이 나타났더니 그의 남편 요셉은 의로운 사람이라 그를 드러내지 아니하고 가만히 끊고자 하여 이 일을 생각할 때에 주의 사자가 현몽하여 이르되 다윗의 자손 요셉아 네 아내 마리아 데려오기를 무서워하지 말라 그에게 잉태된 자는 성령으로 된 것이라 아들을 낳으리니 이름을 예수라 하라 이는 그가 자기 백성을 그들의 죄에서 구원할 자이심이라 하니라 이 모든 일이 된 것은 주께서 선지자로 하신 말씀을 이루려 하심이니 이르시되 보라 처녀가 잉태하여 아들을 낳을 것이요 그의 이름은 임마누엘이라 하리라 하셨으니 이를 번역한즉 하나님이 우리와 함께 계시다 함이라

마태복음 1장 18-23절

성령으로 잉태하신 예수 그리스도

chapter 6

불가능을 고백하는 신앙

마태복음 1장 18-23절은 예수님이 이 세상에 어떠한 모습으로 오셨는가에 대해 그 역사적인 배경을 바탕으로 설명해주고 있습니다. 이 구절에서 분명하게 말하고 있는 것은 그분은 성령으로 잉태하신 분으로, 처녀의 몸에서 나신 분이라는 것입니다.

이것은 우리의 신앙고백이기도 합니다. 지난 역사 속에서 정통적인 기독교의 모든 성도들이 하나같이 고백해온 우리의 신앙입니다.

"그는 성령으로 잉태하사 동정녀 마리아에게 나시고."

그런데 어떻게 생각하면 굉장히 말이 안 되는 이야기입니다. "성령으로 잉태하사 남자를 모르는 처녀에게서 태어나셨다"는 것이 가능한 일입니까? 사람이 이 세상에 태어나기 위해서는 사람의 씨로 말미암아 태어나야 합니다. 그런데 성경은 분명히 우리의 논리와 상식으로는 전혀 이해되지 않는 말씀을 우리에게 하고 있습니다. 그분은 성령으로 잉태되사 동정녀 마리아에게 나셨다고 선포하고 있는 것입니다.

즉 이 신앙고백은 인간의 논리와 상식을 뛰어넘는 하나님의 계시가 승리한 것입니다. 그렇지 않습니까? 사람들의 생각, 과학이나 의학적으로는 말이 안 되지만, 하나님이 계시하셨기 때문에, 하나님이 말씀하셨기 때문에 우리는 그 말씀을 그대로 믿고 고백합니다. 그리고 하나님은 우리가 성경을 통해 알고 있고 믿고 있는 바대로, 성령으로 잉태되시어 동정녀에게 나신 예수 그리스도를 믿는 이 믿음의 고백을 통해 지난 2천여 년 동안 예수 믿는 자들을 구원하신 것입니다.

성경은 예수님이 성령으로 잉태되시어 동정녀 마리아에게 나셨다는 것을 우리에게 분명히 말하고 있습니다. 그중에서도 이번 장에서는 '성령으로 잉태하신 예수님'에 대해, 다음 장에서는 '동정녀 마리아에게서 나신 예수님'에 대해 살펴보고자 합니다.

하나님께서 마리아에게 말씀하셨을 때, 그녀는 아마도 십대 후반의 소녀였을 것이라고 추측합니다. 팔레스타인의 고대 문화에서는 보통 이 시기쯤 결혼을 했기 때문입니다. 십대 소녀에게 하나님은 엄청난 소식을 전해주신 것입니다. 그때 마리아는 요셉과 약혼한 처지였습니다. 시간이 지나자 요셉도 마리아가 아기를 가진 것을 알게 됩니다. 동거한 적이 없는데 말입니다. 그러자 의로운 사람이었던 요셉은 조용히 그 일을 정리하려고 합니다. 없던 일로 하려고 합니다. 이 일만 보아도 요셉이 얼마나 훌륭한 인격자였는지 알 수 있습니다.

그러던 중 천사가 그에게 찾아옵니다.

다윗의 자손 요셉아 네 아내 마리아 데려오기를 무서워하지 말라 그에게 잉태된 자는 성령으로 된 것이라 아들을 낳으리니 이름을 예수라 하라 마 1:20,21

여기서 '예수'라는 이름은 '구원', '하나님이 구원하시다'라는 뜻입니다. 천사는 아기의 이름을 예수라 하라고 하면서 그가 자기 백성을 구원할 분이기 때문이라고 설명합니다.

이 모든 일은 갑자기 일어난 일이 아니라, 사실 700년 전에 이사야 선지자를 통해 이미 예언된 일이었습니다.

그러므로 주께서 친히 징조를 너희에게 주실 것이라 보라 처녀가 잉태하여 아들을 낳을 것이요 그의 이름을 임마누엘이라 하리라 사 7:14

천사는 하나님께서 우리에게 예표로 주신 이 말씀이 지금 성취되는 것이라고 말합니다. 또한 복음서는 그 첫 장에서부터 예수님이 성령으로 잉태되시고 동정녀 마리아에게 나신 사건을 우리에게 말합니다. 누가복음 1장에서도 같은 내용을 조금 다른 각도에서 설명해줍니다. 마태복음 1장에 천사가 요셉에게 전했던 메시지가 있다면, 누가복음 1장에는 천사 가브리엘이 마리아에게 찾아와 전해준 하나님의 메시지가 있습니다.

여섯째 달에 천사 가브리엘이 하나님의 보내심을 받아 갈릴리 나사렛이란 동네에 가서 다윗의 자손 요셉이라 하는 사람과 약혼한 처녀에게 이르니 그 처녀의 이름은 마리아라 그에게 들어가 이르되 은혜를 받은 자여 평안할지어다 주께서 너와 함께하시도다 하니 처녀가 그 말을 듣고 놀라 이런 인사가 어찌함인가 생각하매 천사가 이르되 마리아여 무서워하지 말라 네가 하나님께 은혜를 입었느니라 보라 네가 잉태하여 아들을 낳으리니 그 이름을 예수라 하라 그가 큰 자가 되고 지극히 높으신 이의 아들이라 일컬어질 것이요 주 하나님께서 그 조상 다윗의 왕위를 그에게 주시리니 영원히 야곱의 집을 왕으로 다스리실 것이며 그 나라가 무궁하리라 마리아가 천사에게 말하되 나는 남자를 알지 못하니 어찌 이 일이 있으리이까 천사가 대답하여 이르되 성령이 네게 임하시고 지극히 높으신 이의 능력이 너를 덮으시리니 이러므로 나실 바 거룩한 이는 하나님의 아들이라 일컬어지리라 보라 네 친족 엘리사벳도 늙어서 아들을 배었느니라 본래 임신하지 못한다고 알려진 이가 이미 여섯 달이 되었나니 대저 하나님의 모든 말씀은 능하지 못하심이 없느니라 마리아가 이르되 주의 여종이오니 말씀대로 내게 이루어지이다 하매 천사가 떠나가니라 눅 1:26-38

천사 가브리엘이 마리아에게 충격적인 메시지를 전합니다.
"마리아야, 너에게 아기가 생겼다."
마리아가 깜짝 놀랍니다.
"저는 아직까지 남자를 모르는데 어떻게 저에게 아기가 주어질 수 있습니까?"
그때 천사 가브리엘이 말합니다.
"성령이 너에게 임했기 때문이다. 지극히 높으신 이, 하나님의 능력이 너를 덮었고 성령이 임하셨기 때문에 너에게 아기가 생긴 것이다."

그러면서 한 마디를 더합니다.

"사람에게는 불가능한 것일지라도 하나님의 말씀에는 불가능이 없다. 상식적으로 이해가 안 되는 말씀이지만 하나님께 이것이 불가능하랴? 하나님께서는 이 일을 반드시 이루시리라."

엄청난 메시지를 들은 마리아는 대답합니다.

"주의 종이오니 뜻대로 하옵소서."

성경 중에서 복음서는 우리가 믿는 예수님이 어떤 분인가를 알려줍니다. 그런데 그 첫 장, 마태복음과 누가복음의 첫 장에서부터 예수님이 성령으로 잉태되어 동정녀 마리아에게 나셨단 사실을 우리에게 분명하게 말해주고 있습니다.

교회 역사를 보면 이상한 가르침들, 사이비나 이단들이 수없이 많았습니다. 이에 교회 지도자들은 정통적인 기독교 신앙고백을 만들어 우리의 신조로 삼고자 했습니다. 그들은 여기에 반드시 넣어야 할 내용 중에 '성령으로 잉태하사 동정녀 마리아에게 나신 예수 그리스도'가 있어야 한다고 결정했고, 하나님께서는 이 신앙고백을 통해 교회 역사 가운데 복음의 역사, 구원의 역사를 이루고 계십니다.

이것이 왜 이렇게 중요할까요? 왜 성경은 예수님의 나심을 처음부터 강조하고 있는 걸까요? 왜 하나님께서는 교회 역사를 통해 이 부분이 우리의 신앙고백에 반드시 포함되도록 허락하신 것일까요?

그 이유는 우리가 예수님이 어떤 분이신가를 알기 위해서는 이 내용이 중요하기 때문입니다. 또한 예수로 말미암은 구원이 어떠한 구원인가를 우리에게 알려주시기 위함입니다. '예수님은 어떤 분이신가?' 하는 것은 신학적인 용어로 '기독론'이라고 하며, '예수님으로 말미암은 구원은 어떤 것인가?' 하는 것은 '구원론'이라고 합니다. 기독론과 구원론, 이 두 가지가 바르게 세워지기 위해 이 부분이 중요한 것입니다.

온전하신 하나님, 예수 그리스도

먼저 기독론에 대해 살펴봅시다. 예수님이 동정녀 마리아에게서 나셨다는 것은 예수님이 어떤 분이신지를 알려주는 중요한 사건입니다. 즉 예수 그리스도께서 온전한 하나님이 되심을 이 말씀을 통해 우리에게 분명히 증명해주고 있는 것입니다.

2천 년 전의 예수님은 이 땅 위를 걸으셨던 분입니다. 나사렛이라는 북이스라엘 동네에서 자라신 분입니다. 그분에게는 우리와 똑같이 살과 뼈가 있었고, 피가 흐르고 있었습니다. 겉으로 보기에는 우리와 똑같은 인간이었습니다.

그런데 그분은 참 희한한 일들을 행하셨습니다. 그분의 가르침에는 엄청난 권위가 있었고, 여러 가지 이적과 기사를 이루셨습니다. 그래서 사람들은 예수님을 가리켜 선지자가 아니냐고 말했습니다. 그런데 선지자라고만 하기에는 너무나 엄청난 일들을 행하셨습니다. 바람과 파도를 잔잔하게 할 수 있으셨고, 마귀와 악령을 쫓아내셨으며, 죽은 지 나흘 째 되어서 송장 냄새가 나는 자를 일으켜 살리셨습니다. 마지막으로는 그분 자신이 죽은 지 사흘 만에 다시 살아나셨습니다.

이 놀라운 일들을 보면서 예수님을 가까이서 따르고 그분을 메시아로 믿었던 사람들은 한 가지 결론에 이르게 됩니다.

"이분은 하나님이시다."

이는 예수님이 사람들에게 하셨던 말씀이기도 합니다.

"나와 아버지는 하나이다. 나는 하나님의 독자이다. 일반적으로 말하는 하나님의 자녀 중 한 사람이 아니라 하나님의 독자, 그래서 하나님과 나는 하나이다."

하지만 사람들은 믿지 못했습니다. 믿을 수가 없었습니다. 예수님의 제자들도, 예수님의 동생들도 믿지 못했습니다. 마리아가 요셉을 통해서 갖게 된 자녀들이 예수님의 동생들이었지요. 한 지붕 아래서 자라면서 같이 씨름하며 놀았던 형, 같이 밥을 먹었던 형이 갑자기 놀라운 일들을 행하면서 자신이 하나님의 독자라고 말하는데, 어떻게 동생들이 믿을 수 있겠습니까?

하지만 나중에는 그들도 모두 예수님을 믿게 됩니다. 예수님의 동생 중 한 사람이었던 야고보는 자신이 기록한 야고보서를 통해 예수님을 '주님'으로 고백합니다. 그러니까 예수님을 가까이서 알았던 사람들은 그분이 하나님이시라고 결론지었던 것입니다.

온전한 인간, 예수 그리스도

그런데 그분이 인간의 몸을 입고 오셨습니다. 하나님이시기에 신성(神性)을 갖고 계신데, 또한 인간의 몸을 입으셨으니 인성(人性)이 있으십니다. 그러면 예수님의 신성이 그분의 인성으로 말미암아 조금이라도 약화되었을까요? 논리적으로 생각하면 그래야 맞는 것처럼 보입니다.

초대교회 역사를 보면 이것 때문에 100년 넘게 많은 논쟁들이 있었습니다. 신학자와 교회 지도자들이 모여서 예수님은 '신성과 인성을 같이 가지고 계신데 예수님의 신성이 그분의 인성으로 말미암아 조금이라도 타협되는 것 아닌가?', '그분이 인간이시긴 하지만 신성이 있으시니 우리와 같은 인간은 아니신 것은 아닌가?', 또는 '한 분이 신성과 인성을 가지고 계시니 사람도 아니고 하나님도 아니고 그 가운데쯤 계신 분은 아닌가?'와 같은 여러 논의를 폈습니다.

그러는 가운데 예수님의 신성, 즉 그분이 하나님의 아들이시자 곧 하나님이시라는 사실이 예수님의 인성, 즉 그분이 인간의 몸을 입고 계시다는 것 때문에 절대로 타협되거나 약화되지 않는다는 것을 확인시켜주는 것이 지금 우리가 살펴보고 있는 사도신경의 구절입니다.

만일 인간의 씨로 잉태됐다면 분명히 그분의 신성이 타협될 수 있었을 것입니다. 하지만 예수님은 인간의 씨로 잉태되신 분이 아니라 성령으로, 하나님의 영으로 잉태되신 분입니다. 이 한 마디의 가르침이 예수 그리스도의 신성, 즉 그분이 온전하신 하나님이심을 증명해 주고 있는 것입니다.

그래서 예수님을 가까이 따랐던 제자들은 그분의 영광이 사람의 영광이 아니며 하나님의 영광인데, 1퍼센트라도 사람의 모습 때문에 약화되거나 타협함 없는 하나님의 영광 그 자체임을 고백하면서 순교했습니다.

> 말씀이 육신이 되어 우리 가운데 거하시매 우리가 그의 영광을 보니 아버지의 독생자의 영광이요 은혜와 진리가 충만하더라 요 1:14

그분을 3년 동안 가까이서 보며 만지며 그 음성을 들으며 그분이 이루신 모든 이적을 보며 그분의 부활까지 목격한 이들이 내린 결론이 이것이었습니다.

"당신들이 우리를 죽여도 좋다. 그러나 우리가 만나고 우리가 보았던 예수, 그분의 영광은 아버지의 독자의 영광이요, 그분의 영광은 은혜와 진리가 충만한 영광이었다."

이것이 성경이 가르치는 기독론입니다. 이는 성령으로 잉태하심이 없었으면 불가능한 것으로, 그분은 온전한 하나님이십니다.

완전한 구원을 주시는 예수 그리스도

두 번째 포인트는 구원론입니다. 예수님 안에서 우리의 구원은 완전한 것임을 이 한 마디의 성경의 가르침이 우리에게 증명해줍니다. 주님의 구원은 부분적인 게 아닙니다. 끝까지 갈 수 있을지 없을지 모르는 연약한 구원, 부분적인 구원, 애매한 구원이 아니라 완전한 구원입니다.

예수님이 이 세상에 오실 때 천사가 전해준 그분의 이름이 있습니다. 그 이름이 '예수', 즉 구원자라는 뜻이었습니다. 천사는 그분이 자기 백성을 구원할 것이라고 했습니다. 예수님이 이 세상에 오신 목적은 아버지께서 그분에게 주신 자기 백성 모두를 구원하시기 위함이었습니다. 즉, 우리는 기독론과 구원론과 그분의 사역을 분리할 수가 없습니다. 기독론은 구원론으로 즉각 연결됩니다. 그것을 통해서 우리에게 주시는 분명한 메시지가 있습니다. 그것은 예수 그리스도가 이루시는 구원, 그분의 은혜로 말미암은 구원은 완전한 구원이라는 것입니다.

만일 예수님이 인간의 씨로 오셨다면 아무리 훌륭한 선생이요 훌륭한 랍비가 되었다 할지라도 그분이 베풀 수 있는 구원은 온전한 구원이 될 수가 없었을 것입니다. 그런데 성령으로 말미암아 잉태되신 분이기 때문에 이것이 가능하다고 성경은 가르칩니다. 이에 대해 성경 여러 곳에서 찾아볼 수 있지만 가장 대표적인 곳은 로마서 5장입니다.

> 그러므로 한 사람으로 말미암아 죄가 세상에 들어오고 죄로 말미암아 사망이 들어왔나니 이와 같이 모든 사람이 죄를 지었으므로 사망이 모든 사람에게 이르렀느니라 롬 5:12

여기서 말하는 '한 사람'은 '아담'을 말합니다. 아담은 하나님께서 제일 처음으로 만드신 사람으로 모든 인류의 조상입니다. 그런데 그

한 사람으로 말미암아 죄가 세상에 들어왔습니다. 죄가 세상에 들어왔다는 것은 죄의 바람이 온 세상에 불고, 죄의 유전자가 온 인류에게 퍼졌다는 것입니다. 어떻게 그럴 수가 있냐고 질문할 수 있겠지만, 사실 이것은 이해하기가 그렇게 어려운 말씀이 아닙니다. 한 가정의 대표자인 가장이 실수하거나 실족하면 온 가정이 영향을 받게 됩니다. 한 공동체의 리더가 실족하면 온 공동체가 그 아픔을 같이 느끼게 됩니다. 한 나라의 지도자가 실족해 떨어지면 온 나라가 같이 아픕니다. 이것은 상식입니다.

그러므로 하나님께서 만드신 첫 번째 사람인 아담이 하나님을 거역하고 죄의 길을 택했을 때, 그로 말미암아 죄의 유전자가 모든 인류에게 주어졌습니다. 유전자, 즉 우리의 속성은 조상으로부터 물려받은 것입니다. 원하든 원하지 않든 간에 조상이 갖고 있던 유전자는 나에게도 주어져 있습니다. 그런데 첫 번째 조상의 유전자가 죄로 말미암아 오염되었다면 이후의 모든 후손들이 죄에 오염되는 것은 자연스러운 사실입니다. 그래서 성경은 한 사람이 죄를 범함으로 말미암아 온 세상에 죄가 들어왔다고 말하고 있습니다.

그러면 우리에게는 아무런 소망도 없는 것일까요? 한 사람, 첫 조상으로 말미암아 죄의 유전자가 모든 사람들에게 임했다면 우리에겐 무슨 소망이 있는 것일까요? 로마서 5장을 계속 읽어 내려가다 보면 이 구절을 만나게 됩니다.

그러나 하나님이 거저 주시는 선물은 아담이 지은 죄와 같지 않습니다. 왜냐하면 아담 한 사람이 지은 죄로 많은 사람이 죽었지만 하나님의 은혜와 한 사람 예수 그리스도의 은혜의 선물은 더 많은 사람에게 넘쳤기 때문입니다.

롬 5:15, 현대인의성경

이 구절을 원어로 보면 굉장히 명확한 해석이 주어집니다. 히브리어로는 '아담'이 '사람'이라는 뜻입니다. 그러니까 우리나라 성경에는 '아담 한 사람'이라고 번역되어 있는 단어가 그냥 '사람'이라는 뜻입니다. 그리고 예수 그리스도를 가리켜서도 '한 사람'이라고 한 것은 또 한 '아담'을 우리에게 주셨다는 것이 됩니다.

인류의 조상, 첫 사람이 죄를 지음으로 말미암아 죄의 사이클이 시작됐지만, 예수님은 죄에 오염된 씨앗으로 이 세상에 오신 것이 아닙니다. 하나님은 성령으로 잉태되신 또 한 아담을 우리에게 주셨습니다. 그리고 그분을 통해 은혜와 은혜의 선물을 주셨습니다. 즉, 첫 아담을 통해서는 죄로 인한 사망이 임했지만, 두 번째 아담을 통해서는 하나님의 은혜와 선물이 임했다는 말씀입니다. 첫 조상으로 인해 우리가 거부할 수 없는 죄의 유전자, 죄의 바람이 불어서 우리를 삼켰지만, 두 번째 아담이 죄에 오염되지 않은 씨로 오심으로 하나님의 은혜의 새로운 바람이 시작된 것입니다.

하나님께로부터 오는 소망

이해를 돕기 위해 한 가지 예를 들고자 합니다.

2011년 3월에 일본에 엄청난 지진과 해일이 임했습니다. 그런데 지진과 해일로 인한 피해보다도 그로 인한 후쿠시마 원자로 방사능 문제가 정말 무서운 것이라고 모든 과학자들이 얘기합니다. 여기에 대해서는 몇 가지 가설이 있습니다. 방사능이 그 지역만 오염시켰을 것이다, 일본 땅 전체를 오염시켰을 것이다, 또 방사능이 바다를 타고 세계 여러 곳을 오염시켰을 것이라는 설들입니다.

그렇다면 만일 방사능이 일본 땅 전체를 오염시키고 있다고 한번 생각해봅시다. 그곳 사람들도 오염된 물을 마시고 오염된 흙을 밟고 오염된 공기를 마시며 점점 더 방사능에 오염되고 있습니다. 그럴 때 그들이 살 수 있는 길은 무엇일까요? 밖에서 구원이 와야 합니다. 밖에서 오염되지 않는 물, 오염되지 않는 음식, 오염되지 않는 옷을 가지고 들어가 구해주어야만 구원이 이루어지는 것입니다.

성경이 말하는 바가 이것입니다. 한 사람으로 말미암아 오염된 씨앗이 지상에 있는 온 인류에게 임했으니 우리 안에서는 소망을 찾을 수가 없습니다. 소망은 오직 하나님께서 외부로부터 보내주시는 구원에 있습니다. 오염되지 않은 곳에서 또 한 사람, 또 한 아담을 우리에게 보내주셔야 합니다. 예수님은 성령으로 잉태하사 동정녀 마리아에게 나신 분이시기에 하나님이 주시는 새로운 은혜와 새로운 구원의 은총을 우리에게 주실 수 있습니다.

로마서 5장을 계속 보면 또 이런 말씀이 있습니다.

그런즉 한 범죄로 많은 사람이 정죄에 이른 것같이 한 의로운 행위로 말미암아

많은 사람이 의롭다 하심을 받아 생명에 이르렀느니라 롬 5:18

인류가 막을 수 없는 회오리바람처럼 우리가 삼키고 있는 죄와 사망의 법이 한 사람 아담으로 말미암은 것입니다. 그런데 두 번째 오신 아담, 예수 그리스도는 하나님 아버지의 뜻에 순종하며 자신의 몸을 희생제물로 십자가에 드리는 의로운 행위로 말미암아 하나님의 새로운 사이클, 하나님의 새로운 유전자를 주셨고, 그 안에 있는 자들은 의롭다 하심을 받아 생명에 이르게 되었습니다.

히말라야 산과 같은 높은 산을 정복하러 갈 때는 사람들이 서로를 줄로 묶은 상태로 올라갑니다. 그 이유는 한 사람이 넘어져도 다른 사람들로 인해 다시 설 수 있기 때문입니다. 그런데 히말라야에 올라가다가 앞에 가는 사람이 낭떠러지로 굴러 떨어지면, 그 기세로 인해 두 번째, 세 번째, 네 번째 묶인 사람들이 같이 낭떠러지로 떨어지게 됩니다. 그런데 어느 한 사람이 자신의 지팡이와 자신의 발끝을 땅에 박아서 더 이상 떨어지지 않도록 버티고 서면 그 사람으로 인해 구조 받을 수 있게 됩니다.

죄로 말미암아 아담과 함께 지옥으로 떨어지고 있는 우리를 위해 십자가에 자신을 묶으심으로 사람들이 떨어지는 기류를 막고, 구원의 밧줄로 그들을 다시 살 수 있는 길로 인도하신 분이 바로 예수 그리스도이십니다.

한 사람의 범죄로 인하여 모두가 정죄를 받았지만 한 사람의 의로운 행위로 말미암아 그 안에 있는 모든 사람들이 의에 이르게 되고 생명에 이르게 됩니다.

이것이 성경이 가르치는 구원론입니다. 인간으로 오신 예수님이 하나님의 구속 사역의 요건을 이루셨기 때문에 그 안에 있는 자들은 완전한 구원을 얻게 됩니다.

성령으로 잉태되신 예수님을 볼 때, 그분이 온전하신 하나님이 되심으로 기독론이 성립되고, 그로 말미암은 구원으로 구원론이 성립됩니다.

영광 받기에 합당하신 하나님

이제 우리에게 남은 일은 우리를 구원하신 주님께 모든 영광을 올려드리는 것입니다. 예배하는 것입니다. 모든 예배, 모든 찬양, 모든 존귀, 모든 경배를 주님께 올려드리는 것이 합당한 결론이라고 믿습니다.

> 그는 근본 하나님의 본체시나 하나님과 동등됨을 취할 것으로 여기지 아니하시고 오히려 자기를 비워 종의 형체를 가지사 사람들과 같이 되셨고 사람의 모양으로 나타나사 자기를 낮추시고 죽기까지 복종하셨으니 곧 십자가에 죽으심이라 이러므로 하나님이 그를 지극히 높여 모든 이름 위에 뛰어난 이름을 주사 하늘에 있는 자들과 땅에 있는 자들과 땅 아래에 있는 자들로 모든 무릎을 예수의 이름에 꿇게 하시고 모든 입으로 예수 그리스도를 주라 시인하여 하나님 아버지께 영광을 돌리게 하셨느니라 빌 2:6-11

요한계시록 4장에 보면 하나님나라에서 일어나고 있는 일들이 보여집니다. 거기에 이십사 장로가 나옵니다. 그들은 구약시대의 열두 지파, 신약시대의 열두 사도를 의미하는 것으로 구원 받은 모든 하나님의 백성들을 상징합니다. 주님의 교회는 사도들과 선지자들 위에 세워진 것이며, 구약과 신약에 담긴 하나님의 언약, 예수 그리스도의 언약으로 구원 받는 사람들입니다.

그런데 4장 뒷부분에 보면 이십사 장로들이 보좌에 앉으신 하나님과 그 옆에 계신 하나님의 어린양 예수 그리스도, 죽임 당하신 하나님의 어린양께 경배를 드리고 있습니다. 그들은 쓰고 있던 면류관을 그 보좌에 내려놓습니다. 그 면류관은 하나님이 주신 것인데, 이십사 장로들이 생각해보니 면류관을 자신들이 쓰고 있을 게 아닌 것입니다. 그들의 구원이 다 예수님으로 인한 것이기 때문입니다.

하나님의 독생자이신 예수 그리스도께서 하나님의 뜻에 순종하여 이 세상에 인간의 몸을 입고 오셔서 십자가에 달려 죽임 당하신 어린양이 되셨기 때문에 구원 받은 것을 생각하니 감히 면류관을 쓰고 있을 수가 없었습니다. 그래서 그들은 면류관을 다 벗어 주님의 발 앞에 내려놓고 모든 영광을 주님 앞에 올려드린 것입니다. 그것이 구원 받은 자들이 하나님께 세세토록 드리는 찬양이 되는 줄로 믿습니다.

그들이 드린 찬양의 내용을 보십시오.

내가 또 보고 들으매 보좌와 생물들과 장로들을 둘러 선 많은 천사의 음성이 있으니 그 수가 만만이요 천천이라 큰 음성으로 이르되 죽임을 당하신 어린양은 능력과 부와 지혜와 힘과 존귀와 영광과 찬송을 받으시기에 합당하도다 하더라 내가 또 들으니 하늘 위에와 땅 위에와 땅 아래와 바다 위에와 또 그 가운데 모든 피조물이 이르되 보좌에 앉으신 이와 어린양에게 찬송과 존귀와 영광과 권능을 세세토록 돌릴지어다 하니 네 생물이 이르되 아멘 하고 장로들은 엎드려 경배하더라 계 5:11-14

이처럼 예배를 드리고 찬양하는 것이 구원 받은 자들의 영원한 본분이 될 줄로 믿습니다.

우리는 완전한 구원을 이루신 예수님을 믿어야 합니다. 부분적인 구원, 애매한 구원이 아니라 하나님이 확실하게 말씀하시는 구원을 받아야 합니다. 또한 이미 예수님을 믿고 구원을 받았다면, 그 감격을 누리며 주님께 영원한 찬양을 올려드려야 할 것입니다. 이 땅에 살면서, 또 그 후에도 세세토록 주님께 찬양을 올려드릴 수 있기를 바랍니다.

"나는 성령으로 잉태하신 예수님을 믿습니다!"

I believe

나 는
믿 습 니 다

그러므로 주께서 친히 징조를 너희에게 주실 것이라 보라 처녀가 잉태하여 아들을 낳을 것이요 그의 이름을 임마누엘이라 하리라

이사야서 7장 14절

때가 차매 하나님이 그 아들을 보내사 여자에게서 나게 하시고 율법 아래에 나게 하신 것은 율법 아래에 있는 자들을 속량하시고 우리로 아들의 명분을 얻게 하려 하심이라

갈라디아서 4장 4,5절

동정녀 마리아에게 나신 예수 그리스도

chapter **7**

신앙의 핵심정리

사도신경 내용을 보면 절반 이상이 예수님에 대한 내용으로 가득 차 있습니다. 그만큼 중요하기 때문입니다.

> 하나님이 세상을 이처럼 사랑하사 독생자를 주셨으니 이는 그를 믿는 자마다 멸망하지 않고 영생을 얻게 하려 하심이라 요 3:16

하나님의 사랑은 아들 예수 그리스도를 주심으로 우리에게 증명되었고, 그분을 믿는 자는 누구든지 멸망하지 않고 영생을 얻을 수 있는 구원의 문이 예수님을 통해 열렸습니다. 그렇다면 우리가 예수님을 알고 그분을 제대로 믿는 일은 굉장히 중요합니다. 그래서 사도신경에서도 예수님에 관한 내용에 절반 이상 할애하고 있는 것입니다.

가만히 보면 성경에서 다루는 예수님에 대한 정보가 굉장히 많은 걸 알 수 있습니다. 예를 들어서 예수님의 생애를 담고 있는 성경만 마태복음, 마가복음, 누가복음, 요한복음의 네 복음서가 있습니다. 제가 섬기는 할렐루야교회에서 요한복음 강해설교를 선포하였는데, 요한복음을 다 살피는 데만 꼬박 3년이 걸렸습니다. 그런데 요한복음을 기록한 사도 요한은 마지막 부분에 "예수께서 행하신 일이 이 외에도 많으니 만일 낱낱이 기록된다면 이 세상이라도 이 기록된 책을 두기에 부족할 줄 아노라"(요 21:25)라고 썼습니다. 그러니까 우리가 예수님을 믿는 데 필요한 핵심만 적었는데도 그렇게 많았다는 말입니다.

역사 속에서 교회 지도자들과 교부들은 "우리는 이것을 믿는다"라고 확실한 신앙고백문을 만들고자 했습니다. 그러면서 무엇보다도 예수님에 대한 것을 확실하게 정립하기 위해 무슨 내용을 포함시킬 것인가를 두고 고민했는데, 보통 어려운 일이 아니었습니다. 예수님에 관한 정보와 내용이 너무 많으니 그분에 대해 우리가 꼭 알아야 하고, 믿어야 할 것이 무엇인가를 짧게 정리하기가 쉽지 않았을 것입니다.

그런데 그 내용 중에 지금 우리가 살펴보고 있는 "그는 성령으로 잉태하사 동정녀 마리아에게 나시고"라는 구절이 포함되었다는 것은 우리로 하여금 많은 생각을 하게 합니다. 즉, 예수님이 성령으로 잉태하셨고 동정녀 마리아에게 나셨다는 것이 그저 쉽게 지나갈 일이 아니라는 말입니다. 이것이 불확실하면 다 무너지기 때문입니다.

우리가 예수를 믿는다면, 그분이 어떠한 모습으로, 어떻게 이 세상에 오셨는가를 분명히 알아야 합니다.

앞 장에서 우리는 "성령으로 잉태하사"에 대해 생각해보았습니다. 지금부터는 앞 장에 이어지는 "동정녀 마리아에게 나시고"라는 구절을 살펴보려고 합니다.

예언의 완성으로 오신 그리스도

성경은 처음부터 이 부분에 대해 말하고 있습니다. 성경책에 제일 먼저 나오는 책은 '창세기'로, 이 지구와 모든 만물이 어떻게 시작되었는지를 알려줍니다. 우리의 시작을 알아야 자신에 대해 잘 알 수 있는 것처럼 창세기를 알아야 인류에 대해, 또 자신에 대해 알 수 있습니다. 그런 의미에서 창세기는 굉장히 중요한 책입니다.

그 창세기 3장에 보면 마귀가 뱀을 통해 아담과 하와를 유혹해 인류의 첫 조상인 그들을 넘어지게 합니다. 실족하게 합니다. 죄를 짓게 합니다. 그때 하나님께서 뱀에게 저주하시는 말씀입니다.

> 여자의 후손은 네 머리를 상하게 할 것이요 창 3:15

여자의 후손, 이 표현이 흥미롭습니다. 보통 유대 문화에서는 남자의 후손을 거론합니다. "아브라함이 이삭을 낳고, 이삭이 야곱이 낳고…." 그래서 족보도 이렇게 이어지는데, 이 구절에서는 여자의 후손이라고 말하고 있습니다. 이것은 우리가 일반적으로 알고 있는 인간의 후손이 아니라는 것입니다. 그리고 그가 '머리를 상하게 한다'는 것은 완전히 파괴한다는 의미입니다. 완전히 물리친다는 것이지요.

즉, 여기에 나오는 여자의 후손은 예수님을 가리킵니다. 예수 그리스도, 그분이 오셔서 마귀를 물리치실 것입니다. 물론 마귀가 그분을 죽이려고 십자가에 못 박았지만 주님은 죽으신 후에 다시 살아나셨습니다. 죽음을 이기시고 사망권세를 이기신 여자의 후손, 예수 그리스도를 성경은 우리에게 처음부터 말씀해주십니다.

이처럼 예수님의 동정녀 탄생, 즉 여자의 후손으로 오실 것이라는 말씀은 갑자기 나타난 말씀이 아니라 성경의 처음부터 예언된 말씀입니다. 이사야 7장 14절에서도 마찬가지입니다. 이사야는 이스라엘의 대표적인 선지자들 중 한 사람입니다. 그런데 하나님께서 그를 통해 예수님, 곧 장차 오실 메시아에 대해 주신 말씀이 있습니다.

> 그러므로 주께서 친히 징조를 너희에게 주실 것이라 보라 처녀가 잉태하여 아들을 낳을 것이요 그의 이름을 임마누엘이라 하리라 사 7:14

하나님께서 한 가지 징조, 표적을 주겠다고 하십니다. 하나님께서 이스라엘을 잊어버리지 않고 끝까지 사랑하신다는 표적, '임마누엘'이라는 말은 '하나님이 우리와 함께하신다'라는 뜻입니다. 하나님은 우리를 버리거나 잊지 않으십니다. 우리를 사랑하시고 여전히 우리를 기억하고 계십니다. 그것을 증명해줄 표적을 한 가지 줄 것인데,

그것이 바로 '처녀가 잉태하여 아들을 낳는 것'입니다.

사실 불가능한 이야기입니다. 인간의 힘으로는 불가능합니다. 과학적으로, 의학적으로 불가능합니다. 그러나 하나님의 능력으로는 가능합니다. 하나님께서 그 능력으로 이 일을 행하시며 우리와 함께하심을 증명하겠다고 말씀하십니다.

이런 내용을 담은 구약을 처음부터 끝까지 열정을 가지고 공부했던 사람이 있었습니다. 그는 구약 학자였고, 예수님 오시기 이전의 유대인들에게 주셨던 율법과 예언서와 시편과 잠언, 구약성경 전체를 연구했습니다. 그는 열정을 가지고 유대교의 라이벌로 일어나고 있는 기독교를 핍박하고 예수 믿는 사람을 죽이러 찾아다녔습니다. 그가 바울입니다. 그의 당시 이름은 사울이었는데 그는 나중에 예수님을 만나게 됩니다.

자신이 그렇게 대적했던 예수가 살아 계신 그리스도시며 부활 승천하시어 하나님 우편에 계신 분이라는 것을 알게 된 후 그의 눈이 뒤집어졌습니다. 좀 고상한 표현으로 하면 영안에 열리게 되었습니다. 그러면서 구약성경이 보이기 시작합니다. 구약에서 지금까지 말했던 그 모든 예언이 이분을 가리키는 것이었음을 깨닫게 되었습니다.

'구약에 있는 모든 율법이 이분을 내다본 것이었구나. 구약에 있는 모든 찬양이 이분을 찬양하는 것이었구나. 구약에 있는 모든 지혜의 말씀이 이분의 지혜를 가리킨 것이었구나.'

이것을 깨달은 바울은 예수님을 통해서 구약 전체를 다시 보게 되었고, 하나님의 섭리를 보게 되었으며, 말씀을 통해 보여주시는 하나님의 계획을 보게 되었습니다. 역사를 새로운 눈으로 보기 시작했습니다.

하나님께서는 사도 바울을 굉장하게 쓰셨습니다. 바울은 신약성경 27권 중 13권을 기록했습니다. 그는 가말리엘 문하에서 유대교의 철저한 율법을 배워 지식이 충만했고, 로마인으로서 당시 로마의 철학과 문학을 철저하게 배운 지성인이었습니다. 하나님께서는 성령의 감동으로 이 모든 것을 사용하셔서 구약의 말씀들이 역사적으로 어떻게 예수님 안에서 이루어지는가를 기록하게 하셨습니다. 오늘날 우리가 알고 있는 신학, 교회론, 기독론이 모두 사도 바울의 펜에서 나온 것입니다. 제가 천국에 가면 꼭 만나뵙고 싶은 분이기도 합니다.

그 바울이 쓴 편지 중 하나가 갈라디아서입니다. 이 편지는 갈라디아 교인들에게 쓴 것으로, 하나님의 영으로 감동을 받아 쓰였기 때문에 훗날 성경의 한 책이 된 것입니다.

바울은 그리스도 안에서 모든 하나님의 비밀과 경륜을 깨닫게 되면서 갈라디아 교인들에게 이렇게 말합니다.

때가 차매 하나님이 그 아들을 보내사 여자에게서 나게 하시고 율법 아래에 나게 하신 것은 율법 아래에 있는 자들을 속량하시고 우리로 아들의 명분을 얻게 하려 하심이라 갈 4:4,5

때가 차매, 즉 역사를 주관하시는 하나님께서 바로 그때에, 로마제국의 한 좁은 땅 팔레스타인에 유대교의 율법을 통해 예언되었던 예수 그리스도를 보내는 것이 가장 적합하다고 여기셨다는 것입니다. 그런데 어떻게 보내십니까? "여자에게서 나게" 하셨습니다. 굉장한 말씀입니다.

하나님은 전지전능하신 분입니다. 그렇기 때문에 그분의 독자이신 예수님을 충분히 다른 방법으로도 보내실 수 있었습니다. 하지만 하나님께서는 때가 차매 그분을 한 여자에게서 나게 하셨습니다. 지금까지 예언되어왔던 말씀이 이렇게 우리 앞에 이루어졌다는 것을 가르치시기 위함입니다.

하나님이신 그분은 사람의 씨로 나신 것이 아니라 하나님의 능력, 성령으로 잉태되셨습니다. 온전하신 하나님이 여자의 몸을 통해 나셨기 때문에 인간의 살과 뼈와 피가 있고, 감성과 지성과 의지가 있는 온전한 사람으로 오신 것입니다.

율법의 완성을 위해 오신 그리스도

또한 하나님께서 다른 방법으로 보내실 수 있었음에도 그분을 온전한 사람으로, 여자의 후손으로 나게 하신 이유가 무엇입니까? 그 이유는 "율법 아래에 나게 하신 것"이라는 구절에 나타나 있습니다. 모든 사람들은 하나님의 율법 아래 있었습니다. 하나님의 율법은 하나님의 법이며, 곧 하나님의 기준을 말합니다. 하나님께서 그분의 형상으로 사람들을 만드신 후에 "사람들은 이렇게 살라"라고 기준을 주십니다. 율법으로 그분의 도덕과 윤리, 그분의 성품에서 비롯된 법을 주셔서 그분의 성품으로 우리에게 말씀하시는 것입니다.

이렇게 생각해봅시다. 이 땅에도 서양 문화가 있고 동양 문화가 있고 아프리카 문화가 있습니다. 문화는 다 다릅니다. 하지만 도덕만큼은 거의 같습니다. 물론 지역마다 약간의 차이가 있긴 하지만 거의 동일합니다. 예를 들어, 살인하면 안 된다, 간음하면 안 된다, 부모를 공경해야 한다와 같은 것들입니다.

그래서 칸트라는 독일의 철학자는 '이런 윤리의 기준과 구심점이 되는 우주적인 어느 한 분이 계셔야 되지 않는가?'라고 생각했습니다. 칸트가 우리가 믿는 하나님을 믿었다고는 설명하기 힘듭니다. 그의 철학의 논리는 '사람도 동물처럼 잡아먹고 지지고 볶으며 살면 되는데 왜 윤리가 있는 것인가, 그리고 윤리라는 것은 왜 세계적인 것인가? 그러려면 세계적인 윤리의 기준이 있어야 되고, 그 기준이 되시는 분, 이 땅과 모든 문화를 뛰어넘는 어느 한 분, 창조주가 분명히 계신 것이다'라는 것입니다.

칸트는 창조주 하나님을 이렇게 철학적으로 증명하고자 했습니다. 생각해볼 만한 논리입니다. 그런데 성경을 보면 하나님께서 율법과 윤리, 그분의 기준을 주신다고 말씀하십니다. 하나님이 율법을 주셨다는 것은 인류가 율법을 지키며 살면 서로 사랑할 수 있고 하나가 될 수 있다는 것입니다. 하나님이 주신 십계명만 지켜도 이 세상은 달라질 것입니다. 그렇게 살 수 있습니다. 그래서 율법은 축복입니다.

문제는 율법이 축복이지만 이 율법의 기준을 온전하게 지킬 수 있는 사람이 아무도 없다는 것입니다. 예를 들어보겠습니다. 성경에 보면 죄를 가리켜 두 가지 언어를 사용합니다. 하나는 '허물'이고, 하나는 '죄'입니다. 이 두 가지는 조금 다릅니다. '허물'은 적극적인 죄, 즉 간음하지 말라고 하셨는데 간음하면 적극적으로 죄를 지은 것입니다. 그런데 원어로 '하마르티아'라는 단어로 표현되는 '죄'는 적극적으로 간음하지 말라는 죄를 범하지는 않았을지라도 마음으로 음란을 품으면 범하게 되는 죄를 말합니다. 하나님의 기준은 절대적입니다. 그 기준은 깰 수 없습니다.

예수님은 '살인하지 말라'는 계명에 대해서 직접 사람을 죽이지 않았다고 해서 율법을 지켰다고 말하지 말라, 마음으로 미워한 것도 살인한 것과 마찬가지라고 말씀하셨습니다. 마음으로 미워하면 살인하지 말라는 정신을 어긴 것과 같다는 말씀입니다. '간음하지 말라'는 계명에 대해 직접 간음하지 않았다고 해서 율법을 지켰다는 자부심을 갖지 말라, 마음으로 간음한 것도 간음한 것이라고 하셨습니다.

즉 '허물'의 죄는 짓지 않았지만, 그 율법이 말하고 있는 정신은 이미 범했다는 것입니다. 율법의 기준에는 다다르지 못했다는 것입니다. 이런 면에서는 율법이 우리에게 저주가 됩니다. 하나님의 율법대로 살면 복을 얻지만, 그 율법이 갖고 있는 정신에는 아무도 다다를 수 없기 때문에 우리는 모두가 율법 아래서 정죄 받은 사람들이 된 것입니다.

성경은 이렇게 말합니다.

> 모든 사람이 죄를 범하였으매 하나님의 영광에 이르지 못하더니 **롬 3:23**

이것이 바로 하마르티아, 죄입니다.

망나니 깡패가 있고, 산에 올라가서 도를 닦는 도사가 있습니다. 상대적으로 봤을 때 한 사람은 죄인이고, 한 사람은 의인입니다. 그런데 우리는 상대적으로 판단하지만 하나님은 절대적으로 보십니다. 하나님의 절대적인 기준으로 봤을 땐 둘 다 하나님의 의에 미치지 못합니다. 그런 면에서 모든 사람이 죄를 범한 것입니다.

그 율법 아래에서 하나님의 율법을 다 지키지 못하고 있는 사람들 가운데 한 사람으로, 예수님이 오셨습니다. 여기서 중요한 것은 아무도 율법을 지키지 못하는 가운데 그분이 죄에 오염된 인간의 씨를 통해 오신 것이 아니라 하나님으로서, 그러나 인간의 몸을 입고 여자의 몸을 통하여 인간으로서 오신 것입니다. 즉 그분은 온전하신 하나님, 온전한 사람으로 이 세상의 율법 아래 오셨습니다.

이렇게 오신 예수님이 사람들과 다른 점이 무엇입니까? 사람들은 율법을 지킬 수가 없습니다. 율법의 정신은 아무도 지키지 못합니다. 하나님의 영광에 이를 사람이 한 명도 없습니다. 공자나 부처도 우리보다는 의인일지 모르지만 하나님의 절대적인 기준에는 미치지 못합니다. 그러나 성령으로 잉태되어 여자의 몸에서 태어나신 예수 그리스도는 처음부터 달랐습니다. 죄에 오염된 분이 아니십니다. 그리고 그분은 하나님으로 오셨습니다. 그래서 인간의 한계를 뛰어넘는 분이십니다. 인간으로 살고 계시지만, 인간의 한계를 뛰어 넘어 하나님의 율법의 정신을 그대로 다 지키십니다.

살인하지 말라. 우리는 마음으로 살인합니다. 간음하지 말라. 우리는 마음으로 음란하고 간음합니다. 그런데 예수 그리스도는 죄 된 인간의 모습으로 오신 분이 아니라 하나님으로 오셨기 때문에 그 모든 것을 정확하게 다 지키십니다. 여자의 몸을 통해 인간으로 율법 아래 오셔서 율법을 다 지키십니다.

완전한 제물로 오신 예수 그리스도

앞에서 살펴본 갈라디아서 4장 4,5절 말씀이 바로 이런 의미입니다. 영어성경에는 '속량'이 'redeem'으로 나와 있습니다. 값을 지불해서 샀다는 뜻입니다. 예수 그리스도가 대가를 치르고 하나님의 자녀로 우리를 다시 샀다는 것입니다. 다른 사람은 할 수 없는 일입니다. 모두가 똑같은 죄인이기 때문입니다. 예수님만 하실 수 있는 일입니다.

구약에 보면 죄인인 백성들이 하나님 앞에 나오기 위해선 반드시 동물로 제사를 드려야 했습니다. 동물을 잡아 피를 흘려 제사를 드려야 하나님 앞에 나올 수 있었는데, 그 이유는 죄의 삯이 사망이기 때문입니다. 죄를 범한 채로 하나님 앞에 나오면 죽습니다. 그러면 죄의 값을 먼저 치러야 하는데, 동물이 대신 죽는 겁니다. 그렇게 동물의 피가 흐름으로 말미암아 하나님 앞에 나갈 수 있었습니다.

문제는 동물이 사람을 대신할 수가 없었기에 온전한 제물은 되지 못했습니다. 그러니 어디까지나 상징적인 것이었습니다. 그래서 구약 시대 사람들은 늘 '이건 어디까지나 상징적인 것이고 그림자인데, 사람이 사람을 대신해야지 어떻게 동물이 나를 대신할 수 있는가? 그림자가 아닌 실제는 누구인가?'라는 질문을 가지고 있었습니다.

사람은 다 죄인이니, 죄인이 죄인을 대신할 수는 없었습니다. 그러니 대속자로 오시는 분은 죄의 씨로 이 세상에 오시는 분이 아니어야 하고, 하나님의 율법을 절대적으로 지키실 수 있는 분이어야 했습니다. 그분이 오시면 우리를 대신해서 제물이 되십니다. 우리를 속량하실 수 있는 분이 되십니다.

> 죄의 삯은 사망이요 하나님의 은사는 그리스도 예수 우리 주 안에 있는 영생이니라 롬 6:23

죄의 결과는 사망입니다. 그런데 그리스도 예수 우리 주 안에 있는 하나님의 선물은 우리를 대신하여 죽으실 수 있는 실제적이고 온전하신 속량의 대속물이 되신 예수님 안에 있는 자들에게는 이제 영생이 주어진다고 말씀하십니다.

> 친히 나무에 달려 그 몸으로 우리 죄를 담당하셨으니 이는 우리로 죄에 대하여 죽고 의에 대하여 살게 하려 하심이라 그가 채찍에 맞음으로 너희는 나음을 얻었나니 벧전 2:24

친히 나무에 달리신 분이 누구십니까? 예수님이십니다. 십자가에 달려 그 몸으로 우리 죄를 담당하셨습니다. 예수님은 죄가 없으신 하나님이시며 사람이셨기에 그 몸으로 우리 죄를 담당하여 십자가에 달려 죽으실 수 있었습니다. 전에는 우리가 하나님의 영광에 이르지 못하는 죄, 하나님의 기준에 이르지 못하는 죄 가운데 살 수밖에 없었지만, 이제 그 모습은 죽고 예수 그리스도의 의를 입고 살게 된 것입니다. 그분이 채찍에 맞으심으로 우리가 나음을 얻게 된 것입니다. 이것이 속량의 의미입니다.

하나님은 무엇을 위해 그분의 아들 예수 그리스도로 우리를 속량하십니까? 우리에게 아들의 명분을 주시기 위함입니다. 예수님이 우리의 죗값을 대신 지불하심으로 이제 예수님 안에 있게 된 우리는 하나님의 자녀가 되는 복을 받게 됩니다.

하나님의 아들은 예수 그리스도 한 분이십니다. 로마서에서는 '우리에게 양자의 영을 주셨으므로 우리가 아빠 아버지라고 부르짖는다'고 했습니다(롬 8:15 참조). 이전에 우리는 하나님과 상관없이 살았습니다. 그리스도를 알지 못했을 때는 아무런 소망도 없이 살았습니다. 그런데 우리가 우리 죄를 위하여 대신 죽으신 하나님의 아들 예수 그리스도를 믿는 순간, 우리는 그분 안에서, 그분과 함께 하나님 앞에 양자가 되는 명분을 받게 된다는 말씀입니다.

예수 그리스도가 성령으로 잉태되시어 동정녀 마리아에게 태어나셨다는 말씀의 의미가 이런 것입니다. 그분이 온전하신 하나님이신 동시에 온전한 사람으로 오셔서 우리를 대신해 십자가에 달려 죽으심으로 하나님께서 만세 전부터 계획하셨던 구원이 이루어졌습니다. 그로 인해 우리는 죄 씻음을 받고 구원을 받았을 뿐 아니라 하나님의 자녀가 되는 특권을 얻게 되었습니다. 이것이 오늘 우리가 드리는 신앙고백의 의미입니다.

우리에게 주신 구원의 확신

그렇다면 하나님이 주신 이 위대한 속량으로 말미암아 예수 안에 있는 우리에게 주어진 복들은 무엇인지 살펴보고자 합니다.

첫 번째, 예수님을 믿는 우리에게는 구원의 확신이 주어졌습니다. 하나님의 구속 계획의 때가 차매, 하나님께서 그분의 아들을 여인의 몸을 통해 우리에게 인간으로 보내주셨습니다. 그분을 율법 아래 나게 하셔서 우리를 대신해 율법에 대해 온전한 순종을 이루시고, 또한 우리를 대신해 죄의 모든 대가를 지불해주셨습니다. 그분의 속량으로 말미암아 만세 전부터 보셨던 하나님의 계획이 이루어진 것입니다. 그리고 우리가 그분을 믿음으로 말미암아 우리에게 구원이 주어집니다.

그렇다면 이제는 이 구원에 대해 막연하게 생각하면 안 됩니다. 잘 모르겠다고 말해서는 안 됩니다. 우리는 예수님을 믿음으로 구원을 받았습니다.

그러므로 이제 그리스도 예수 안에 있는 자에게는 결코 정죄함이 없나니 이는

> 그리스도 예수 안에 있는 생명의 성령의 법이 죄와 사망의 법에서 너를 해방하였음이라 **롬 8:1,2**

이것이 하나님께서 우리에게 주신 구원의 확신입니다. 그래서 예수 안에 있는 자들은 죽음 앞에서도 노래합니다. 병상에서도 하나님의 소망으로 노래합니다. 소망을 갖고 죽으니 장례식에서도 노래합니다. 이게 무슨 일입니까? 어떻게 이런 일이 가능한 것입니까? 구원의 확신이 주어졌기 때문입니다. 예수 그리스도의 구원이 온전한 구원이기 때문입니다. 하나님이 우리를 대신하여 죽게 하심으로 그분으로 말미암아 우리를 살려주신 구원이기 때문입니다. 우리는 이 구원의 확신을 가지고 절망과 아픔과 사망과 죽음 앞에서도 찬양을 드릴 수 있습니다.

우리가 전도할 수 있는 이유가 무엇입니까? 전혀 모르는 사람을 찾아가서 "나는 예수 믿고 구원 받아 하늘의 소망을 얻었으니, 당신도 예수 믿고 구원 받아야 된다"고 말할 수 있는 이유가 무엇입니까? 무슨 근거로 그런 말을 할 수 있겠습니까? 하나님의 온전한 구원이 이렇게 이루어졌기 때문입니다. 그렇기에 우리는 확신을 가지고 전도할 수 있는 것입니다.

하나님과 교제하다

두 번째로, 하나님과의 사귐이 가능해졌습니다. 아들의 명분을 받았다는 게 무슨 뜻입니까? 하나님과의 교제가 가능해졌다는 것입니다. 전에는 하나님이 부담스러웠습니다. 그 개념 자체가 너무나 부담스러웠습니다. 너무나 크신 하나님, 멀리 계신 하나님, 부담스러운 하나님. 그랬던 관계가 아들이 되면 바뀝니다.

한 꼬마가 있다고 합시다. 꼬마에게는 부담스럽고 무서운 아저씨가 있었습니다. 그런데 어느 순간, 꼬마가 그 아저씨에게 달려가서는 얼굴을 가슴에 비비고 끌어안았습니다. 무엇이 달라졌기 때문일까요? 꼬마가 그 아저씨에게 입양되었기 때문입니다. 이전에는 아저씨가 부담스럽고 무서웠지만, 아버지가 되는 순간 더 이상 무서운 분이 아닙니다.

이전에는 너무나 크신 하나님, 나와는 상관없는 분이셨는데, 예수 그리스도 안에서 그분을 믿음으로 말미암아 우리에게 아들의 명분이 주어졌습니다. 그러면 이제 하나님과의 사귐이 가능한 것입니다. 하나님을 기뻐할 수 있습니다.

하나님께서 아브라함에게 "나는 너의 큰 상급이다"라고 말씀하신 적이 있습니다. 하나님 자신을 누리라고 말씀하시는 것입니다. 우리가 하나님을 누릴 수 있다는 것입니다.

17세기에 영국의 교부들이 모여서 성도들에게 교리를 가르치기 위해 교리문답 양식을 만들었습니다. 거기에는 질문과 답이 있습니다. 그중에 〈웨스트민스터 교리문답〉이라는 유명한 교리문답의 첫 번째 질문과 답을 볼 수 있습니다.

질문　사람에게 제일 되는 목적이 무엇인가?
대답　사람에게 제일 되는 목적은 하나님을 영화롭게 하는 것과 하나님을 영원토록 즐거워하는 것이다.

　유교사상에 젖어 있는 동양인들에게 '하나님을 즐거워한다'는 것은 생소한 개념입니다. 하나님을 영화롭게 하라는 것은 이해가 쉽지만, 하나님을 영원토록 즐거워한다는 것은 생소합니다. 그런데 성경은 우리에게 새로운 하나님의 개념을 말씀해줍니다. 하나님이 우리의 아빠, 아버지가 되는 순간 우리는 그분을 즐거워할 수 있습니다. 달려가서 안을 수 있고, 고개를 파묻을 수 있고, 그분 앞에 재롱을 떨 수 있고, 나의 모든 필요를 말씀드릴 수 있는 아빠, 아버지가 되시는 것입니다.

　하나님에 대해서 너무 유교적으로 생각하지 마십시오. 우리는 하나님을 성경적으로 바라보아야 합니다. 즉, 우리에게 아들의 명분을 주셨기에 우리가 그분 앞에 나아가 아빠, 아버지라고 부를 수 있는 것입니다. 하나님을 즐거워하십시오.

　그렇지 못하면 우리의 믿음은 어느 순간 한계에 부딪히게 됩니다. 헌신만 가지고는 끝까지 못 갑니다. 열정만 가지고도 끝까지 못 갑니다. 그분을 즐거워할 수 있어야 합니다. 즐거워하는 것은 끝까지 붙들 수 있습니다. 내 생각이 항상 거기에 가 있습니다. 그렇기 때문에 하나님을 즐거워해야 합니다.

　예수님으로 말미암아 이제 하나님이 나의 아빠, 아버지가 되셨으니 하나님을 즐거워하며, 누리며, 그분을 나의 기쁨으로 삼으면서 마음과 뜻과 정성과 힘을 다하여 그분을 사랑할 수 있기를 바랍니다.

하나님의 도움을 받는 자

세 번째, 주님의 도움을 받고 살 수 있게 된 것입니다. 예수님이 인간의 몸으로 오셨다는 것에는 엄청난 의미가 있습니다. 하나님께서 인간의 몸을 입고 죽으셨습니다. 예수님은 하나님으로 인간의 몸을 입고 오셨기 때문에 하나님으로서는 경험하실 이유가 없는 시험을 받으셨습니다. 물론 그 시험을 이기셨습니다.

죄가 없으신 주님이 우리와 똑같은 몸을 입으셨습니다. 맞으면 아프고, 찌르면 피나고, 십자가에 못 박으면 죽을 수밖에 없는, 외로움과 절망과 아픔과 슬픔이 느껴지는 인간의 몸을 가지셨기에 우리의 시험과 우리의 아픔을 경험으로 아셨습니다.

우리 교회의 암 환우들이 목사인 저에게 상담도 하러 오고 기도도 받으러 오십니다. 암이라는 게 무서운 병이기 때문입니다. 그때마다 저는 그분들과 공감하려고 노력을 많이 합니다. 암 환자들의 아픔을 같이 느껴보려고 노력합니다. 하지만 저에겐 한계가 있습니다. 암을 경험해보지 못했기 때문입니다.

그런데 제 아내는 다릅니다. 암 환우로 투병해봤기 때문입니다. 수술을 몇 차례나 했습니다. 암이라는 진단을 받고 밤에 잠 못 이루며 어두컴컴한 사망의 골짜기를 홀로 걷는 고독을 아내는 압니다.

아는 사람이 같은 처지에 있는 사람들에게 줄 수 있는 도움은 차원이 다릅니다. 마음과 마음의 연결은 다릅니다.

예수 그리스도께서 여자의 몸을 통해 이 세상에서 오셨다는 것은 그런 의미입니다. 그래서 히브리서 기자는 이렇게 말합니다.

> 자녀들은 혈과 육에 속하였으매 그도 또한 같은 모양으로 혈과 육을 함께 지니심은 죽음을 통하여 죽음의 세력을 잡은 자 곧 마귀를 멸하시며 히 2:14

예수님은 혈과 육에 속한 우리와 똑같은 모양으로, 혈과 육을 지니셨던 분입니다. 우리와 똑같이 죽음을 경험하셨던 분입니다. 그러나 그 죽음 후에 다시 부활하시고 죽음을 이기셨습니다. 죽음으로 우리를 붙잡고 있는 마귀의 세력을 물리칠 수 있는, 그 머리를 박살낼 수 있는 주님이 되십니다. 그분은 우리의 아픔을 친히 체험하셨기에 우리를 능히 도우실 수 있습니다.

> 우리에게 있는 대제사장은 우리의 연약함을 동정하지 못하실 이가 아니요 모든 일에 우리와 똑같이 시험을 받으신 이로되 죄는 없으시니라 그러므로 우리는 긍휼하심을 받고 때를 따라 돕는 은혜를 얻기 위하여 은혜의 보좌 앞에 담대히 나아갈 것이니라 히 4:15,16

우리에게 있는 대제사장이신 예수 그리스도는 우리를 추상적으로 아시거나 이해하시는 분이 아니요, 우리와 똑같은 몸을 입고 우리와 똑같이 시험을 받으시되 죄는 없으신 분이십니다. 그러므로 우리는 궁휼하심을 받고 때를 따라 돕는 은혜를 얻기 위하여 그분의 이름으로 은혜의 보좌 앞에 담대히 나아갈 수 있게 되었습니다.

슬프십니까? 주님도 슬퍼하셨습니다. 아프십니까? 주님도 아프셨습니다. 그분은 우리를 위해 채찍에 맞으시고, 못 박히시고, 창에 찔리셨습니다. 외로우십니까? 주님은 배신당하는 외로움을 맛보셨습니다. 절망하고 있습니까? 아버지께로부터 버림 받는 절망을 체험하신 분이 예수님이십니다. 죽음 앞에서 떨고 있습니까? 예수님은 죽음을 체험하셨고, 죽음을 이기셨습니다.

인간의 몸을 입고 모든 것을 체험하시고 극복하신 분이시기 때문에 우리가 그분 앞에 나아가면 그분이 우리를 도와주십니다. 대강 도와주시는 게 아니라 그 아픔을 아시는 분으로, 어디를 만져주셔야 하는지 아시는 분으로 우리에게 족한 은혜를 주시는 주님이 되십니다. 성경은 말합니다.

> 무릇 시온에서 슬퍼하는 자에게 화관을 주어 그 재를 대신하며 기쁨의 기름으로 그 슬픔을 대신하며 찬송의 옷으로 그 근심을 대신하시고 그들이 의의 나무 곧 여호와께서 심으신 그 영광을 나타낼 자라 일컬음을 받게 하려 하심이라 사 61:3

절망 중에 있습니까? 예수님 앞에 나오면 희망을 주십니다. 아픔 중에 있습니까? 예수님 앞에 나와 고침을 받으십시오. 죽음과 사망 가운데 떨고 있습니까? 죽음을 이기신 예수님으로 말미암아 새로운 소망을 찾으십시오.

예수님이 성령으로 잉태하사 동정녀 마리아에게 나셨다는 말씀에 담긴 엄청난 의미가 무엇인지 알게 되셨습니까? 그렇다면 이제 이 신앙고백 위에 설 때마다 구원의 확신을 가지고, 하나님을 나의 아버지로 누리고 즐거워하며, 나를 능히 도우실 수 있는 주님 앞에 나아와 도움을 받으실 수 있기를 바랍니다.

"나는 동정녀 마리아에게 나신 예수님을 믿습니다!"

나를 위해
죽으시고
다시
사신
예수님

PART 3

I believe

나는
믿습니다

그는 죄를 범하지 아니하시고 그 입에 거짓도 없으시며 욕을 당하시되 맞대어 욕하지 아니하시고 고난을 당하시되 위협하지 아니하시고 오직 공의로 심판하시는 이에게 부탁하시며 친히 나무에 달려 그 몸으로 우리 죄를 담당하셨으니 이는 우리로 죄에 대하여 죽고 의에 대하여 살게 하려 하심이라 그가 채찍에 맞음으로 너희는 나음을 얻었나니 너희가 전에는 양과 같이 길을 잃었더니 이제는 너희 영혼의 목자와 감독 되신 이에게 돌아왔느니라

베드로전서 2장 22-25절

십자가에 죽으신 예수 그리스도

chapter *8*

빌라도의 고백

사도신경을 보면 좀 뜻밖의 요소들이 몇 가지 있습니다. 먼저, 예수님이 성령으로 잉태되시어서 동정녀 마리아에게 태어나셨다는 것입니다. 그리고 바로 십자가에 죽으심으로 넘어갑니다. 예수님이 이 땅에서 하신 일이 얼마나 많고, 가르치신 일이 얼마나 많습니까? 그럼에도 십자가에 달려 죽으신 일로 즉각 넘어가 버립니다. 이 일이 그만큼 중대한 사건이기 때문입니다. 우리의 구원에 있어서 이것처럼 중심적인 사건이 없기 때문입니다. 예수님에 대해서 다른 건 몰라도 그분이 우리를 위해 십자가에 달려 죽으셨다는 사실만큼은 확실하다고 말하는 것입니다.

그런데 사도신경에서는 예수님의 죽으심에 대해 말하면서 "본디오 빌라도에게 고난을 받으사"라는 내용을 담고 있습니다. 본디오 빌라도 입장에서 본다면 그 긴 세월 동안 불미스러운 이유로 수없이 이름이 언급되고 있는 셈입니다.

〈빌라도의 고백〉이라는 모노드라마가 있습니다. 그 시작에서 본디오 빌라도는 이렇게 말합니다.

"제발 내 이름을 사도신경에서 빼다오. 제발 좀."

너무나 안타깝고 불행한 일입니다. 도대체 그가 무슨 일을 했기에 거의 2천 년 동안 수없이 많은 사람의 입을 통해서 예수님을 죽인 장본인으로 언급되고 있는 것일까요?

요한복음 19장을 보면 본디오 빌라도가 사실은 예수님을 석방시키려고 굉장히 노력한 자임을 알 수 있습니다. 그는 A.D. 26~36년까지 로마제국의 임명을 받아 유대 지역을 통치하는 총독이었습니다. 그런데 그가 총독으로 일하고 있는 지역의 사람들이 선동을 일으켰습니다. '예수'라는 사람을 죽이라고 말입니다. 당시에는 사형선고권이 그에게 있었기 때문에 그도 예수를 자세히 봤습니다. 그런데 요한복음에 보면 본디오 빌라도가 봤을 때 예수님에게 사형선고를 내릴 만한 이유가 전혀 없었습니다. 아니, 더 나아가서 그는 "나는 이 사람에게서 아무 죄도 찾지 못하겠다"라고 말했습니다.

그럼에도 사람들이 너무 흥분하고, 대제사장들이 사람들을 선동해서 죽이라고 하니까 총독으로서 지역의 평화 유지를 위해 할 수 없이 예수님에게 사형선고를 내린 것입니다.

즉 실제적으로는 유대인들이 예수님을 죽였는데, 사도신경은 왜 본디오 빌라도에게 그 책임을 지게 하는 것일까요? 그것은 법적으로,

그리고 원칙적으로 그에게 잘못이 있기 때문입니다. 실제적으로는 유대인들 때문에 예수님이 죽으셨지만 법적으로 마지막 사형선고를 내린 사람은 본디오 빌라도였습니다. 사도신경이 틀린 게 아닙니다.

역사적 인물, 역사적 신앙

또 한 가지 여기서 본디오 빌라도를 언급하신 것은 이것이 역사적 사건이라는 것을 우리에게 강조하기 위함입니다. 동화책에 있는 것처럼 그저 "옛날 옛날에…" 하는 식이 아니라, 확실한 역사 속에서, 그것도 어느 시골 골짜기가 아니라 당시에는 유일한 나라라고 여겨졌던 로마제국의 황제로부터 임명을 받아 그 지역 총독으로 있었던 본디오 빌라도라는 역사적인 인물, 역사적인 시각 안에서 일어난 사건이었다라고 우리에게 알려주는 것입니다.

또한 그것은 공적인 사건이었습니다. 예수님이 아무도 모르는 수용소에서 돌아가신 게 아니라 총독의 법정에까지 갔다는 것은 굉장히 공적인 사건이 되었다는 것입니다. 공적인 기록이 남게 되고, 증인들이 지켜보는 가운데 일어난 일이 예수님의 십자가 죽음이었다는 것을 말해주는 것입니다.

사도신경은 우리의 신앙고백입니다. 이 신앙은 역사적인 것입니다. 이단들에게는 이런 역사적인 근거가 없습니다. 한국에서 나타난 이단, 중국에서 나타난 이단, 아프리카에서 나타난 이단들은 어느 날 갑자기 나타나서 자신이 보혜사라고 이야기하지만 역사적인 근거가 없습니다. 그렇다고 교주가 모든 인류를 위해 죽었다가 다시 살아난 것도 아닙니다.

신앙은 숨겨져 있는 일, 비밀스러운 일이 아닙니다. 예수님은 역사적인 인물로, 역시 역사적인 인물인 본디오 빌라도라는 사람에게 심문을 받고 사형선고를 받으셨습니다. 그리고 중인들 앞에서 십자가에 달려 죽으셨습니다.

4세기 라틴 신학과 교회사를 연구한 신학자이자 저술가인 루피누스(Rufinus)는 사도신경을 가리켜 이렇게 말합니다.

> 이 신조를 작정한 자들이 이렇게 구체적으로 이 사건의 시각을 강조하는 것은 매우 현명한 일이었다. 이렇게 함으로써 이 신앙고백에 확실성과 연속성이 성립된 것이다.

그가 보기에도 사도신경은 세세토록 기독교인들이 고백할 수 있고, 확실하게 증명된 흔들리지 않는 역사적 배경이 있는 신앙고백이었습니다. 그만큼 사도신경은 확실성과 연속성을 가지고 있었던 것입니다.

예수님을 거부한 본디오 빌라도

여기에 본디오 빌라도가 언급이 된다는 것은 또 이런 의미가 있는 것 같습니다. 복음서에 보면 예수님을 알았던 자들이 모두 결정적인 순간에 그분을 거부하고 대적하는 것을 볼 수 있습니다. 다들 선동이 되어 예수님을 십자가에 못 박으라고 외칩니다. 종교 지도자들, 사두개인들과 바리새인들은 앞장서서 예수님을 거부하고 대적합니다. 심지어는 3년 동안 모든 것을 버리고 예수님을 따랐던 제자들까지도 결정적인 순간에 그분을 버리고 도망칩니다.

요한복음 서두에는 이렇게 기록되어 있습니다.

> 그가 세상에 계셨으며 세상은 그로 말미암아 지은 바 되었으되 세상이 그를 알지 못하였고 자기 땅에 오매 자기 백성이 영접하지 아니하였으나 요 1:10,11

이것이 현실이었습니다. 그분이 십자가에 죽고 부활하시기까지 이 신앙은 일어나지 못했습니다. 모든 사람들이 그분을 거부했습니다. 그래도 본디오 빌라도는 총독으로서 예수님을 가까이 만났습니다. 그리고 자신이 보았을 때 예수님에게는 죄가 없으며, 오히려 하나님이 가지신 성품이 있다고 생각했고, 정말 하나님의 아들이 아닌가 생각도 했습니다. 그는 '죄 없는 사람의 일에 관여 말라'는 아내의 말을 들으면서 분명히 떨고 있었을 것입니다(마 27:19 참조). 그는 예수님을 영접할 수도 있었고 받아들일 수도 있었습니다. 하지만 마지막까지 언론에 휘둘려 예수님을 배척하고 거부한 사람이 본디오 빌라도입니다. 그래서 그는 예수님을 거부한 모든 인류를 대표하는 인물이 된 것입니다.

하지만 이 신앙고백에서 중요한 것은 본디오 빌라도를 보라는 게 아닙니다. 여기서 강조하는 것은 본디오 빌라도가 아니라 그로 인하여 고난을 받으시고 십자가에 달려 죽으신 예수님, 그분을 보라는 것입니다. 그분은 누구이시며, 그분이 하신 일은 무엇인지 보라는 것입니다.

예수님은 역사 안에 들어오셔서, 역사 안에 사시다가, 증인들의 눈앞에서 우리를 위해 대신 십자가에 달려 죽으셨습니다. 자신을 배척하고 대적하고 거부한 모든 사람들을 대신하여 십자가에 죽으셨습니다. 그분에게 주목해야 합니다. 우리는 그분을 믿는 것입니다. 우리 믿음의 고백이 가리키고 있는 분이 바로 예수 그리스도이십니다.

흠이 없는 제물

이 부분을 살피기 위해 성경의 어떤 본문을 선택해야 할지 고민하다가 베드로전서 2장 말씀에 주목하게 되었습니다.

> 그는 죄를 범하지 아니하시고 그 입에 거짓도 없으시며 욕을 당하시되 맞대어 욕하지 아니하시고 고난을 당하시되 위협하지 아니하시고 오직 공의로 심판하시는 이에게 부탁하시며 친히 나무에 달려 그 몸으로 우리 죄를 담당하셨으니 이는 우리로 죄에 대하여 죽고 의에 대하여 살게 하심이라 그가 채찍에 맞음으로 너희는 나음을 얻었나니 너희가 전에는 양과 같이 길을 잃었더니 이제는 너희 영혼의 목자와 감독 되신 이에게 돌아왔느니라 벧전 2:22-25

이 구절이 십자가를 지신 예수님에 대해서 무엇을 말해주고 있는지 살펴보고자 합니다.

첫째로, 그분에게는 아무런 죄가 없다고 알려줍니다. 이것이 22절의 명확한 메시지입니다. 본디오 빌라도도 이 사실을 말했습니다.

"내가 가까이서 보니 이 사람에게는 죄가 없다."

그의 아내도 "저 의인에게 사형선고를 내리는 일과 당신은 아무런 관계가 없어야 합니다"라고 당부했습니다.

구약성경을 보면 하나님께서 제사 제도를 가르치실 때 주신 한 가지 명확한 가르침이 있습니다. 죄인들이 하나님 앞에 나오기 위해서는 먼저 죄의 대가를 동물 제사로 드려야 하는데, 중요한 것은 동물을 고를 때 흠이 없는 동물이어야 한다는 것이었습니다. 그러니까 자기가 키우던 양들 중에서 흠이 생겨서 팔지도 못하고 먹지도 못하니 제물로 드리겠다는 식은 안 된다는 것입니다. 흠이 있는 제사는 하나님이 받지 않으십니다. 레위기를 보면 이 말이 굉장히 많이 되풀이 되는 것을 볼 수 있습니다. 제물은 흠이 없어야 합니다.

왜 그럴까요? 언젠가 우리를 위하여 대신 죽으실 그분이 흠이 없으심을 보여주시기 위함입니다. 동물 제사를 왜 드렸습니까? 내게 흠이 있기 때문에, 내게 죄가 있기 때문입니다. 그런데 흠이 있는 나를 위해 드려지는 제물은 흠이 없어야 했습니다. 그래야 상징적으로라도 이 동물이 나를 위해 죽을 수 있는 것입니다.

마찬가지로 하나님의 온전한 제물이 이 세상에 오시게 되면, 그분에게는 흠이 없으셔야 했습니다. 그래야 우리 모두를 대신해서 제물이 되실 수 있었습니다. 이것을 신학적인 언어로는 대리적인 고난, 대리적인 죽음이라고 합니다. 예수님은 그런 분이셨습니다.

> 하나님이 죄를 알지도 못하신 이를 우리를 대신하여 죄로 삼으신 것은 우리로 하여금 그 안에서 하나님의 의가 되게 하려 하심이라 고후 5:21

하나님께서는 죄를 짓지도 않으신 분이 아니라 아예 알지도 못하신 그분을 성령으로 말미암아 이 세상에 나게 하셨습니다. 그리고 우리를 대신해서 죄로 삼으셨습니다. 그분에게 흠이 없었기 때문입니다. 그분에게 우리의 흠이 옮겨짐으로 이제는 하나님의 의가 그 안에 있는 우리에게 임할 수 있게 된 것입니다.

또한 요한일서에서는 이렇게 말합니다.

> 그가 우리 죄를 없애려고 나타나신 것을 너희가 아나니 그에게는 죄가 없느니라 요일 3:5

죄의 삯은 사망입니다. 그렇기 때문에 하나님이 우리에게 생명을 주시기 위해서는 죄의 근원을 없애셔야 되는데, 예수님에게 주어진 미션이 바로 그것이었습니다. 우리 죄를 없애시려는 그분의 피는 깨끗해야 합니다. 그래야 죄를 없애는 피가 될 수 있는 것입니다. 이것이 하나님의 대답입니다. 하나님의 해결책입니다. 구약에서는 상징적으로 동물의 피를 뿌렸지만 언젠가 그 동물이 상징하는 실제적인 피가 흘려질 것인데, 흠이 없는 동물에서 피가 흘려진 것처럼 흠이 없고 죄가 없으신 그분의 피로 말미암아 우리가 씻음을 받게 될 것이라는 말씀입니다.

예수님이 십자가에 달려 돌아가실 때 외치신 말씀 중에 하나가 "다 이루었다"였습니다. 아버지께서 맡겨주신 구속사역을 다 이루셨다는 말씀입니다. 무엇이 우리 죄를 씻을 수 있을까요? 우리의 행동과 선행입니까? 우리의 윤리와 도덕입니까? 사람들의 사상이나 철학이나 종교가 우리의 죄를 씻을 수 있을까요? 거기에는 확답할 수 없습니다. 하나님이 주신 대답이 아니기 때문입니다.

하나님이 주신 대답은 어디까지나 흠 없는 어린양의 피로 말미암아 우리의 죄가 씻어질 거라는 것입니다. 예수님이 십자가에 달려 죽으시면서 "다 이루었다"라고 말씀하신 것은 이제 그분의 피로 말미암아 믿는 자들의 죄가 깨끗이 씻어지게 되었다는 말씀입니다.

대항하지 않으신 하나님의 어린양

둘째로, 십자가를 지신 예수님의 두 번째 모습은 그분이 대항하지 않으셨다는 것입니다. 왜냐하면 하나님의 어린양으로 오셨기 때문입니다. 이것이 자신에게 주어진 길인 것을 알고 끝까지 순복하셨습니다. 세례 요한이 예수님을 가리켜 어떻게 말했습니까?

> 보라 세상 죄를 지고 가는 하나님의 어린양이로다 요 1:29

어린 양은 대항하지 않습니다. 양들은 털을 깎을 때, 심지어는 도살당할 때도 대항하지 않는다고 합니다. 울지도 않는다고 합니다. 이 구절은 그 모습을 우리에게 상상하게 합니다.

이사야 선지자는 예수님이 태어나시기 700년 전에 활동했는데, 이미 그때 이사야서를 통해 이렇게 예수님에 대해 예언했습니다.

> 그가 곤욕을 당하여 괴로울 때에도 그의 입을 열지 아니하였음이여 마치 도수장으로 끌려 가는 어린 양과 털 깎는 자 앞에서 잠잠한 양같이 그의 입을 열지 아니하였도다 사 53:7

이것이 예수님의 모습입니다. 그분은 끝까지 순종하며 그 길을 가셨습니다. 이 일이 그분에게 주어진 미션인 것을 아셨습니다. 저는 생각할수록 아버지의 마음이 믿어지지가 않습니다. 자기 아들을 죽음으로 보내는 아버지가 어디 있습니까? 하늘 아버지의 독생자이신 예수님은 보내심을 받을 때 아버지에게 물으셨을 것입니다.

"아버지, 저는 가서 죽어야 되는 것이지요?"

아버지 하나님이 말씀하셨을 것입니다.

"너는 가서 죽어야 되는 것이다."

처음부터 아버지께서 이 미션을 아들에게 주셨고, 아들은 이 미션을 아버지께로 받아 죽기까지 복종하신 것입니다. 우리를 살리기 위해, 이 길이 바로 아버지의 구속 사역을 이루는 길이라는 것을 아시고 우리 때문에 기쁨으로 순종하신 것입니다. 이분이 우리 예수님이십니다.

저주 아래 놓인 자

셋째로, 십자가에 못 박히신 예수님은 나무에 달려 그 몸으로 우리 죄를 담당하셨습니다. 예수님의 죽으심이 중요한 일이라면 꼭 이렇게 죽으셔야 했을까요? 십자가는 끔찍한 사형 도구였습니다. 금방 죽을 수도 없는 사형 도구였습니다. 예수님이 희생제물이 되셔야 한다 해도 다른 식으로 죽으실 수도 있지 않습니까? 칼에 맞아 단번에 죽으실 수도 있었을 것입니다. 그런데 왜 이렇게 죽으셔야만 했을까요? 그것은 저주 받은 자가 되셔야 했기 때문입니다.

> 그리스도께서 우리를 위하여 저주를 받은 바 되사 율법의 저주에서 우리를 속량하셨으니 기록된 바 나무에 달린 자마다 저주 아래에 있는 자라 하였음이라 갈 3:13

'나무에 달린 자마다 하나님께 저주를 받은 사람이다'라는 구절은 신명기 21장 23절의 인용입니다. 구약에 의하면 나무에 달린 자는 저주를 받은 자였습니다. 예수님은 하나님의 저주를 받으셔야 했기 때문에 반드시 나무에 달리셔야만 했습니다. 그래야만 우리의 속량, 우리의 구원이 이루어질 수 있었습니다. 그러니 다른 방법으로 죽으시는 것은 하나님의 뜻이 아니었습니다.

하나님께는 변하지 않는 성품이 있습니다. 그중에 하나님의 사랑이 있고, 하나님의 정의도 있습니다. 그렇기 때문에 하나님의 사랑이 이루어지기 위해 하나님의 정의는 잠시 덮어두었다가 하나님의 사랑이 이루어진 다음에 다시 꺼낼 수 있는 것이 아닙니다.

죄를 향한 하나님의 분노는 분명히 있습니다. 죄에 대해 분노하시고 저주하시는 하나님의 모습은 영원한 것입니다. 우리가 바꿀 수 없는 것입니다. 죄를 향한 하나님의 분노는 쏟아져야만 했습니다. 그래서 십자가가 필요했습니다. 누군가는 저주를 받아야만 했습니다. 누군가는 그 분노를 충족시켜야 했습니다.

그 하나님의 분노, 하나님의 의로부터 나오는 하나님의 분노가 어디에 쏟아졌습니까? 십자가에 쏟아졌습니다. 십자가에 달려 죽으신 흠이 없는 아들, 예수 그리스도가 죽으실 때 하나님의 분노가 쏟아졌습니다. 그래서 온 땅이 어두워졌고 진동했던 것입니다. 십자가에 달리신 예수님은 "아버지, 아버지, 왜 나를 버리십니까?"라고 외치셨습니다. 하나님의 분노가 쏟아졌기 때문입니다.

성경은 말합니다.

"거기서 하나님의 분노가 충족됐다."

예수님이 나무에 달려 저주가 되심으로 말미암아 하나님의 분노가 충족되었고, 그로 인해 이제 하나님의 긍휼, 하나님의 사랑, 하나님의 인자가 십자가를 통해 우리에게 쏟아지게 되었습니다. 십자가에서 하나님의 정의와 사랑이 같이 보여진 것입니다. 이것이 예수님이 십자가를 지신 의미입니다.

> 그는 우리 죄를 위한 화목제물이니 우리만 위할 뿐 아니요 온 세상의 죄를 위하심이라 요일 2:2

우리가 하나님과 원수 되었던 것은 하나님의 진노 때문입니다. 우리의 죄를 향한 하나님의 진노와 저주 때문에 우리가 하나님과 원수 지간이었다고 성경은 말합니다. 그런데 예수 그리스도께서 하나님의 진노를 충족하는 희생제물로 십자가에 달려 죽으셨기 때문에, 이제 그리스도 예수 안에 있는 자들은 하나님과 화목하게 되었음을 성경은 선포하고 있습니다. 우리가 예수님을 믿으면 하나님과 화목하게 되는 것입니다.

화목해야 평안합니다. 아내와 크게 싸우고 나서 예배를 제대로 드릴 수 있습니까? 못합니다. 화목해야 예배도 제대로 드릴 수 있습니다. 사람과의 관계에서도 화목하지 않으면 마음이 편하지가 않습니다. 관계가 무너지면 은혜가 없어집니다. 그런데 하나님과 화목하지 못하고서 어떻게 삽니까? 무슨 소망으로 살 수 있겠습니까? 그런데 예수 그리스도께서 하나님의 진노를 받고 십자가에 달려 죽으심으로 말미암아 그분 안에 있는 자들은 하나님 앞에 나아가 화목할 수 있는 복을 누리게 되는 것입니다.

하나님과 화목하지 못하면 다른 모든 것이 풀리지가 않습니다. 그래서 예수님을 믿어야 합니다. 예수님을 믿지 않으면, 십자가의 예수님을 통하지 않으면 하나님께 나아갈 수 있는 길이 없습니다. 천하에 구원 받을 수 있는 다른 이름을 우리에게 주신 적이 없다고 했습니다. 하나님의 방법으로 해야 합니다. 하나님의 길로 해야 합니다. 역사적으로 증명된 일, 십자가에 달려 죽으신 예수 그리스도로 말미암아 하나님과 화목할 수 있는 우리 모두가 되기를 바랍니다.

선한 목자로 오신 예수님

넷째로, 십자가를 지신 예수님은 우리 영혼의 목자가 되십니다. 나무에 달려 죽으신 예수님은 죽은 자리에 남아 계시지 않습니다. 다시 살아나셨습니다. 그리고 지금은 하나님 우편에 계십니다. 거기서 우리를 위해 간구하시며 중보하십니다. 이 땅에 다시 오실 때까지 성령으로 우리와 함께하시며 우리를 지도하는 목자가 되어주십니다.

양들에게 어떤 목자를 만나는가 하는 것은 매우 중요한 일입니다. 난폭한 목자를 만나면 끝난 겁니다. 돌팔이 목자를 만나면 끝난 겁니다. 그런데 선한 목자, 나를 위해 자신의 목숨을 바치신 분, 그리고 모든 것을 정복하고 사랑으로 이기신 그분이 나의 목자가 되신다면 나의 인생은 그분 안에서 완전히 풀린 것입니다.

우리 인생이 풀리는 기준이 무엇입니까? 좋은 대학 가면 풀린 걸까요? 그 후에는 취직이 남아 있지요. 좋은 곳에 취직이 되면 잘 풀린 겁니까? 그 다음에는 결혼이 남습니다. 결혼하면 풀린 겁니까? 자식을 낳지요. 자식 낳으면 풀린 겁니까? 자식이 또 어떻게 자라나 걱정을 합니다. 그러다 죽음을 맞게 됩니다. 그게 인생입니다.

인생을 세상 기준으로 보면 자꾸 풀리지 않는다고 생각하게 됩니다. 하지만 성경은 우리가 십자가에 달리신 예수 그리스도, 우리를 책임지시고 우리를 위해 죽으신 그분을 믿을 때 그분이 나의 선한 목자가 되신다고 합니다. 그리고 그분의 인도하심을 받는 자들의 인생은 그분으로 인해 풀린 줄로 믿습니다. 이 믿음으로 나아가야 합니다.

이처럼 세상을 사랑하사

얼마 전에 독일 비행기가 추락한 엄청난 뉴스를 들었습니다. 당시 기장이 잠시 자리를 비운 사이, 우울증을 앓았던 부기장이 문을 잠그고 비행기를 고의로 추락시킨 사건이었습니다. 자기 혼자 죽은 게 아니라 비행기에 타고 있던 149명을 같이 죽게 한 것입니다.

처음에는 이 뉴스를 들으면서 기계가 고장난 것인지 테러사건인지 조마조마했는데, 고의적인 사고였다는 소식을 듣고는 너무나 황당했습니다. 어떻게 고의적으로 저런 일을 저지를 수 있을까요? 게다가 그 비행기에 타고 있었던 149명의 마음은 어땠을까요? 그들의 두려움이 얼마나 컸을까요?

그들의 가정을 생각해봅니다. 그냥 사고였거나 테러였다는 말을 들었더라도 힘들었을 텐데, 한 사람이 정신적인 문제가 있어서 고의로 그랬다는 말을 들었다면 어떻게 그 사실을 받아들일 수 있겠습니까? 또 그 부기장의 부모의 마음은 어땠을까요? 아들이 죽었다는 소식만으로도 고통스러운데, 아들이 범죄를 저질렀다는 걸 부모로서 어떻게 받아들일 수 있을까요? 게다가 기사를 보니 그 부기장의 어머니는 복음주의 교회에서 반주를 하던 분이라고 합니다. 주님을 믿는 자들인데, 이걸 어떻게 받아들일 수 있을까요?

이런 일들을 생각하니 제 가슴이 미어졌습니다. 하지만 이것이 세상의 현실입니다. 죄로 인해 타락한 세상의 현실입니다. 이런 비극이 하루가 멀다 하고 보도되고 있습니다.

그런데 하나님이 이 세상을 버리지 않으십니다. 하나님이 이 세상을 사랑하십니다. 그리고 그분의 아들을 통해 이 세상의 역사 안으로 들어오십니다. 인간의 몸을 입고 들어오셔서 죄로 인해 빗나간 세상의 곤욕과 아픔과 절망과 슬픔을 친히 체험하십니다. 그리고 끔찍하게 십자가에 달려 죽으십니다.

하나님은 우리를 멀리서 사랑하신 것이 아닙니다. 생각으로만 사랑하신 것이 아닙니다. 인간의 역사 안에 몸을 입고 들어오셔서 타락한 이 세상에서 우리와 함께 살며, 함께 아픔을 지니며, 모든 곤욕을 자신의 몸에 지니고 죽으셨습니다. 그리고 다시 살아나셨습니다.

그분이 우리의 목자시라면 인생을 새롭게 볼 수 있게 됩니다. 비극은 여전히 계속됩니다. 주님이 다시 오실 때까지 세상의 죄로 인해 엄청난 비극은 계속될 것입니다. 비극에 대해 우리가 다 이해할 수도, 설명할 수도 없지만 한 가지 확실한 것은 우리 주님께서 이 세상을 버려두지 않으시고 역사 안으로 직접 들어오셔서 우리의 아픔을 친히 지시고 그 모든 것을 이기셨다는 것입니다.

그분이 우리의 목자시라면, 모든 것을 아시고 극복하신 그분이 나의 선한 목자가 되신다면 우리는 슬픔 중에도 희망을, 고난 중에서도 소망을 가질 수 있을 것입니다. 그리고 비극 중에서도 하나님의 궁극적인 해결책과 해답을 받게 되는 줄로 믿습니다.

이것이 예수님을 믿는 것입니다. 우리가 본디오 빌라도에게 고난을 받으사 십자가에 못 박혀 죽으신 예수님을 믿을 때에 우리에게 구원이 주어지는 것이고, 죄 사함이 주어지는 것이고, 하나님과 화목하게 되는 것이고, 그분을 나의 선한 목자요 내 영혼의 목자로 섬기면서 따를 수 있게 됩니다.

　예수님을 믿으십시오. 이것은 하나님이 우리에게 주시는 궁극적인 복이자 가장 중심적인 복입니다.

"나는 빌라도에게 고난을 받으사
십자가에 못 박혀 죽으신 예수님을 믿습니다!"

I believe
나 는
믿 습 니 다

우리 주 예수 그리스도의 아버지 하나님을 찬송하리로다 그의 많으신 긍휼대로 예수 그리스도를 죽은 자 가운데서 부활하게 하심으로 말미암아 우리를 거듭나게 하사 산 소망이 있게 하시며 썩지 않고 더럽지 않고 쇠하지 아니하는 유업을 잇게 하시나니 곧 너희를 위하여 하늘에 간직하신 것이라

베드로전서 1장 3,4절

사흘 만에 다시 사신 예수 그리스도

chapter 9

구원과 직결되는 고백

우리가 신앙고백을 통해서 선포하는 것이 있습니다. 그것은 우리 주 예수 그리스도께서 우리를 위해 십자가에 달려 죽으셨고, 장사한 지 사흘 만에 다시 살아나셨다는 것입니다. 이처럼 우리가 믿는 예수님이 부활하신 주님이심을 전하는 것은 해도 되고 안 해도 되는 정도의 내용이 아닙니다. '기독교가 전통적으로 부활하신 예수를 믿는다고 하니까 인정은 하지만 꼭 믿어야 하는가?'라고 생각하는 분들도 있을 것입니다. 상식적으로 받아들여지지 않기 때문입니다.

그러나 우리가 믿는 하나님은 전지전능하신 분입니다. 무(無)에서 유(有)를 창조하신 그분께 불가능한 일이란 있을 수 없습니다. 그래서 예수 그리스도께서 성령으로 잉태되셔서 동정녀 마리아에게 나셨다는 사실도 이 논리 위에서 믿고 선포하는 것입니다. 예수 그리스도께서 역사적으로, 진짜 몸으로 부활하신 사건을 믿는다고 고백하는 것은 믿음의 본질이요 핵심입니다.

> 네가 만일 네 입으로 예수를 주로 시인하며 또 하나님께서 그를 죽은 자 가운데서 살리신 것을 네 마음에 믿으면 구원을 받으리라 **롬 10:9**

이 말씀을 보면 내가 예수를 믿어 구원 받기 위해서는 입으로 예수를 주로 시인해야 하며, 하나님이 그분을 죽은 자 가운데서 살리신 것을 마음으로 믿어야만 합니다. 우리의 구원에 필수불가결한 요소가 바로 예수님의 부활에 대한 믿음입니다. 부활하신 예수님을 믿느냐 하는 문제는 우리의 구원과 직결되는 일입니다.

예수님의 부활이 아니었으면 기독교는 시작도 못했을 것입니다. 교회는 시작될 수 없었습니다. 예수님의 제자들은 예수님이 십자가에 달려 죽으신 것을 목격한 후 엄청난 충격에 빠져 버립니다. 그들의 세계는 완전히 무너져 내렸습니다. 완전히 낙심한 상태였습니다. 예수님이 제자들에게 이미 여러 번 말씀하셨지만, "예수님이 우리와 함께 계셨을 때 우리에게 수차례 이런 말씀을 하셨잖아. 분명히 죽으실 것을 말씀하셨고, 이후에 다시 살아나실 거라고 하셨잖아. 다시 사실 것을 믿어보자, 기다려보자"라고 말하는 제자가 한 명도 없었습니다. 제자들은 부활에 대해 믿지 않았습니다.

여인들은 달랐을까요? 당시 예수님을 따랐던 여인들의 헌신도는 제자들보다 높았습니다. 제자들이 다 도망쳤을 때에도 여인들은 예수님이 달리신 십자가 아래서 그분의 죽음을 지켜보았고, 안식 후 첫날 이른 새벽에 예수님의 시신이 안치되어 있는 무덤에 찾아가기도 했습니다. 그렇지만 예수님이 말씀하셨던 대로 살아나실 것을 믿었기 때문이었을까요? 아닙니다. 성경에 보면 여인들은 시신에 향유를 바르고자 무덤을 찾았습니다. 여인들도 예수님의 부활에 대해 전혀 예상을 못했던 것입니다.

그런데 여인들이 그곳에 가보니까 희한한 일이 벌어져 있었습니다. 무덤을 가로 막고 있던 큰 돌이 옮겨져 있었던 것입니다. 누가 그 돌을 옮겨줄 수 있을지 염려하며 무덤으로 올라갔던 여인들은 깜짝 놀랐습니다. 무덤을 지키던 군인들도 어디로 갔는지 없어졌습니다. 게다가 무덤 안을 들여다보니 예수님의 시신이 없었습니다. 그리고 밝은 모습의 청년들이 있었습니다. 성경은 그들이 천사들이었다고 말합니다.

여인들은 혹시 그들이 예수님을 옮겼는가 싶어 그들에게 물어봅니다. 그때 청년들이 여인들에게 엄청난 소식을 전합니다.

"왜 살아 계신 분을 죽은 자 가운데서 찾고 있는가? 그분은 여기 계시지 않고 말씀하신 대로 살아나셨다."

이 소식을 들은 여인들은 제자들이 모여 있는 곳으로 와서 자신들이 목격한 엄청난 일을 전합니다. 그런데 누가복음 24장에 보면 제자들이 그 여인들의 소식을 무시해버리는 모습을 볼 수 있습니다. 아무도 믿지 않았습니다. 그중에 베드로만 좀 달랐습니다. 그러고는 고개를 갸우뚱하다가 무덤으로 달려갑니다. 요한이 그 뒤를 좇습니다.

그런데 가보니까 진짜 예수님의 시신이 없었습니다. 그리고 머리에 둘렀던 수건과 시신을 감쌌던 베옷만이 그 자리에 놓여 있었습니다. 그런데 요한은 그 상황을 보고 예수님을 믿었으나, 베드로는 이상한 일이 벌어졌구나 하면서 조용히 돌아왔다고 기록되어 있습니다.

당시 제자들은 제정신이 아니었습니다. 주님의 부활 사건을 믿지도 않았고 믿을 만한 여유도 없었습니다.

만난 자는 변화한다

그런데 사도행전 2장에 가 보면 제자들이 예수님을 확실하게 전하는 모습이 나옵니다. 예수님이 돌아가신 날은 유월절이었고, 성령이 임하신 날은 오순절이었습니다. 즉 예수님이 돌아가신 날로부터 제자들이 예수님을 전하기 시작하기까지 불과 60일 정도의 차이가 있을 뿐이었습니다. 그 사이에 제자들은 모든 사람 앞에서 예수님이 다시 살아나셨다는 엄청난 말씀을 전하기 시작합니다.

그냥 말을 전하는 것과 능력으로 전하는 것은 다릅니다. 복음을 전할 때는 사람의 가슴을 움직이는 능력이 있어야 합니다. 그런데 제자들이 말씀을 전하자 하루에 5천 명 이상이 믿게 되는 엄청난 일이 벌어지고 맙니다. 그래서 관리들이 제자들의 입을 막으려고 합니다. 그들을 폭행하고 협박하면서 다시는 예수를 전하지 말라고 합니다.

그래서 제자들이 예수님을 더 이상 전하지 않게 되었을까요? 가슴에 불이 임했는데, 소멸되지 않은 불이 임했는데 전하지 않을 수가 없었습니다. 예수님을 더 확실하게 전하기 시작하고, 더 큰 능력으로 역사를 펼치기 시작합니다.

불과 60일 전만 해도 두려워서 밖에 나가지도 못했던 제자들, 예수님의 부활에 대해서는 상상도 하지 못했던 제자들이 어떻게 이렇게 변할 수 있었을까요? 그들이 부활의 주님을 만났기 때문입니다. 그들은 예수님이 진짜 살아나셨다는 것을 보았습니다. 그 외에는 도저히 설명할 수 없는 일입니다. 그들은 모두 다 복음을 전하다가 순교합니다.

이처럼 예수님의 부활 사건이 아니고는 설명할 수 없는 제자들의 모습들이 있습니다. 그뿐 아니라 예루살렘에 첫 번째 교회가 세워질 때의 모습을 보아도 그렇습니다. 그 교회에 나온 성도들은 예루살렘 주민들이었습니다. 그들은 불과 얼마 전에 있었던 예수에 대한 사건을 모두 알고 있는 사람들입니다.

로마 총독이었던 빌라도가 사형선고를 내렸을 뿐더러, 예수님은 사람들이 보는 앞에서 심문을 당하셨고, 채찍에 맞으셨으며, 피투성이가 된 몸으로 십자가를 지고 골고다 언덕까지 오르셔서 그곳에서 못 박혀 돌아가셨습니다. 사람들은 그분이 진짜 계셨고, 죽으셨다는 것을 알고 있었습니다. 그런데 그 시민들이 예수 그리스도의 교회에 첫 교인들이 되었다는 것은 무엇을 말합니까? 예수님이 진정 부활하시고 그분의 무덤이 비어 있지 않았다면 이들이 믿을 만한 이유는 없었을 것입니다. 예수님의 부활이 사실이 아니었다면 제자들은 전도는커녕 자신들의 믿음을 유지하기도 힘들었을 것입니다. 예루살렘 주민들이 그들의 복음을 듣고 믿기는커녕 듣지도 않으려고 했을 것입니다. 그런데 그 사람들이 제자들의 말을 듣고 믿기 시작했습니다. 빈 무덤에 대해서 다른 답을 할 수 없었기 때문입니다.

제자들이 예수님의 시신을 훔친 걸까요? 그렇다면 시신을 훔치고 나서 거짓말을 하는 제자들이 자기 생명을 걸고 예수님을 전하겠습니까?

그리고 예수님의 시신이 안치되어 있던 동굴을 지키던 로마 군인들은 또 어떻습니까? 당시 예수님은 정치범으로 온 도성을 시끄럽게 했던 자였기에 생명을 걸고 시신을 지켜야 했을 것입니다. 잘못되면 빌라도도 자신의 자리를 내놓아야 할지도 모르는 상황이었습니다. 그런데 사라진 예수님의 시신에 대해 누구도 대답하지 못했습니다.

여기에 비밀이 있습니다. 죽으신 지 삼일 후에 시신이 없어졌다는 것, 그분의 무덤이 비어 있었다는 이야기가 도성에 가득 퍼졌는데 아무도 답을 하지 못하는 상황이었습니다. 그런데 두 달 후에는 제자들이 갑자기 능력으로 복음을 전하고 기사와 이적을 일으켰습니다. 이렇게 설명이 안 되는 일들이 일어나자 진짜 예수님이 부활하신 것이라고 믿게 된 것입니다. 이렇게 조금만 생각해보아도 예수님의 부활이 사실이 아니었다면 교회의 탄생은 불가능한 일이었음을 알게 됩니다.

18세기 프랑스에서 자신의 종교를 세워보려고 애를 썼던 사람이 있었습니다. 자기가 봤을 때 자신 정도의 카리스마와 조직력이 있으면 많은 사람들이 자신을 따를 줄 알았는데 별로 안 따르는 것입니다. 그래서 당시 유명했던 지도자 탈레랑페리고르(Talleyrand-Perigord)라는 사람을 찾아갔습니다. 그때 그의 대답이 아주 재치 있게 들립니다.

"만일 많은 사람들이 당신의 새 종교를 따르고 당신을 교주로 삼기 원한다면 한 번 나무에 달려 죽어 봐라. 그리고 사흘 후에 반드시 다시 살아나 봐라. 그러면 말을 안 해도 따를 것이다."

거짓 위에는 신앙이 세워질 수가 없습니다. 기독교는 처음부터 예수 그리스도가 죽으시고 부활하셨다는 것을 전제하여 세워진 신앙입니다. 그렇기 때문에 이것이 무너지면 다 무너지는 것입니다. 독일의 철학자이자 역사가였던 헤겔은 "결국 진실은 승리한다"라고 말했습니다. 또한 에이브러햄 링컨은 "한 사람을 여러 번 속일 수 있겠고 많은 사람들을 한두 번쯤 속일 수도 있겠지만 여러 사람들을 여러 번 속일 수는 없는 것이다"라고 했습니다. 거짓은 언젠가 드러나게 되어 있습니다. 그런데 우리가 신앙의 기초라고 믿는 것이 진리가 아니고 사기라면 2천 년이 지나고 있는 지금, 기독교는 이미 무너졌을 것입니다. 2천 년 동안 모든 사람들을 계속 속일 수는 없기 때문입니다. 그리고 이 복음에는 아무런 능력도 없었을 것입니다.

결론은 하나입니다. 예수 그리스도는 성경대로 우리를 위하여 십자가에 달려 죽으셨고, 성경대로 우리를 위하여 사흘 만에 부활하셨습니다. 그래서 우리가 그분을 믿는 것입니다. 우리 생애의 변화는 그분이 살아 계셨기 때문에 일어나는 것입니다. 우리가 전도하고 선교하고 주님의 이름으로 일어나는 놀라운 이적과 능력을 보는 것은 거짓에 세워진 신앙이 아니라 역사적 근거가 있고 진실로 죽으셨다가 다시 사신 예수 그리스도를 믿는 믿음으로 가능한 것입니다.

거듭남을 허락하시는 은혜

그렇다면 부활의 주님을 믿는 우리에게 어떤 하나님의 은혜가 임하게 되는 것일까요? 베드로는 부활하신 예수님을 직접 만났던 사람입니다. 그래서 부활하신 예수님을 전하다가 나중에 십자가에 거꾸로 매달려 순교까지 했습니다. 베드로가 말합니다.

> 우리 주 예수 그리스도의 아버지 하나님을 찬송하리로다 그의 많으신 긍휼대로 예수 그리스도를 죽은 자 가운데서 부활하게 하심으로 말미암아 우리를 거듭나게 하사 산 소망이 있게 하시며 썩지 않고 더럽지 않고 쇠하지 아니하는 유업을 잇게 하시나니 벧전 1:3,4

이 구절을 통해 세 가지를 말하고 있습니다. 첫째, 우리에게 거듭남을 허락하십니다. 예수님의 부활이 나로 하여금 거듭남을 받게 하는 것입니다. 거듭남은 '다시 태어난다'는 뜻으로 새 생명을 가리킵니다. 예수님도 요한복음 3장에서 이 단어를 사용하신 적이 있습니다.

요한복음 3장에 니고데모라는 사람이 나옵니다. 그는 바리새인으로, 사람들에게 어떻게 율법대로 선하게 살 수 있는가를 가르치는 종교 지도자였습니다. 니고데모는 해결되지 않는 질문을 하나 가지고 있었습니다. 어떻게 하나님나라에 갈 수 있는가 하는 것이었습니다. 왜 종교 지도자인 그의 마음에서 이 질문이 일어났을까요? 그가 양심에 진실했기 때문입니다.

율법을 알면 알수록 자신 안에 죄가 있다는 것을 더 인식하게 됩니다. 예를 들어, 율법을 몰랐을 때는 거짓말하는 것이 죄인지 몰랐습니다. 그래서 거짓말을 밥 먹듯이 합니다. 거짓말이 잘못인지 모르기 때문입니다. 그런데 율법을 공부하면 거짓말이 하나님의 법을 어기는 일임을 깨닫게 됩니다. 그때부터는 거짓말을 할 때마다 양심이 찔리게 됩니다.

율법의 역할이 이것입니다. 율법을 몰랐을 때는 막 살아도 괜찮았는데 알고 나서는 더 괴로운 겁니다. 하나님의 기준에 못 미친다는 것이 확연히 드러나게 됩니다. 이것이 종교 지도자인 니고데모의 딜레마였습니다.

율법을 공부하면 공부할수록, 종교인으로 살면 살수록 사람들은 속일 수 있을지 모르지만 양심을 속일 수는 없었기에, 하나님 앞에 점점 더 죄인인 것이 드러났습니다. 그러니 '어떻게 하나님 앞에 갈 수 있을까?' 하는 것이 큰 질문이 되었던 것입니다. 그래서 존경 받는 종교 지도자였던 그는 한밤중에 몰래 예수님을 찾아갑니다.

니고데모를 보신 예수님은 그의 마음속에 어떤 질문이 있는지를 아시고 직접 대답해주셨습니다.

"니고데모야, 사람이 거듭나야 하나님나라에 갈 수 있단다."

니고데모가 깜짝 놀랍니다. 예수님이 자신의 중심을 꿰뚫어 보셨기 때문입니다. 하지만 그분의 대답은 너무 황당했습니다. 다시 태어나야 하나님나라에 갈 수 있다니요. 그래서 다시 묻습니다.

"주님, 저같이 이미 나이 든 사람이 어떻게 어머니 배 속에 다시 들어갔다 나올 수 있습니까?"

예수님이 말씀하십니다.

"하나님께서 하시는 것이다. 하나님께서 성령으로 하시는 것이다. 그런데 하나님께서 너를 거듭나게 하시기 위해서는 반드시 먼저 일어나야 될 일이 있는데 인자가 나무에 달려 죽는 것이다."

예수님이 십자가에 달려 죽으셔야만, 즉 예수님이 희생제물이 되심을 전제하여 하나님께서 그분의 영으로 우리를 거듭나게 하시고 온전히 구원 받는 하나님의 사람으로 만드신다는 말씀입니다.

여기서 질문이 생깁니다. 예수님의 희생, 예수님의 십자가 사역이 아버지께서 보실 때 인류의 모든 죄와 허물을 씻기에 충분하다고 받아주셨다는 것을 어떻게 알 수 있느냐는 것입니다. 이에 대해 성경이 증거합니다.

> 예수는 우리가 범죄한 것 때문에 내줌이 되고 또한 우리를 의롭다 하시기 위하여 살아나셨느니라 롬 4:25

예수님의 십자가가 우리의 죄를 씻기에 충분하지 않았다면 우리는 여전히 죄 가운데 있는 것입니다. 그런데 아버지께서 그분의 십자가 사역이 충분하다고 받아주셨기 때문에, 또 그것을 부활로 증명해주셨기 때문에 우리의 거듭남이 가능해진 것이라고 말씀하시는 것입니다. 또 고린도전서 15장에는 이런 말씀이 있습니다.

> 그리스도께서 다시 살아나신 일이 없으면 너희의 믿음도 헛되고 너희가 여전히 죄 가운데 있을 것이요 고전 15:17

그리스도께서 십자가에 죽으시고 다시 살지 아니하셨다면 복음은 미완성으로 남았을 겁니다. 예수님이 십자가에 달려 죽으시고 그 십자가 사역이 아버지께서 보시기에 충분하고 온전했기 때문에, 또한 그를 다시 살려주셨기에 우리가 죄 가운데 있지 않고 하나님의 의로운 백성으로 인정받은 줄 믿습니다.

그렇지 않았다면 우리는 니고데모와 똑같은 상황에 처했을 것입니다. 윤리적으로, 종교적으로, 선하게 살려고 하지만 그렇게 살면 살수록 자신의 결핍이 더 드러났을 것입니다. 율법을 알면 알수록 자신의 유전자 속에 죄가 자리 잡고 있음을 깨달았을 것입니다.

그런데 하나님께서 윤리를 통해서도, 종교를 통해서도, 철학을 통해서도 해결할 수 없는 거듭남을 그분의 독생자의 십자가 사역과 부활 사건으로 인해 가능하게 하셨습니다.

성경이 말씀하시는 바가 이것이며, 이것을 믿는 것만이 우리에게 유일한 해결책입니다. 다른 방법이 없습니다. 하나님이 열어주신 유일한 길, 완전히 거듭나 천국으로 갈 수 있는 유일한 길을 이렇게 허락하신 것입니다.

산 소망이 주어지는 은혜

둘째로, 우리에게 산 소망이 주어졌습니다. '산 소망'이라는 것이 언제 가능할까요? 사실 죽음의 권세가 있는 한, 산 소망은 불가능합니다. 죽음이 압도적으로 우리를 지배하기 때문입니다. 그 앞에서는 돈도 명예도 지식도 경륜도 아무런 소용이 없습니다. 지구상에 살고 있는 사람 중에 이것을 부인할 수 있는 사람은 아무도 없습니다. 사망 권세가 있는 이 세상에 살면서 일시적인 안위, 잠시적인 휴식은 가능할지 모르지만 산 소망을 얻는 일은 불가능합니다.

그래서 우리는 예수님의 부활 사건을 잘 봐야 합니다. 사도신경에 말한 대로 예수 그리스도는 십자가에 못 박혀 죽으시고 장사 지낸 바 되십니다. 그리고 죽은 자 가운데서 다시 살아나셨습니다. 죽어 가다가 다시 살아나신 게 아니라 죽은 지 사흘 만에 다시 사셔서 영원히 사십니다. 이것이 굉장히 중요한 부분입니다.

그분은 사흘 동안 죽은 자 가운데 계셨습니다. 이 말은 죽음의 권세 한가운데로 그분이 가셨다는 것입니다. 사망 권세의 중심 자리까지 가셨다는 것입니다. 그런데 사망 권세가 예수님만큼은 사로잡지 못했습니다. 예수님은 사망 권세를 깨뜨리고 일어나셨습니다.

오순절 날 성령의 충만함을 받은 사도들은 온 도성을 완전히 뒤집어 놓을 만큼 부활하신 주님을 강력하게 전했습니다. 복음 전파의 첫날, 그들이 전한 내용이 무엇입니까? 그때 제자들은 시편 16편의 말씀을 인용해 말했습니다.

다윗이 그를 가리켜 이르되 내가 항상 내 앞에 계신 주를 뵈었음이여 나로 요동하지 않게 하기 위하여 그가 내 우편에 계시도다 그러므로 내 마음이 기뻐하였고 내 혀도 즐거워하였으며 육체도 희망에 거하리니 이는 내 영혼을 음부에 버리지 아니하시며 주의 거룩한 자로 썩음을 당하지 않게 하실 것임이로다 주께서 생명의 길을 내게 보이셨으니 주 앞에서 내게 기쁨이 충만하게 하시리로다 하였으므로 행 2:25-28

이스라엘 사람들은 지금까지 시편 16편이 다윗이 자기 자신을 가리켜 말한 것이라고 알고 있었습니다. 그런데 항상 수수께끼로 풀리지 않는 구절이 '영혼을 음부에 버리지 않으시며 거룩한 자로 썩지 않게 하실 것'(27절)이었습니다. 이 구절은 다윗에게 적용이 안 됩니다. 다윗은 진짜로 죽었기 때문입니다. 그의 묘지는 예루살렘에 고스란히 남아 있습니다. 그런데 그날, 성령의 조명을 받은 제자들이 이 구절을 풀어서 해석하기 시작합니다.

형제들아 내가 조상 다윗에 대하여 담대히 말할 수 있노니 다윗이 죽어 장사되어 그 묘가 오늘까지 우리 중에 있도다 그는 선지자라 하나님이 이미 맹세하사 그 자손 중에서 한 사람을 그 위에 앉게 하리라 하심을 알고 미리 본 고로 그리스도의 부활을 말하되 그가 음부에 버림이 되지 않고 그의 육신이 썩음을 당하지 아니하시리라 하더니 이 예수를 하나님이 살리신지라 우리가 다 이 일에 증인이로다 행 2:29-32

예수 그리스도께서 음부에 버림을 당하지 아니하시고 육신이 썩음을 당하지 아니하시고 부활하신 사건이 있었기에 이제는 이 구절이 누구를 지명해서 하신 말씀인지 확실히 알 수 있게 되었다는 것입니다. 제자들은 자신들이 하나님이 예수님을 살리신 사건을 직접 목격한 증인이라고 말합니다.

예수님은 모든 것을 삼켜버리는 사망 권세를 깨셨습니다. 예수님은 부활하심으로 그분 안에 있는 모든 이의 첫 열매가 되셨습니다.

> 그러나 이제 그리스도께서 죽은 자 가운데서 다시 살아나사 잠자는 자들의 첫 열매가 되셨도다 고전 15:20

한 나무의 첫 열매를 보면 이후로 그 나무가 맺을 열매가 무엇인지 알 수 있습니다. 사망 권세를 깨고 부활하신 주님이 우리의 첫 열매가 되셨음으로 우리 또한 그분과 같이 영광스러운 몸으로 다시 부활하게 될 것입니다. 이것이 산 소망입니다.

그래서 믿는 자들의 장례식은 다릅니다. 믿는 자들은 돌아가신 분 앞에서 찬송을 부릅니다. 비탄의 노래가 아니라 소망의 노래입니다. 정신 나간 짓처럼 보일지 모릅니다. 사람이 죽었는데 무슨 소망이 있단 말입니까. 하지만 정신 나간 것이 아닙니다. 부활하신 예수 그리스도께서 우리의 첫 열매가 되셨기 때문에 우리는 슬퍼하지만 소망을 가지고 있으며, 안타까워하지만 확실한 위로를 경험합니다. 다시 만날 수 있다는 위로 말입니다.

저희 할머니는 75년 동안 원불교인으로 열심히 사셨는데, 니고데모처럼 확신이 없으셨습니다. 그러다 전도를 받으시고 예수님을 믿고는 21년 동안 예수님을 믿고 사시다 돌아가셨는데, 그 순간이 영광스러웠습니다. 할머니는 확신을 가지고 돌아가셨습니다. 할머니를 보내드리면서 마지막 예배는 손자인 제가 인도했습니다. 우리의 산 소망을 보여주기 위해서 말입니다.

죽음이라는 것은 우리를 두렵게 할 수밖에 없고 장례식이라는 것은 우리를 우울하게 할 수밖에 없습니다. 그러나 주님을 믿는 한 그 죽음 때문에 두려움에 사로잡힐 필요가 없고 애통하는 모습만 보일 필요가 없습니다. 산 소망이 있기 때문입니다. 이 모든 것은 주님이 부활하셨기 때문에 가능해졌습니다.

영원한 유업을 주신 은혜

셋째로, 우리에게는 영원한 유업이 주어졌습니다.

> 썩지 않고 더럽지 않고 쇠하지 아니하는 유업을 잇게 하시나니 곧 너희를 위하여 하늘에 간직하신 것이라 벧전 1:4

성경은 우리에게 이 세상은 지나간다고 가르칩니다. 우리가 원하든 원하지 않든, 알든 알지 못하든 이 세상은 언젠가는 끝납니다. 우리는 모두 언젠가 죽습니다. 이것이 사실입니다. 이 세상도 지나갑니다. 하나님께서 창조하신 세상이 죄로 빗나갔기 때문입니다. 하나님께서는 새 하늘과 새 땅을 주신다고 했습니다. 그때까지 피조물도 함께 탄식하며 고통을 겪고 있는 것입니다. 이 세상이 지나가야 병이 없고 아픔이 없고 빗나간 모습이 없는 새로운 세상이 지어집니다. 그래서 성경은 우리에게 세상에 집착하지 말라고 가르칩니다. 세상을 등한시하라고 말씀하신 적은 없습니다. 세상에서 할 일이 있고 사명이 있기 때문에 열심히 살라, 사명을 갖고 살라고 말씀하시지만 집착하지는 말라고 하십니다. 지나가는 것이기 때문입니다.

만일 우리가 고려시대에 살고 있는데 내일 조선시대로 바뀐다고 합시다. 그런데 나는 아직도 고려시대에 집착이 남아서 계속 거기에 투자하고 있다면 그처럼 어리석은 일이 어디 있겠습니까?

성경은 이렇게 권면합니다.

"세상은 지나간다. 여기서 열심히 살면서 주님을 섬기고 하나님의 빛이 되는 것은 중요하지만 집착하지는 말아라."

히브리서 11장에 나오는 믿음의 선진들의 공통점을 보면 하나같이 집착하지 않는 모습을 볼 수 있습니다. 모세의 경우, 궁전에서 태어나 부귀영화를 누릴 수 있었지만 거기에 집착하지 않고 하나님의 백성과 함께 능욕 받는 것을 마다하지 않았습니다. 더 나은 것을 보았기 때문입니다. 그들은 지나가지 않는 나라를 보았고, 그 나라에서 받을 유업을 보았습니다. 믿음의 사람들은 이렇게 사는 것입니다.

세상에 집착하지 마십시오. 우리가 죽어서 관에 들어갈 때는 적금 통장 못 가지고 갑니다. 관에 들어갈 때 입는 수의에는 주머니가 없습니다. 가지고 갈 것이 아무것도 없기 때문입니다. 지나가지 않는 것은 하늘에 간직한 것, 하나님나라입니다. 하나님께서 새롭게 만드실 새 하늘과 새 땅입니다. 그 나라를 준비하면서 살아야 합니다. 우리에게 주어진 짧은 인생을 살면서 영원한 생명을 준비해야 합니다.

그날의 상급을 바라보라

예수님을 믿고 거듭나면 구원을 받습니다. 하나님의 은혜로, 성령으로 구원 받습니다. 그러나 하나님나라에서 우리에게 주어지는 분깃과 상급은 다릅니다.

요한계시록 5장 10절에 보면 주님이 우리를 나라와 제사장으로 삼으셨다고 노래합니다. 여기서 '나라'는 주권, 통치권을 의미합니다. 또 '제사장'은 권한을 말합니다. 주님은 우리에게 이것을 주시며 새로운 나라에서 주님과 함께 다스리게 될 것이라고 말씀하십니다. 그런데 어느 자리에서 다스리게 될까요? 그것은 오늘 우리가 어떻게 사느냐에 따라 달라집니다. 우리가 주님을 어떻게 섬기고 어떻게 따르는가에 따라서 우리의 직책과 상급이 달라집니다.

그래서 세상에 집착하면 안 됩니다. 우리가 이 세상에 사는 이유는 그 나라를 준비하기 위함입니다. 먼저 그 나라와 의를 구하기 위함입니다. 그 나라에서 영원히 주어질 유업을 위하여 사는 것입니다.

성경은 지금 이에 대해 말하고 있습니다. 부활하신 예수님이 그곳에서 우리를 만나주실 것이고, 새로운 역사를 이루실 것입니다. 그렇기 때문에 주님은 그분 안에 있는 우리 모두에게 영원한 직분과 영원한 유업을 주십니다. 주님과 함께 새 하늘과 새 땅에서 다스릴 수 있는 권한과 사명을 주십니다. 저는 주님의 나라에서 그 영광을 누리고 싶습니다. 이건 우리 모두에게 주어진 영적인 유업입니다.

그래서 몸의 부활이 반드시 있어야 합니다. 부활하는 몸은 예수님의 부활하신 몸과 같이 영광스러운 몸입니다. 병이 없고 아픔이 없고 결핍이 없는 몸, 죄악에 시달리는 몸이 아니라 영광스러운 몸으로 부활하게 될 것입니다.

> 주께서 호령과 천사장의 소리와 하나님의 나팔 소리로 친히 하늘로부터 강림하시리니 그리스도 안에서 죽은 자들이 먼저 일어나고 그 후에 우리 살아남은 자들도 그들과 함께 구름 속으로 끌어 올려 공중에서 주를 영접하게 하시리니 그리하여 우리가 항상 주와 함께 있으리라 살전 4:16,17

하나님 우편에 계신 주님이 다시 오실 때에는 새 역사를 시작하실 것입니다. 그날이 되면 지금의 역사는 끝나게 됩니다. 주님이 다시 오시면 새 역사가 펼쳐집니다. 지금 주 안에 죽으면 우리 영혼이 천국에 가는 것이지만, 그때 예수님이 다시 오시게 되면 우리의 몸도 영광스러운 몸으로 부활하여 우리의 영과 만나게 될 것입니다.

그리고 믿는 자들 중에 주님이 오실 때까지 살아 있는 자들은 몸과 영이 완전히 변화되어 주님과 공중에서 만나게 됩니다. 그리고 영원히 주님과 함께 다스리며 살게 될 것입니다. 이것이 우리에게 주어진 영원한 유업입니다.

그러니 이 세상에 살면서 조금 덜 누린다고, 학위가 조금 모자란다고, 지위가 조금 보잘것없다고 아쉬워하지 마십시다. 이 모든 것은 다 지나갈 뿐입니다.

베이징에 가면 마오쩌둥의 영묘가 있습니다. 모스크바에는 레닌의 영묘가 있습니다. 사람들은 죽은 마오쩌둥과 레닌을 구경하기 위해서 끊임없이 몰려듭니다. 이처럼 죽은 자들을 추모하러 가는 곳이 세상입니다. 그러나 주님의 무덤은 비어 있습니다. 그분은 죽음의 자리에 남지 않으시고 말씀대로, 약속대로 다시 살아나셨습니다.

그분이 다시 사셨기 때문에 우리는 죽은 분을 따르는 것이 아니요 살아 계신 분을 따르는 것입니다. 죽은 자가 아니라 살아 계신 하나님을 섬기는 자들입니다.

그러니 우리가 주님 안에서 봉사하는 모든 것이 헛되지 않음을 분명히 알기를 바랍니다. 오늘도 내가 예수님을 믿고 확실히 그분을 나의 주로 믿고 따르면 부활하신 주님으로 말미암아 우리에게 거듭남과 산 소망, 영원한 하늘의 유업이 주어질 것입니다.

"나는 장사한 지 사흘 만에 죽은 자 가운데서
다시 살아나신 예수 그리스도를 믿습니다!"

I believe

나 는
믿 습 니 다

데오빌로여 내가 먼저 쓴 글에는 무릇 예수께서 행하시며 가르치시기를 시작하심부터 그가 택하신 사도들에게 성령으로 명하시고 승천하신 날까지의 일을 기록하였노라 그가 고난 받으신 후에 또한 그들에게 확실한 많은 증거로 친히 살아 계심을 나타내사 사십 일 동안 그들에게 보이시며 하나님나라의 일을 말씀하시니라 사도와 함께 모이사 그들에게 분부하여 이르시되 예루살렘을 떠나지 말고 내게서 들은 바 아버지께서 약속하신 것을 기다리라 요한은 물로 세례를 베풀었으나 너희는 몇 날이 못 되어 성령으로 세례를 받으리라 하셨느니라 그들이 모였을 때에 예수께 여쭈어 이르되 주께서 이스라엘 나라를 회복하심이 이때니이까 하니 이르시되 때와 시기는 아버지께서 자기의 권한에 두셨으니 너희가 알 바 아니요 오직 성령이 너희에게 임하시면 너희가 권능을 받고 예루살렘과 온 유대와 사마리아와 땅 끝까지 이르러 내 증인이 되리라 하시니라 이 말씀을 마치시고 그들이 보는데 올려져 가시니 구름이 그를 가리어 보이지 않게 하더라 올라가실 때에 제자들이 자세히 하늘을 쳐다보고 있는데 흰 옷 입은 두 사람이 그들 곁에 서서 이르되 갈릴리 사람들아 어찌하여 서서 하늘을 쳐다보느냐 너희 가운데서 하늘로 올려지신 이 예수는 하늘로 가심을 본 그대로 오시리라 하였느니라

사도행전 1장 1-11절

하늘에 오르신 예수 그리스도

chapter **10**

우리가 놓치고 있는 부분

부활하신 예수님은 40일 동안 제자들과 함께 계시다가 그들이 보는 앞에서 하늘로 올라가셨습니다. 우리는 그 예수님을 믿습니다. 그 예수님을 선포합니다. 그런데 지금까지 저는 승천하신 예수님에 대해서 그리 깊게 생각해보지 않았습니다.

우리 달력에 보면 예수님이 탄생하신 크리스마스와 부활절이 확실하게 표시되어 있습니다. 하지만 예수님이 승천하신 날은 찾아볼 수가 없습니다. 찬송가에도 예수님의 강림, 탄생, 십자가, 부활, 재림에 대한 내용은 있지만 승천에 대한 내용은 없습니다. 그만큼 예수님의 승천에 대해서 깊이 생각하지 않는다는 말입니다.

그런데 우리의 신앙고백, 예수님에 대한 가장 중요한 사실들을 담고 있는 사도신경에서는 예수님의 승천을 굉장히 중요하게 다루고 있습니다. 그래서 이 부분에 대해 생각해보고자 합니다.

사도행전은 초대교회의 역사를 담고 있는 신약성경의 한 책입니다. 사도 바울과 같은 전도 팀에 있던 누가는 의사이자 역사가였습니다. 그가 초대교회에서 일어나는 사건들을 예리한 눈으로 보면서 '하나님께서 약속하신 초대교회의 역사가 이렇게 진행되는 것이구나'라는 관점을 가지고 기록한 것이 바로 사도행전입니다. 여기에는 팔레스타인에서 시작된 예수 믿는 사람들의 신앙이 불과 30년 만에 절대적인 로마제국의 심장에까지 파고들어가 교회를 세우는 엄청난 사건이 기록되어 있습니다.

이러한 사도행전이 예수님의 승천으로부터 시작하고 있습니다. 즉 하나님의 교회, 초대교회의 역사가 예수님의 승천하심을 토대로 시작된 것임을 알려주고 있습니다. 그런 의미에서 예수님의 승천하심, 부활하신 후에 40일 동안 지상에 남으셔서 자신을 제자들에게 보이시며 준비시키신 후에 하늘로 오르셨다는 것은 우리에게 중요한 의미가 있음을 깨달아야 합니다.

우리 믿음의 중심 기둥처럼 우뚝 서 있는 신앙고백 중 하나가 '예수 그리스도는 하늘에 오르신 분'입니다. 이것을 믿는 우리는 그 의미를 바로 알아야 합니다.

아버지께서 높이신 그리스도

첫 번째로, 아버지께서 그분을 높이셨음을 의미합니다. 예수님의 승천 사건은 비밀리에 일어난 사건이 아닙니다. 대낮에, 제자들의 눈앞에서 일어난 사건입니다. 고린도전서 15장에 보면 예수님이 부활하시고 40일 동안 이 땅에 계실 때 그분을 믿게 된 사람이 500여 명이 된다고 했습니다. 그러니 예수님의 승천을 목격한 사람은 500여 명, 또는 최소한 120명은 될 것입니다. 왜냐하면 주님이 승천하시면서 남기신 말씀을 좇아 마가 다락방에서 기도하며 약속하신 성령을 기다린 제자의 수가 120명이었기 때문입니다.

예수님은 이 세상에 낮은 자로 오셨습니다. 근본 하나님의 본체이신 그분이 하나님과 동등됨을 취하지 않으시고 자기를 비워 종의 형체를 가져 사람의 모양을 입고 복종하는 자리, 죽음의 자리까지 내려오셨습니다. 그러나 이제 아버지께로 돌아가실 때가 이르자, 하나님께서는 그분을 높이 들어주셨습니다.

> 사람의 모양으로 나타나사 자기를 낮추시고 죽기까지 복종하셨으니 곧 십자가에 죽으심이라 이러므로 하나님이 그를 지극히 높여 모든 이름 위에 뛰어난 이름을 주사 빌 2:8,9

예수님이 사람의 모양으로 자기를 낮추시고 죽기까지 복종하심으로 아버지께서 계획하신 구속사역을 이루셨기에 하나님이 그분을 지극히 높여 모든 이름 위에 뛰어난 이름을 주셨다는 것입니다. 그리고 지금은 천국의 중심이 되는 하늘 보좌에 하나님이 계시고 그 우편에 예수님이 계십니다. 그 예수님을 향해 드려지는 찬양이 있습니다.

> 내가 또 보고 들으매 보좌와 생물들과 장로들을 둘러 선 많은 천사의 음성이 있으니 그 수가 만만이요 천천이라 큰 음성으로 이르되 죽임을 당하신 어린양은 능력과 부와 지혜와 힘과 존귀와 영광과 찬송을 받으시기에 합당하도다 하더라 계 5:11,12

천국에 있는 천군 천사들이 이미 구원 받아 천국에 간 성도들과 함께 목소리와 마음을 합해 그분께 찬양과 영광을 돌리고 있습니다. 그런데 이처럼 찬양을 받으시는 예수님의 모습이 '죽임 당하신 어린양'이라고 말합니다. 무슨 의미입니까? 예수님은 인간의 몸을 입고 오셨기 때문에 십자가에서 죽으셨습니다. 맞으면 아프고, 찌르면 죽는 몸을 입고 계셨기 때문입니다. 그리고 사흘 만에 부활하셨을 때도 몸을 갖고 부활하십니다. 다만 이번에는 썩어지는 몸, 부패하는 몸, 쇠하는 몸이 아니라 영광스러운 몸이었습니다. 그러나 그분의 몸에는 상처가 그대로 남아 있었습니다. 그래서 도마에게 "내 손의 못 자국을 보고 내 옆구리의 창 자국을 보라"(요 20:27 참조)고 하셨습니다. 예수님은 그 몸을 가지고 승천하셨습니다. 그리고 그 몸 그대로, 그 모습 그대로 다시 오겠다고 말씀하셨습니다.

지금 천국에 계신 예수님은 영원한 하나님이신 동시에 영원한 인간으로 계십니다. 그렇기 때문에 그분의 상처가 아직도 보이는 것입니다. 이런 이유로 천군 천사들이 그분을 '죽임 당하신 어린양'이라고 부릅니다. 하나님은 그 예수님을 높이셨습니다. 세상의 임금들과 권세자들은 자신의 능력과 권세를 가지고 이 세상을 다스리려 하고 사람들에게 칭송을 받으려 하지만 예수님은 그러지 않으셨습니다. 가장 낮아지심으로, 죽기까지 아버지의 뜻에 복종하셨습니다. 그로 인해 하나님께서는 예수님을 높이 올려주셨고, 우리는 천군 천사들과 함께 그 예수님을 향해 영원한 찬양을 돌려야 합니다. 이것이 우리 삶의 가장 큰 목적이요 기쁨이 되는 줄로 믿습니다.

성령의 새 시대가 열리다

두 번째로, 예수님이 높이 들리심을 받은 것이 지상에 남아 있는 우리에게는 어떤 의미가 될까요? 우리에게는 성령의 새 시대가 열리게 되었습니다. 요한복음에 보면 예수님이 제자들에게 계속 하시는 말씀이 있습니다.

"얘들아, 내가 너희를 떠나는 것이 너희에게 복이다."

제자들이 깜짝 놀랍니다.

"예수님, 우리를 떠나신다고요? 그런 말씀하지 마세요. 우리는 죽어도 주님을 안 떠나겠습니다."

그러자 예수님이 말씀하십니다.

"아니, 너희가 몰라서 그래. 내가 떠나야 아버지께서 약속하신 보혜사를 너희에게 보내실 것이다. 성령이 오시면 너희는 나보다 더 큰 일을 하게 될 거야."

예수님은 부활하신 몸으로 제자들과 영원히 함께하신 것이 아니라 아버지께로 가셨습니다. 지금은 제자들이 같이 갈 수 없는 하늘로 오르십니다. 대신 성령께서 우리에게 오심으로 예수 그리스도의 지상 사역 시대가 지나가고 성령 시대가 열리게 되었습니다.

> 예루살렘을 떠나지 말고 내게서 들은 바 아버지께서 약속하신 것을 기다리라 요한은 물로 세례를 베풀었으나 너희는 몇 날이 못 되어 성령으로 세례를 받으리라 하셨느니라 행 1:4,5

세례는 물로 덮는 것입니다. 성령으로 세례를 주신다는 것은 성령의 압도하심을 말합니다. 그러나 제자들은 성령으로 세례를 받는다는 의미를 알아채지 못하고, 다시 예수님께 질문합니다.

"예수님, 이스라엘을 회복하시는 때가 지금입니까?"

조금 전에 예수님이 세례를 받으라고 하셨지만, 제자들의 마음은 다른 데 가 있었습니다.

예수님이 십자가에서 돌아가시기 전까지는 예수님을 메시아로 믿는 사람도 있고 안 믿는 사람들도 있었습니다. 그러나 주님이 다시 살아나신 모습을 본 많은 제자들이 예수님을 믿게 되었습니다. 그러자 제자들은 만일 주님이 다시 살아나신 모습을 이스라엘 전체에게 보이시면 그들이 예수님을 따르게 될 것이며, 주님을 왕으로 삼고자 할 것이고, 이스라엘의 영광이 예수님으로 말미암아 회복될 것이라고 생각한 것입니다. 죽음의 권세를 이기신 예수님은 로마 정권도 물리치실 수 있다고 생각한 것입니다. 그래서 제자들은 질문합니다.

"로마 정권을 물리치시고 이스라엘의 회복을 허락해주세요. 지금

이 그때가 아닙니까?"

이에 예수님이 다시 대답하십니다.

"성령이 너희에게 임하시면 너희가 권능을 받을 것이고, 예루살렘에서부터 땅 끝까지 이르러 내 증인이 될 것이다."

전혀 예상하지 못했던 말씀입니다. 예수님은 여기서 계속 강조하십니다.

"지금까지는 너희들이 이스라엘 중심 시대를 살고 있어서 그렇게 생각하는 것이다. 지금까지는 하나님의 언약과 하나님의 구속 사역이 한 나라를 중심으로 이루어졌지만 이제는 새 시대가 임할 것이다. 한 나라에 제한되는 하나님의 언약이 아니라 예루살렘에서부터 땅 끝까지, 세계적으로 펼쳐지는 하나님의 시대가 이를 것이다."

예수님이 이 세상에 오셔서 사역하셨을 때는 인간의 몸을 입고 오셨기 때문에 인간의 제한이 그분에게도 그대로 적용되었습니다. 예루살렘에 계시면서 동시에 갈릴리에 가 있으실 수가 없었습니다. 이스라엘이라는 나라 안에서 제한된 사역을 하셨습니다.

그런데 예수님이 부활하셨음에도 제자들은 그 시절에 남아 있었습니다. 그래서 이스라엘이 회복되어야 하나님의 뜻이 이루어지는 것이라고 생각했습니다. 예수님은 그런 제자들에게 이제 성령님이 역사하시는 새 시대가 열릴 것이라고 말씀하십니다. 하나님의 영으로 오시는 성령님은 모든 것, 모든 시간에 역사하실 것이라고 말씀하십니다.

그렇지 않고는 오늘날의 기독교를 설명할 수 없습니다. 당시 예수님의 제자들은 다들 평범한 사람들이었습니다. 아무런 배경도 없는 사람들이었습니다. 당시 팔레스타인은 시골이었습니다. 그런데 그 시골에서 고작 500여 명이 믿고 있던 신앙이 30년 만에 로마의 심장부까지 찌르며 들어갈 것이라고 어느 누가 상상했겠습니까? 이게 인간의 힘으로 된 것일까요?

인간적인 눈으로 본다면, 제자들은 결정적인 순간에 예수님을 버리고 다 떠난 사람들이었습니다. 덤벙거리고 모순투성이의 사람들이었습니다. 그 사람들이 30년 만에 예수님의 말씀대로 예루살렘에서부터 땅 끝까지 하나님의 나라를 확장시킵니다. 성령의 역사로 보지 않으면 이해할 수 없는 일입니다.

누가는 예리한 역사가의 시각으로 이것이 성령님의 역사였다고 기록합니다. 그리고 그렇게 시작된 초대교회의 역사가 오늘날까지 계속 이어지고 있는 것입니다.

오늘을 살고 있는 우리는 예수님을 만나기 위해 비싼 돈을 주고 이스라엘까지 갈 필요가 없습니다. 한국에서도 예수님을 만날 수 있습니다. 한국에서 하나님의 영으로 역사하시는 예수님의 능력과 복음은 동시간대의 아프리카에서도, 시베리아에서도, 남미에서도 하나님의 역사를 이루고 있습니다.

우리는 지금 성령의 시대에 살고 있습니다. 예수님이 승천하심으로 그분이 직접 사역하시던 시대가 지나고 성령의 시대가 열렸습니다. 그래서 사도행전이 예수님의 승천으로 시작하는 겁니다.

교회를 통해 역사하시는 하나님

세 번째로, 성령의 시대라는 것은 오늘날 교회를 통해 역사하신다는 뜻입니다. 즉 교회의 시대가 열렸음을 분명히 말씀하시는 겁니다. 예수님이 승천하심으로 말미암아 성령의 시대가 열리며, 성령의 시대가 열리면서 교회의 시대가 열렸고, 이제 교회를 통해 역사하신다고 말씀해주시는 것입니다.

예수님은 하늘로 떠나셨습니다. 더 이상 예수님을 볼 수 있는 길이 없어졌습니다. 예수님이 떠나신 이후에 오신 성령님도 영의 세계에서 역사하시는 분이시기에 인간의 눈으로는 볼 수가 없습니다. 세상은 예수님을 볼 수 없고, 대신 오셨다는 성령님도 볼 수 없습니다. 그런데 어떻게 사람들이 그 예수님을 알고 믿을 수 있을까요? 세상이 볼 수 있는 실제적이고 물리적인 하나님의 증거는 어디에서 나타나는 것일까요? 바로 교회입니다. 그래서 사도행전은 사실 교회행전이라고 말할 수 있습니다.

사도행전 2장을 보면 오순절 날 성령을 받은 제자들이 복음을 전하기 시작하자 사람들이 마음을 찢으며 회개하는 모습이 나옵니다. 하루에 5천 명이 예수님을 믿게 되는 엄청난 역사가 일어납니다. 그런데 믿음을 갖게 된 그들이 그냥 집으로 돌아간 게 아니라 공동체로 모입니다.

그렇게 모여서 사도들의 가르침을 받고, 함께 떡을 떼며 예수님의 죽으심을 기념하고, 세상이 모르는 노래로 하나님을 찬양하고, 세상이 모르는 언어로 사랑하며 주님의 복음을 선포하는 놀라운 공동체를 이룹니다.

그러자 세상 사람들이 그 공동체를 칭찬하기 시작합니다. 공동체를 자세히 주목하면서 그들에게서 다른 것들을 보기 시작합니다.

'저들에게는 우리가 모르는 평강이 있다. 저들에게는 우리가 모르는 사랑이 있다. 전염병이 돌면 우리는 아무리 가족이라도 그들을 내쫓을 수밖에 없는데, 저 사람들은 전염병 걸린 자들을 그들의 모임 안으로 데려가 돌봐준다. 이건 세상이 알 수 없는 사랑이다. 저들은 과연 누구인가?'

예수님의 시대가 지나가자 성령님의 시대가 열렸고, 보이지 않는 성령님이 예수님의 몸 된 교회를 통해 보이는 것입니다. 사도행전을 계속 읽어나가면 예루살렘에서 시작된 공동체가 교회를 이루고, 하나님의 놀라운 일들을 일으키고, 선한 사역을 하는 것을 보게 됩니다. 그리고 그 후에 하나님께서 핍박의 바람을 허락하시는 모습을 보게 됩니다.

예루살렘에서 놀라운 부흥과 엄청난 일들이 일어나자 사람들이 거기에 안주하기 시작했습니다. 그러자 하나님은 핍박의 바람을 보내서서 그들을 강제로 흩으십니다. 그들은 흩어지면서도 가는 곳마다 복음을 전합니다.

사마리아에 가서 복음을 전하니까 사마리아에서 예수님을 믿는 사람들이 모여들고, 그들이 공동체를 이루어 교회가 됩니다. 또 다른 지방에 가서 예수님을 전하니까 거기서도 사람들이 모여 공동체를 이루었습니다. 나중에는 국경선을 넘어 오늘날의 레바논, 수리아, 요르단, 소아시아, 터키, 유럽까지 믿는 사람들이 생겨났습니다. 그들이 모이기 시작했습니다.

사도행전을 잘 보면 사도들이 전도했던 곳을 다시 방문하는 모습을 볼 수 있습니다. 왜 그랬을까요? 교회를 세우기 위해서였습니다. 그들은 그곳에서 장로들을 세우며, 주님의 몸 된 교회가 바로 서도록 가르쳤습니다. 갈 수 없을 때는 편지를 써서 보냈습니다. 빌립보의 교인들에게, 고린도에 있는 교인들에게, 갈라디아에 있는 교인들에게 편지를 썼는데, 이것이 후에는 다 성경이 됩니다. 빌립보서, 갈라디아서, 고린도전후서 등 이 성경들이 모두 교회들에게 보냈던 편지였습니다. 사도행전의 역사는 교회행전의 역사입니다.

교회는 건물이 아니라 사람입니다. 조직이 아니라 사람입니다. 바로 우리입니다. 우리는 주님의 몸 된 교회가 되었습니다. 그렇게 예수님의 지체로, 하나님의 공동체로 선 교회가 성령의 힘을 받아서 예수님이 하시던 일을 대신 하는 것입니다. 보이지 않는 하나님을 대신해 세상에 보이는 교회가 되는 것입니다.

우리는 연약하지만, 우리는 덤벙거리고 모순투성이지만 성령님의 능력으로, 성령님이 허락하시는 변화된 모습으로 주님의 교회로써 주님의 일을 하는 것입니다.

예수님이 이 땅에서 하신 일이 무엇입니까? 하나님의 말씀을 선포하셨습니다. 이제는 우리가 말씀을 선포합니다. 그 말씀을 듣고 사람들이 치유를 받습니다. 예수님을 믿고 구원을 얻게 됩니다.

예수님이 또 어떤 일들을 하셨습니까? 사람들을 고치시고 어려운 자들을 도와주셨습니다. 이제는 교회가 빛이 되어서 어려운 곳에 가서 돕고 그들을 주님의 이름으로 사랑해야 합니다.

또한 예수님은 가시는 곳마다 변화를 일으키셨습니다. 가정의 변화, 사회의 변화를 일으키셨습니다. 이제는 주님의 몸 된 교회가 일어나 주님이 원하시는 변화를 일으켜야 합니다. 예수님의 일을 대신해야 합니다. 성령님의 능력으로 말입니다.

이런 의미로 볼 때 세상의 진정한 소망은 교회입니다. 저는 교회가 교회 될 때 세상의 진정한 소망이 되리라 믿습니다.

얼마 전에 아내와 함께 탄천 길을 걸으며 산책을 했습니다. 그렇게 걷다가 한 교회를 보았는데, 그 교회에 큰 글씨가 걸려 있었습니다.

'교회는 세상의 소망입니다.'

그걸 보는 제 마음이 뛰기 시작했습니다. 제가 좋아하는 목사님이 시무하시는 교회였는데, 그 글귀가 너무나 마음에 와 닿았습니다. 그렇습니다. 세상의 소망은 교회입니다.

거룩한 불만족을 품으라

아마도 제자들은 예수님이 승천하시는 모습을 넋을 놓고 바라보고 있었을 것입니다. 그때 두 천사가 제자들을 향해 말했습니다.

> 어찌하여 서서 하늘을 쳐다보느냐 너희 가운데서 하늘로 올려지신 이 예수는 하늘로 가심을 본 그대로 오시리라 행 1:11

예수님은 가신 모습 그대로 오실 것이니 여기서 넋을 놓고 있지 말고 할 일을 해야 한다는 것입니다. 승천하신 예수님의 몸이 되어, 주님의 몸 된 교회가 되어 해야 할 일이 있다는 것입니다.

제자들은 천사들의 말을 듣고 정신을 차렸습니다. 그리고 마가의 다락방에 모여 아버지께서 약속하신 성령을 간절히 기다렸습니다. 그렇게 성령을 받고 주님의 교회가 되어 일하는 모습, 이것이 사도행전 전체의 내용입니다.

성령의 새 시대가 이렇게 시작되었습니다. 성령으로 말미암아 탄생한 하나님의 교회가 이렇게 시작되었습니다. 예수님이 승천하신 일이 이렇게 중요한 것이기에, 우리는 이것을 믿는다고 고백하는 것입니다.

나를 위하여 십자가에 달려 죽으시고, 죽으신 지 사흘 만에 부활하시고, 산 자와 죽은 자를 심판하러 다시 오실 예수님, 그리고 그때까지는 하늘에 오르사 하나님 우편에서 가장 높은 이름으로 찬양받으실 주님, 그분이 이제 성령으로 역사하시는 우리 주님이심을 고백하는 것입니다.

주님이 다시 오실 때까지 우리에게는 사명이 있습니다. 교회가 사람이라면, 우리가 교회라면 우리에게는 거룩한 불만족이 있어야 합니다. 그냥 존재하는 것으로 만족해서는 안 됩니다. 교회 다니는 것으로 끝나서는 안 됩니다. 스스로에게 질문해야 합니다.

"주님의 교회로서 우리는 무엇을 해야 하는가?"

교회는 주님의 몸입니다. 이곳에서 양육과 훈련을 받고 성령을 받아 하나님의 군대로 일어나 그분의 선한 사역을 감당하며 세상에 변혁과 하나님의 구원을 일으키는 것이 교회입니다.

이제 한 장만 넘어가면 놀라운 사도행전이 시작되는 요한복음의 마지막 부분에서, 제자들은 예수님의 부활을 목격하고도 여전히 고기를 낚고 있었습니다. 비전이 없었기 때문입니다. 교회가 무엇인지 몰랐기 때문입니다.

주님의 교회는 예수 믿고 구원 받았으니 이제는 낚시나 하면서 남아 있으라는 게 아닙니다. 우리가 교회라면 이렇게 살면 안 된다는 거룩한 불만족이 있어야 합니다.

진정으로 성령의 충만함을 얻고 변화를 받아야 합니다. 능력을 받아야 합니다. 말씀으로 훈련 받아야 합니다. 양육 받아야 합니다. 주님의 몸 된 교회, 세상에서 부름 받은 하나님의 거룩한 교회로 세워져야 합니다. 그렇게 사람들을 세워 세상으로 보내는 곳이 교회입니다.

"하늘에 오르사."

사도신경에 나오는 이 구절을 신학적으로 정리하면서 교회를 다시 보게 되었습니다. 주님의 교회를 어떻게 섬겨야 되는지 다시 깨닫게 되었습니다. 주님의 교회를 어떻게 일으켜야 되는지 다시 보게 되었습니다.

교회가 진정 하나님이 이 세상에 허락하신 소망이라면, 이 땅의 소망이라면, 한반도의 소망이라면 우리 모두 거룩한 불만족을 품어야 하지 않겠습니까? 성령의 충만하심이 이루어질 때까지 주님 앞에 나아와 말씀으로 양육 받고 기도하며 성령을 사모합시다. 그러므로 주님이 다시 오실 그날까지 우리에게 맡겨진 사명을 잘 감당할 수 있기를 바랍니다.

"나는 하늘에 오르신 예수님을 믿습니다!"

I believe
나 는
믿 습 니 다

그런즉 이 일에 대하여 우리가 무슨 말 하리요 만일 하나님이 우리를 위하시면 누가 우리를 대적하리요 자기 아들을 아끼지 아니하시고 우리 모든 사람을 위하여 내주신 이가 어찌 그 아들과 함께 모든 것을 우리에게 주시지 아니하겠느냐 누가 능히 하나님께서 택하신 자들을 고발하리요 의롭다 하신 이는 하나님이시니 누가 정죄하리요 죽으실 뿐 아니라 다시 살아나신 이는 그리스도 예수시니 그는 하나님 우편에 계신 자요 우리를 위하여 간구하시는 자시니라

로마서 8장 31-34절

하나님 우편에 앉아 계신 예수 그리스도

chapter 11

예수님은 오늘 어디에 계시는가

우리가 그리스도의 백성, 하나님의 자녀로서 온전한 사람이 되어 그리스도의 분량이 충만한 데까지 이르기 위해서는 하나님의 아들을 믿고 알아야 합니다(엡 4:13 참조). 이단들이 정통적이고 성경적인 가르침과 가장 많은 차이를 보이는 것도 기독론입니다. 그렇기에 우리는 예수님을 믿는다는 것이 무엇인지 제대로 알아야 합니다.

기독교는 어느 날 갑자기 생겨난 것이 아니라 2천 년의 역사를 통해 증명되고 계속 자라고 있는 믿음입니다. 또한 무엇보다도 성경에 근거된 믿음이라는 것을 분명히 알아야 합니다. 그러기 위해서 지금 우리는 사도신경에 담긴 예수님에 대한 내용들을 살펴보고 있습니다.

그런데 지금까지의 내용은 모두 과거의 일들입니다. 하나님의 독자이신 우리 주 예수 그리스도께서 성령으로 잉태되셔서 동정녀 마리아에게서 태어나시고, 본디오 빌라도에게 고난을 받으사 십자가에 못 박혀 죽으시고, 장사한 지 사흘 만에 죽은 자 가운데서 다시 살아나시고 하늘에 오르신 이 모든 사건은 2천 년 전에 일어난 사건입니다. 그리고 언젠가 때가 되면 예수님이 산 자와 죽은 자를 심판하러 오신다는 것은 미래에 일어날 일입니다.

그렇다면, 현재 예수님은 어디에서 어떤 모습으로 무엇을 하고 계실까요? 어떻게 보면 이것은 아주 현실적인 질문, 바로 지금 나와 연결되어 있는 질문일 수 있습니다. 로마서 말씀을 봅시다.

> 죽으실 뿐 아니라 다시 살아나신 이는 그리스도 예수시니 그는 하나님 우편에 계신 자요 우리를 위하여 간구하시는 자시니라 롬 8:34

예수님은 지금 하나님 우편에서 우리를 위해 간구하고 계십니다. 하나님 우편은 영광의 자리입니다. 명예의 자리입니다. 권위의 자리입니다. 통치의 자리입니다. 예수님이 지금 그 자리에 계십니다. 그래서 성경을 보면 그 자리에 계신 예수님을 향해 천군 천사와 만물들, 미리 구원 받고 천국에 올라간 모든 성도들이 끊임없이 찬양과 경배를 드리고 있다고 말합니다.

> 내가 또 들으니 하늘 위에와 땅 위에와 땅 아래와 바다 위에와 또 그 가운데 모든 피조물이 이르되 보좌에 앉으신 이와 어린양에게 찬송과 존귀와 영광과 권능을 세세토록 돌릴지어다 하니 계 5:13

그런데 예수님은 지금 그 자리에 어떤 모습으로 계실까요? 십자가 사역을 완성하시고 하늘로 올라가셨으니 지금 그 자리에서 안식하고 계시는 걸까요? 아니면 수동적으로 예배와 경배와 찬양을 받고만 계신 걸까요?

이에 대해 성경은 "거기서 우리를 위하여 간구하신다"라고 말합니다. 우리를 위하여 중보하고 계신다는 것입니다.

> 그러므로 자기를 힘입어 하나님께 나아가는 자들을 온전히 구원하실 수 있으니 이는 그가 항상 살아 계셔서 그들을 위하여 간구하심이라 히 7:25

중보기도를 하시는 분들은 아시겠지만, 중보기도처럼 힘든 일이 없습니다. 중보기도를 몇 시간 하고 나면 진이 완전히 빠집니다. 영적인 전쟁이기 때문입니다. 그런데 예수님께서 지금 하나님 우편에서 우리를 위하여 간구하고 계십니다. 쉬고 계신 게 아닙니다. 수동적으로 앉아 계시는 게 아닙니다. 거기서 가장 열렬하게 우리를 위하여 싸워주시고 간구해주고 계십니다.

온전한 구원은 사람의 힘으로 이룰 수 있는 것이 아닙니다. 우리가 도를 닦는다고 생각해보십시오. 대체 얼마나 도를 닦아야 구원을 받을 수 있을까요? 예수님을 통해 주어지는 은혜 없이 우리의 선행으로, 종교적인 열심으로 구원을 받는다면 어느 정도 열심을 보여야 구원에 이를 수 있을까요? 어느 정도 헌금을 해야 할까요? 어느 정도 전도해야 우리의 구원이 완성되는 것일까요?

우리가 아무리 노력한다고 해도 하나님의 기준에는 다다를 수가 없습니다. 불가능합니다. 그런데 성경은 분명히 말합니다. 우리는 힘이 부족하고, 신앙생활 하다가 쓰러지고 실족하고 자포자기할 때도 많지만, 우리를 위하여 항상 기도하시는 주님이 계시기에 우리가 일어날 수 있다고 말입니다. 하나님 우편에서 우리를 응원하시고, 우리를 위하여 중보하시며, 쓰러지면 다시 일으켜주시고, 빗나가면 다시 붙잡아주시고, 지켜주시는 예수 그리스도의 사역이 있기에 그분을 힘입어 하나님께로 나아가는 자들을 온전히 구원하신다고 말입니다. 온전한 구원은 이렇게 가능해집니다.

그렇다면 우리는 예수님의 중보 사역에 대해 확실히 알아야 합니다. 여기에 대한 확신이 있어야 합니다. 저는 조영엽 박사님이 예수님의 중보 사역에 대해 여섯 가지로 설명해주신 글에 많은 도움을 받았습니다. 그래서 이를 중심으로 나눠보고자 합니다.

효력 있는 중보기도

예수님은 지금 하나님 우편에 계십니다. 예수님이 어떤 분입니까? 만세 전부터 하나님과 함께 계시며 사랑의 교제를 나누셨던 분이며, 때가 차매 인간의 모습으로 세상에 보내심을 받으셨던 분입니다. 예수님은 하나님의 본체이셨으나 인간의 몸을 입고 십자가에 달려 죽기까지 아버지의 뜻에 온전히 순종하셨습니다. 그렇게 하나님은 그분의 마음에 큰 기쁨과 영광을 드렸던 아들을 높이 들어 모든 이름 위에 뛰어난 이름을 주시고, 하나님 우편에 앉혀주셨습니다. 하나님의 마음이 그분에게 있습니다. 하나님께서는 그분을 향해 귀를 열고 계십니다.

아버지는 아들을 사랑하셨지만 이렇게 하나님의 뜻에 온전히 복종하신 아들을 보면서 더 사랑하는 것이 가능하다면 더 사랑하시겠고, 더 기뻐하는 것이 가능하다면 더 기뻐하셨을 것입니다. 그러한 아들이 하나님 옆에서 우리를 위하여 간구하고 계시는데, 아버지의 마음이 그분을 향해 가지 않을 수가 있겠습니까?

예수님은 하나님의 뜻을 완전히 이루신 하나님의 어린양으로, 그분의 간구는 아버지의 마음을 움직일 수 있는 효력을 가지고 있는 줄로 믿습니다. 야고보 사도는 이렇게 말합니다.

> 의인의 간구는 역사하는 힘이 큼이니라 약 5:16

많은 사람들이 기도를 하겠지만 하나님의 마음을 움직이는 능력은 의인에게 있다는 것입니다. 하나님 앞에서, 하나님의 얼굴을 찾으며 살고자 하는 자들에게 하나님의 마음이 가는 것입니다. 그런데 가장 완벽하시고 온전하신 의인이 바로 예수님이십니다. 아버지의 뜻에 온전히 순종하시고 아버지의 성품을 가지고 이 세상에 사시면서 아버지의 구속 계획을 온전히 이루신 예수 그리스도, 그분의 기도가 아버지의 마음을 움직이는 기도입니다.

지속적인 중보기도

효력이 있는 기도라고 해서 단번에 이루어지는 것은 아닙니다. 지속적으로 드려져야만 합니다. 왜냐하면 기도는 관계이기 때문입니다. 기도를 프로젝트로 생각하는 사람들이 많습니다. 하지만 성경은 기도를 관계라고 말합니다. 그래서 우리에게 "쉬지 말고 기도하라"(살전 5:17)라고 말씀하신 것입니다.

그런데 아버지와 함께 온전한 관계를 이루시면서, 가슴과 가슴이 하나가 되어서 지속적으로 기도를 드릴 수 있는 분이 누구실까요?

간혹 성도들 중에 저를 위해 매일 기도해주신다는 분들이 있습니다. 너무나 감사한 일입니다. 어떤 분들은 제가 전도사로 사역할 때부터 하루도 빼놓지 않고 기도해주십니다. 어떻게 그렇게 해주실 수 있는지, 그런 이야기를 들을 때마다 너무나 감격스럽고 감사합니다. 힘이 됩니다.

또 저희 어머니와 아내가 매일 저를 위해 기도해주고 있습니다. 하지만 그 누구도 저를 위해 '쉬지 않고' 기도해주지는 못합니다. 자녀들을 위해서도 기도해야 하고, 자기 생활도 해야 합니다. 사실 그것은 인간으로는 불가능한 일입니다.

그런데 쉬지 않고 매순간 중단됨 없이 저를 위해 기도해주시는 분이 계십니다. 그분은 살아 계신 우리 주 예수 그리스도이십니다. 이것은 우리에게 큰 소망이 됩니다. 주님이 숨 쉬듯 우리의 이름을 부르며 기도해주신다니, 이것보다 더 큰 복이 어디 있겠습니까?

적극적인 중보기도

누가복음에 보면 예수님이 이 땅에서 마지막으로 기도하신 모습이 나옵니다.

> 예수께서 힘쓰고 애써 더욱 간절히 기도하시니 땀이 땅에 떨어지는 핏방울같이 되더라 눅 22:44

혈관이 터지도록 기도하셨다는 것입니다. 그렇다면 지금 천국에서 주님이 우리를 위해 어떻게 기도하실지 상상해볼 수 있습니다. 겟세마네 동산에서 전심을 다해 기도하셨던 주님이 우리를 위해 지금도 그렇게 기도하신다는 말씀입니다. 이렇게 기도하시는 주님으로 말미암아 우리가 오늘 그분의 도우심을 받습니다.

> 믿음의 주요 또 온전하게 하시는 이인 예수를 바라보자 그는 그 앞에 있는 기쁨을 위하여 십자가를 참으사 부끄러움을 개의치 아니하시더니 하나님 보좌 우편에 앉으셨느니라 히 12:2

히브리서 12장은 성도들의 신앙이 경주하는 것과 같다는 비유의 말씀입니다. 그런데 경주를 하다 보면 힘들어서 쓰러지는 경우가 있습니다. 도저히 끝까지 갈 수 없다고 낙심하고는 주저앉아버릴 수 있습니다. 숨이 차서 더 이상 갈 수 없다고 포기하면서 곁길로 나갈 수 있습니다. 그러한 성도들을 향해 주님은 우리가 경주할 때 반드시 바라보아야 할 곳이 있음을 말씀하십니다. 바로 하나님 보좌 우편에 앉으신 예수님입니다.

히브리서 기자는 그분을 '믿음의 주'로 표현하고 있습니다. 즉 그분은 믿음의 핵심, 믿음의 중심이 되시면서 우리를 온전하게 하시는 분, 우리가 끝까지 포기하지 않고 달릴 수 있도록 중보하시는 분입니다. 곁길로 갔을지라도 다시 중심으로 돌아올 수 있도록, 실족했을지라도 벌떡 일어나 다시 달릴 수 있도록 우리를 위해 중보하시는 분입니다.

대체 그분은 어떤 분이시기에 포기하는 것이 당연하고, 주저앉는 것이 당연하고, 곁길로 가는 것이 당연해 보이는 힘거운 상황에서도 우리를 온전하게 하시는 걸까요?

그분은 하나님 보좌 우편에 앉아 계신 분입니다. 거기서 우리를 위해 적극적으로 기도하고 계신 분입니다. 그러므로 우리가 눈을 들어 보좌 우편에 앉아 계신 예수님을 바라볼 때 그분으로 말미암아 우리의 믿음이 온전케 되는 줄로 믿습니다.

그러니 믿음의 경주를 하다가 낙심되어서 쓰러질 때, 너무나 낙담되어서 자포자기하게 될 때 보좌 우편에 앉아 계신 주님을 바라보십시오.

우리를 위해 적극적으로 기도하시는 주님을 바라보십시오. 그리고 주님의 이름으로 벌떡 일어나길 바랍니다.

권위 있는 중보기도

예수님이 하나님 우편에서 기도를 하신다는 말을 잘 생각해보십시오. 하나님의 우편은 권위가 있는 곳입니다. 그곳에서 우리를 위해 기도하신다는 것은 권위가 있는 기도를 하신다는 말씀이 아닐까요? 하늘과 땅, 만물을 움직이시며 역사를 주관하시는 그분의 권위를 가지고 우리를 위해 간구하신다는 것입니다.

예수님이 승천하시기 전에 제자들에게 주신 마지막 명령이 있습니다.

> 예수께서 나아와 말씀하여 이르시되 하늘과 땅의 모든 권세를 내게 주셨으니 그러므로 너희는 가서 모든 민족을 제자로 삼아 아버지와 아들과 성령의 이름으로 세례를 베풀고 내가 너희에게 분부한 모든 것을 가르쳐 지키게 하라 볼지어다 내가 세상 끝날까지 너희와 항상 함께 있으리라 하시니라 마 28:18-20

엄청난 말씀입니다. 예수님이 승천하셨을 때 제자들의 수는 고작 500여 명이였습니다. 팔레스타인의 시골 냄새 나는 그들에게 "너희는 가서 세상의 모든 민족으로 내 제자를 삼으라"라고 말씀하신 이유는 예수님이 하늘과 땅의 권세를 아버지께 받으셨기 때문입니다. 그리고 그 권세의 명령과 함께 우리에게 권세 있는 약속을 주십니다.

"볼지어다 내가 세상 끝날까지 너희와 항상 함께 할 것이다."

예수님이 그 권위의 자리에서 우리를 위하여 간구하시기 때문입니다. 그로 인해서 우리가 주님의 보장된 약속 가운데 살면서 하나님의 사역을 감당할 수 있는 것입니다.

구체적인 중보기도

사람들이 드리는 기도를 일반적이라고 한다면, 예수님이 하시는 기도는 구체적이라고 할 수 있습니다. 예를 들어, 제가 성도들을 위해 기도한다고 합시다. 저는 성도들이 처해 있는 상황을 다 알지 못합니다. 그러니 일반적인 기도를 할 수밖에 없습니다.

구약의 제사장들에게도 백성을 위해 중보기도를 해야 하는 사명이 있었습니다. 그렇지만 그들도 사람인지라 모든 것을 알고 기도할 수는 없었습니다. 각자가 처한 상황을 다 알 수 없기 때문입니다.

그런데 우리 주 예수 그리스도, 우리의 대제사장이 되신 주님은 우리를 위해 이 세상에 육신의 몸을 입고 오셔서 온전하신 하나님이자 온전한 인간이 되셨습니다. 그렇기에 온전한 하나님으로 우리의 모든 아픔과 어려움을 다 아십니다. 그리고 온전한 인간으로 이 땅에서 아픔과 죄의 절망과 어두움, 죽음의 공포를 다 체험하심으로 알고 계십니다. 주님은 우리가 처한 상황을 모두 아십니다. 그분이 우리를 위해 기도해주십니다.

병상에서 두려워 떨고 계십니까? 주님이 아십니다. 자녀들의 문제로 고달프고 힘드십니까? 어떻게 기도해야 할지 모르겠습니까? 주님이 아십니다. 재정적인 압박과 정신적인 압박으로 하루하루 살기가 너무 버겁습니까? 주님이 아십니다. 주님은 아버지께 버림 받는 압박감을 경험하셨습니다. 우리를 어떻게 도와야 하는지, 어떻게 우리에게 힘이 되어주어야 하는지 구체적으로 알고 기도하십니다.

우리에게 있는 대제사장은 우리의 연약함을 동정하지 못하실 이가 아니요 모든 일에 우리와 똑같이 시험을 받으신 이로되 죄는 없으시니라 그러므로 우리는 긍휼하심을 받고 때를 따라 돕는 은혜를 얻기 위하여 은혜의 보좌 앞에 담대히 나아갈 것이니라 히 4:15,16

때로 기도가 막힐 때가 있습니다. 기도하고 싶어서 주님 앞에 엎드려도 한 시간 동안 "주여, 주여" 외에 다른 말이 안 나올 때가 있습니다. 그렇게 기도할 수조차 없을 때도 있지만, 그럼에도 은혜가 있는 것은 우리 주님이 우리의 구체적인 필요를 아시고 그 일을 위하여 친히 간구해주시기 때문입니다. 얼마나 큰 위로가 되고 위안이 되는지 모르겠습니다.

보호하는 중보기도

그런데 기도를 하면서도 어떻게 기도해야 할지 모를 때가 있습니다. 열심히 기도한 것 같은데, 알고 보니 하나님의 뜻과 정반대로 기도할 때도 있습니다. 베드로에게 이런 일이 있었습니다.

"예수님은 절대로 십자가에 달려 죽으실 수 없습니다. 제가 목숨을 걸고 막을 겁니다. 목숨을 걸고 기도할 겁니다."

하지만 하나님의 뜻은 예수님이 십자가를 지시는 것이었습니다. 우리도 이렇게 기도할 수 있습니다. 목숨을 걸고 기도한다고 했는데, 하나님의 뜻과 정반대로 기도할 수 있다는 것입니다. 그렇게 기도하는 것은 죽음의 길이요 멸망의 길이요 저주의 길인데, 하나님의 뜻대로 기도할 바를 알지 못할 때는 어떻게 해야 할까요?

이에 대해 성경은 주님이 우리를 보호하는 기도를 드리신다고 말합니다.

> 이와 같이 성령도 우리의 연약함을 도우시나니 우리는 마땅히 기도할 바를 알지 못하나 오직 성령이 말할 수 없는 탄식으로 우리를 위하여 친히 간구하시느니라
> 롬 8:26

우리는 마땅히 기도할 바를 알지 못합니다. 자녀가 빗나가고 있는데 어떻게 기도해야 하는지, 무작정 살려달라고 기도하면 되는 것인지 혼란스러울 때가 있습니다. 그럴 때도 안심할 수 있는 이유가 이것입니다. 성령님이 우리의 연약함을 도우시며, 말할 수 없는 탄식으로 우리를 위해 간구해주시기 때문입니다. 얼마나 감사하고 감격스러운지 모르겠습니다.

그래서 우리가 주님 앞에 마땅히 기도할 바를 알지 못할지라도 주님 앞에 나아와 "주여, 주여" 외치면서 울부짖으면 주님이 우리와 함께 기도해주시고 우리를 위해 기도해주십니다. 우리를 통해 아버지의 선하신 뜻, 온전하신 뜻, 기뻐하시는 뜻이 이루어질 수 있도록 하십니다.

하늘에 오르사 살아 계신 주님, 지금도 하나님 우편에서 우리를 위하여 간구하고 계신 예수님의 간구가 우리를 위한 효력 있는 간구가 되며, 지속적으로 드리는 기도가 되며, 적극적인 기도가 되며, 권위가

있는 기도가 되며, 구체적인 기도가 되며, 보호하는 기도가 됩니다. 그렇기에 사도 바울은 "우리가 넉넉히 이기느니라"라고 고백합니다.

> 그런즉 이 일에 대하여 우리가 무슨 말 하리요 만일 하나님이 우리를 위하시면 누가 우리를 대적하리요 자기 아들을 아끼지 아니하시고 우리 모든 사람을 위하여 내주신 이가 어찌 그 아들과 함께 모든 것을 우리에게 주시지 아니하겠느냐 누가 능히 하나님께서 택하신 자들을 고발하리요 의롭다 하신 이는 하나님이시니 누가 정죄하리요 죽으실 뿐 아니라 다시 살아나신 이는 그리스도 예수시니 그는 하나님 우편에 계신 자요 우리를 위하여 간구하시는 자시니라 누가 우리를 그리스도의 사랑에서 끊으리요 환난이나 곤고나 박해나 기근이나 적신이나 위험이나 칼이랴 기록된 바 우리가 종일 주를 위하여 죽임을 당하게 되며 도살 당할 양같이 여김을 받았나이다 함과 같으니라 그러나 이 모든 일에 우리를 사랑하시는 이로 말미암아 우리가 넉넉히 이기느니라 롬 8:31-37

우리가 믿는 예수님은 오늘도 그분의 영광의 자리에 계시면서 쉬고 계신 것이 아니라 우리를 위하여 적극적으로 간구하고 계십니다. 그분의 기도는 권위가 있고 효력이 있는 기도이기 때문에 그분 안에 있는 자들은 넉넉히 이기게 됩니다. 그 은혜가 우리에게 주어졌습니다.

"나는 하나님 우편에 앉아 계신 예수님을 믿습니다!"

I believe
나는
믿습니다

그런즉 깨어 있으라 너희는 그날과 그때를 알지 못하느니라

마태복음 25장 13절

심판하러 다시 오실 예수 그리스도

chapter 12

아직 이루어지지 않은 한 가지 일

지금까지 우리가 살펴보았던 예수님에 대한 내용들은 과거에 일어났던 일이거나 현재 진행되고 있는 일이었습니다. 이제는 아직 일어나지 않은 한 가지 일, 아직 우리가 기다리고 있는 일, 즉 산 자와 죽은 자를 심판하러 주님이 다시 오신다는 고백에 대해 살펴보고자 합니다.

먼저 '저리로서'라는 말은 사전적으로 '멀리에서'라는 의미입니다. 즉 예수님이 저 멀리에서, 하나님 보좌 우편에서 산 자와 죽은 자를 심판하러 오신다는 말입니다. 그러면서 예수님에게 심판권이 주어졌다는 것을 우리에게 분명히 가르쳐줍니다. 예수님을 직접 따랐고 그분의 말씀을 직접 들었던 사도들이 성령님의 감동을 받아 기록한 성경은 이에 대해 우리에게 정확하게 알려주고 있습니다.

> 우리에게 명하사 백성에게 전도하되 하나님이 살아 있는 자와 죽은 자의 재판장으로 정하신 자가 곧 이 사람인 것을 증언하게 하셨고 행 10:42

이는 베드로가 고넬료라는 로마 백부장에게 복음을 전하며 말한 것으로, 우리가 전해야 할 분이 예수님이며, 그분은 살아 있는 자와 죽은 자의 재판장이시라는 것입니다.

또한 사도 바울은 디모데후서에서 다음과 같이 말합니다.

> 하나님 앞과 살아 있는 자와 죽은 자를 심판하실 그리스도 예수 앞에서 그가 나타나실 것과 그의 나라를 두고 엄히 명하노니 딤후 4:1

바울도 편지를 통해 예수님이 산 자와 죽은 자를 심판하실 그리스도이심을 말하고 있습니다. '산 자와 죽은 자'라는 것은 '모든 사람들'을 의미합니다. 즉 예수님이 다시 오실 때 살아 있는 자들이나 먼저 죽었던 자들이나 모두 예수님이 심판하시게 될 것이라는 말씀입니다.

예수님이 2천 년 전에 이 세상에 오셨을 때는 섬기는 자로 오셨습니다. 섬기는 자로 오셔서 우리를 위해 십자가에 달려 죽으심으로 구원자가 되셨습니다. 그런데 다시 오실 때는 섬기는 자로 오시는 게 아니라 심판자로 오십니다. 예수님도 자신에 대해 그렇게 말씀하신 적이 있습니다.

> 아버지께서 아무도 심판하지 아니하시고 심판을 다 아들에게 맡기셨으니 요 5:22

왜 아들에게 권한이 있는 것일까요? 아버지께서 아들에게 심판권을 주셨기 때문입니다. 하나님은 자신이 가지고 있던 구원의 사역과 구원하실 수 있는 권한을 아들이신 예수님에게 주셨습니다. 마찬가지로 하나님이 심판권을 아들에게 주신 것입니다. 그래서 우리는 언젠가 우리를 심판하러 오실 주님 앞에서 제대로 살아야 합니다. 영적으로 깨어서 그날을 준비해야 합니다. 이것이 성경의 분명한 가르침입니다.

각자에게 다르게 임할 심판

한 걸음 더 나아가서 우리는 믿지 않는 자들에게 임할 심판과 믿는 자들에게 임할 심판이 다르다는 것을 알아야 합니다. 이것을 제대로 알지 못하면 굉장한 혼란을 겪게 됩니다. 성경은 분명히 말합니다.

> 한 번 죽는 것은 사람에게 정해진 것이요 그 후에는 심판이 있으리니 히 9:27

하나님은 구원 받을 수 있는 길을 예수님 안에서 허락해주셨습니다. 그런데 불신자들은 그것을 받지 않음으로 지옥에 떨어지는 심판을 받게 됩니다. 불신자들에게 임하는 심판은 영원한 죽음입니다.

> 그를 믿는 자는 심판을 받지 아니하는 것이요 믿지 아니하는 자는 하나님의 독생자의 이름을 믿지 아니하므로 벌써 심판을 받은 것이니라 요 3:18

이 구절은 우리가 잘 아는 요한복음 말씀과 연결됩니다.

하나님이 세상을 이처럼 사랑하사 독생자를 주셨으니 이는 그를 믿는 자마다 멸망하지 않고 영생을 얻게 하려 하심이라 요 3:16

하나님은 심판의 자리에서 우리를 구원하시기 위해 아들을 주셨습니다. 우리가 영원한 심판 받는 것을 원치 않으셨기 때문입니다. 그 심판의 자리에서 우리가 옮겨지길 간절히 원하셨기 때문입니다. 영생을 얻어 심판에 이르지 않기를 바라셨기 때문입니다. 그러나 유일한 구원의 길을 받아들이지 않을 때는 다른 구원이 없기 때문에, 예수님을 믿지 아니하는 자들에게는 이미 심판이 임한 것과 다름이 없습니다.

그래서 예수님을 꼭 믿어야 합니다. 예수님을 믿어야 하나님의 심판을 받지 않을 수 있습니다. 지옥에 떨어지는 심판을 면할 수 있는 유일한 길, 살 수 있는 길이 아들이신 예수님을 믿는 길이기 때문입니다.

믿는 자에게 임하는 심판

그렇다면 믿는 자들에게 임하는 심판은 무엇일까요? 예수님의 심판에는 모든 사람들이 포함되어 있습니다. 믿는 자들에게도 심판이 있는 것입니다. 이에 대해 말하는 성경의 한 구절을 봅시다.

이는 우리가 다 반드시 그리스도의 심판대 앞에 나타나게 되어 각각 선악 간에 그 몸으로 행한 것을 따라 받으려 함이라 고후 5:10

이 구절은 고린도 교인들을 향해 하시는 말씀입니다. 문맥을 보면 사도 바울이 자신을 비롯하여 믿는 자들이 반드시 그리스도의 심판대 앞에 나타나게 될 것이라고 말합니다. 그러면서 불신자들에게 임하는 심판은 지옥으로 떨어지는 것이지만, 믿는 자들이 받는 심판은 선악 간에 그 몸으로 행한 것을 따라 받게 된다고 말합니다. 이는 우리가 어떤 삶을 살았는가 하는 것에 대한 심판을 말합니다. 예수를 믿고 구원 받은 백성으로서 이 세상에서 하나님이 주신 사명을 갖고 어떠한 삶을 살았는가를 정산할 날이 온다는 것입니다.

주님은 우리에게 성령과 은사와 사명을 주시며 이 모든 일들을 통해 하나님께 영광을 돌릴 수 있는 능력을 주셨습니다. 그렇기에 하나님 앞에 우리 인생의 장부를 펼쳐 보여야 할 시간이 옵니다.

이것은 구원과는 상관이 없습니다. 예수님을 믿으면 구원 받습니다. 그런데 성경은 부끄러운 구원이 있다고 말합니다. 구원은 받았지만 자신에게 주어진 삶의 소명이나 사명에 대해서는 아무런 인식 없이 살다가 주님의 심판대 앞에 서게 되면 부끄러운 구원을 받을 수밖에 없습니다.

믿는 자들에게는 어떻게 주님을 섬기며 사는가가 굉장히 중요합니다. 거기에 따르는 상급이 있기 때문입니다. 영광스러운 구원이 거기에 따르기 때문입니다. 준비되지 못한 모습으로 주님을 맞이하는 것은 정말 부끄러운 일입니다. 그래서 우리는 신앙을 고백할 때마다, "저리로서 산 자와 죽은 자를 심판하러 오실 예수님을 믿습니다"라고 고백할 때마다 근신해야 합니다. 깨어 있어야 합니다.

세 가지 비유

그렇다면 어떻게 그날을 준비할 수 있을까요? 예수님은 복음서를 통해 마지막 때의 징조를 우리에게 명확하게 가르쳐주십니다. 마태복음 24장, 마가복음 13장, 누가복음 21장은 감람산에서 이루어진 예수님의 강론이라고 알려져 있습니다. 예수님이 잡히시기 전에 감람산에서 제자들에게 하신 말씀 중에 마지막 때의 징조가 기록되어 있는 구절들입니다.

봄이 오면 무화과나무는 잎사귀를 냅니다. 그러니 무화과나무에 잎사귀가 나 있으면 '이제 따뜻한 기운이 도는구나, 봄이 오고 여름이 오는 구나' 하고 알게 됩니다. 이처럼 예수님이 다시 오실 날이 임박한 것을 알 수 있는 징조들이 있습니다. 예수님은 우리에게 여러 가지 징조를 말씀하시며 경고와 권면의 말씀을 주십니다.

물론 자세한 날과 시간은 오직 하나님만 아십니다. 그러나 이러한 징조가 보일 때는 그날이 임박했음을 깨닫고 근신하며 깨어 있어야 한다는 것입니다.

주님은 마태복음 24장에서 마지막 때의 징조를 말씀하시고, 25장에서는 다시 오실 예수님을 제대로 맞이하기 위해 우리가 어떤 준비를 해야 하는가에 대해 말씀하십니다. 마태복음 25장에 나오는 세 가지 비유를 보면서 우리가 무엇을 준비해야 하는지 살펴보고자 합니다.

깨어 기도하며 준비해야 한다

첫 번째 비유는 25장 1절에서 13절에 나오는 것으로, 갑자기 찾아오는 신랑을 맞이하게 된 열 처녀의 이야기입니다. 예수님은 이스라엘의 결혼식 문화를 비유로 삼으셨습니다. 당시 이스라엘에서는 신랑 쪽에서 밤늦게 친구들과 함께 신부를 찾으러 갔습니다. 그러면 기다리고 있던 신부는 빨리 나가서 신랑을 맞이하고 신부의 집에서 결혼식을 올리게 됩니다.

그런데 신랑이 신부를 찾으러 가야 하는 그날 밤에 무슨 일이 있었는지 밤이 깊어지는데도 신랑이 오질 않았습니다. 신부들은 기다리다 잠이 들고 맙니다. 한밤중이 되어서야 파수꾼이 외칩니다.

"신랑이 옵니다."

그러자 신부 될 사람들이 깜짝 놀라서 일어나 마중을 나가려는데, 준비한 등불의 기름이 다 떨어져 버렸습니다. 그런데 열 명의 신부들 중 슬기로운 다섯 명의 처녀들은 여분의 기름을 준비하고 있었습니다. 하지만 다섯 처녀는 기름을 준비하고 있지 못해서 신랑을 맞이하지 못하게 되었습니다.

이 비유를 통해 주님이 주시는 말씀이 있습니다. 신랑 되신 예수님이 이렇게 오신다는 겁니다. 주님은 우리가 전혀 예상하지 않았을 때 도둑같이 오신다고 말하고 있습니다.

도둑이 시간을 맞춰놓고 오는 게 아닙니다. 갑자기 옵니다. 아무도 예상하지 않았을 때 주님이 오신다는 것입니다. 그래서 준비되어 있어야 하는 것입니다. 그러면 어떻게 준비되어야 할까요?

처녀들은 지금 모두 자고 있습니다. 깨어 있지 못했습니다. 그래도 준비된 사람은 준비된 모습으로 자다가 주님 앞에 나갈 수 있었는데 나머지는 그러지 못했습니다. 우리는 이 비유에서 주님이 주시는 메시지를 받아야 합니다. 그것은 깨어 있으라는 것입니다.

어떻게 깨어 있으라는 것입니까? 기도하면서 깨어 있어야 합니다. 예수님은 잡히시기 전날 밤에 겟세마네 동산에서 기도를 하십니다. 그런데 같이 기도하러 올라왔던 제자들이 피곤해서 깨어 있지 못하고 잠이 들었습니다. 예수님은 제자들을 보시며 이렇게 말씀하십니다.

시험에 들지 않게 깨어 기도하라 마음에는 원이로되 육신이 약하도다 마 26:41

제자들은 결정적인 순간에 깨어 있지 못했습니다. 기도하지 못했습니다. 그것이 그들의 영적 상태였습니다. 그래서 사람들이 예수님을 체포하러 왔을 때 예수님을 두고 모두 도망쳐 버렸습니다. 갑자기 일어난 일을 보고 예수님 앞에 준비되지 못한 부끄러운 모습을 보인 것입니다.

예수님의 포인트는 굉장히 명확합니다. 우리가 영적으로 깨어 있기 위해서는 기도해야 한다는 것입니다. 그렇지 못하면 세상에 묻혀 살다가, 영적으로 잠자고 있다가 예수님이 다시 오실 때 준비되지 못한 모습으로 주님 앞에 서게 될 것입니다.

에베소서 6장을 보면 마지막 때에 하나님의 백성에게 전신갑주를 입으라는 말씀이 나옵니다. 죄악이 판을 치고 있는 이때, 그 흐름이 너무나 거센 이때에 우리가 믿음으로 살아남기 위해서는 하나님의 전신갑주를 입어야 합니다.

> 그러므로 하나님의 전신갑주를 취하라 이는 악한 날에 너희가 능히 대적하고 모든 일을 행한 후에 서기 위함이라 엡 6:13

하나님의 전신갑주에는 진리의 허리띠와 의의 호심경이 있습니다. 평안의 복음을 전하는 신발이 있고, 믿음의 방패와 구원의 투구가 있으며, 성령의 검이 있습니다. 하나님은 이 전신갑주를 입은 후에 항상 성령 안에서 기도하라고 하셨습니다.

> 그런즉 서서 진리로 너희 허리띠를 띠고 의의 호심경을 붙이고 평안의 복음이 준비한 것으로 신을 신고 모든 것 위에 믿음의 방패를 가지고 이로써 능히 악한 자의 모든 불화살을 소멸하고 구원의 투구와 성령의 검 곧 하나님의 말씀을 가지라 모든 기도와 간구를 하되 항상 성령 안에서 기도하고 이를 위하여 깨어 구하기를 항상 힘쓰며 여러 성도를 위하여 구하라 엡 6:14-18

겟세마네 동산에서 제자들은 자고 있었습니다. 그래서 결정적인 순간에 주님과 함께하지 못했습니다. 그러나 얼마 후 그들은 마가 다락방에서 아버지께서 주실 성령을 기다리며 깨어 기도했습니다. 그때 성령이 임하셨고, 성령으로 말미암아 세상을 변화시키는 하나님의 백성으로 서게 되었습니다. 기도함으로 깨어 있는가, 아니면 기도하지 않고 영적인 잠을 자고 있는가, 이것이 차이점입니다.

지금 우리가 살고 있는 세상에서 영적으로 깨어 있지 아니하면 아무리 예수님을 믿는다고 해도, 아무리 교회 다닌다고 해도, 아무리 직분을 받았다고 해도 세상에 묻혀 살 수밖에 없습니다. 그것이 현실입니다. 이 거센 세상의 파도 속에서 우리가 살아남아 믿음으로 서기 위해서는 깨어서 기도해야 합니다.

기도는 우리의 삶 자체입니다. 성경은 쉬지 말고, 숨 쉬듯이 기도하라고 말합니다. 기도할 때는 기도 그 자체도 중요하지만 기도 안으로 들어가는 것이 중요합니다. 기도를 하면서 하나님의 임재 안으로 들어가는 겁니다. 그래서 기도는 예배입니다. 그렇게 되면 하나님과 동행하게 됩니다. 이것이 깨어 있는 모습입니다. 이렇게 준비하면 됩니다.

주님이 다시 오실 날을 우리는 모릅니다. 그러나 주님은 분명히 이런 징조들이 보이면 더욱 근신하여 깨어 있으라고 미리 말씀해주셨습니다. 저는 지금이 그때가 아닐까 생각합니다. 그렇기에 더욱 깨어 기도하며 주님 앞에 부끄러움 없이 설 수 있도록 해야겠습니다.

소명에 충성하라

두 번째 비유는 유명한 달란트 비유입니다. 한 주인이 먼 곳으로 여행을 떠나면서 종들을 부릅니다. 그리고 종들에게 달란트를 맡깁니다. 한 종에게는 다섯 달란트, 한 종에게는 두 달란트, 또 한 종에게는 한 달란트를 맡깁니다.

왜 주인은 종들에게 똑같이 주지 않았을까요? 그건 주인의 마음입니다. 주인이 봤을 때 감당할 수 있을 만큼 맡겨주신 것입니다. 그리고 당시 한 달란트만 해도 엄청난 금액이었습니다. 오늘날로 본다면 17억 정도 된다고 합니다. 굉장한 액수 아닙니까?

주인은 이 엄청난 돈을 맡기더니 다시 돌아와서 정산할 것이라고 말하고는 떠납니다. 주인은 언젠가는 다시 돌아옵니다. 주인은 종들에게 달란트를 그냥 쌓아두고 즐기라고 맡긴 것이 아닙니다. 그 달란트로 투자를 하든, 사업을 하든, 은행에 넣어 이자를 받든 어떻게 해서든 이익을 남기라고 맡긴 것입니다.

주님은 이 비유를 우리에게 주셨습니다. 즉 언젠가 주님이 다시 오시며, 우리와 정산할 것이라고 말씀하시는 것입니다. 주님이 우리 각 사람에게 맡겨주신 소명이 있습니다. 예수님을 믿은 우리를 그냥 천국으로 데려가지 않으시고 이 세상에 남겨두신 이유는 우리에게 맡겨주신 사명이 있기 때문입니다.

너희는 그 은혜에 의하여 믿음으로 말미암아 구원을 받았으니 이것은 너희에게서 난 것이 아니요 하나님의 선물이라 행위에서 난 것이 아니니 이는 누구든지

> 자랑하지 못하게 함이라 우리는 그가 만드신 바라 그리스도 예수 안에서 선한 일을 위하여 지으심을 받은 자니 이 일은 하나님이 전에 예비하사 우리로 그 가운데서 행하게 하려 하심이니라 엡 2:8-10

성경은 하나님의 구원을 선포하며, 이어서 구원 받은 백성은 하나님이 새로 만드신 백성으로 예수 그리스도 안에서 선한 일을 위하여 지으심을 받았다고 말하고 있습니다. 하나님의 선한 사역을 위하여, 하나님의 선한 소명을 위해 세상에 남겨두셨다는 것입니다. 그리고 그 소명을 감당할 수 있도록 우리에게 능력도 주시고 은혜도 주시고 기도의 능력도 주시고 은사도 주시고 달란트도 주셨습니다.

그 주님이 언젠가 이것에 대해 묻겠다고 말씀하십니다. 멀리 갔다 온 주인처럼, 주님이 우리에게 맡기신 달란트를 가지고 과연 무엇을 했는지 물으신다는 것입니다. 그때 우리는 과연 무어라 대답할 수 있을까요? 살기가 너무 바빴다고, 세상이 너무나 혼란해서 살아남기도 바빴다고 대답할 것입니까?

이 비유를 보면 이익을 남긴 종들에게는 주님이 '착하고 충성된 종'이라고 하셨지만, 이익을 남기려는 노력 없이 그냥 쌓아두기만 했던 종에게는 '악하고 게으른 종'이라고 말씀하셨습니다.

정치를 보아도 사회를 보아도 너무나 혼란스럽습니다. 이 혼란스러운 세상에서 이리저리 갈팡질팡하며 살 수 있습니다. 세상과 함께 이쪽저쪽으로 쏠려가며 살 수 있습니다. 아니면 세상이 너무나 혼란스럽고 어렵기 때문에 세상과는 상관하지 않고 혼자 살아남기에 바

뻘 수도 있습니다.

그런데 하나님은 이런 모습으로 살아서는 안 된다고 하십니다. 우리에게 이 세상에서 해야 할 선한 사역을 주셨다고 말씀하십니다. 주님의 나라를 세우고, 주님의 교회를 세우고, 다음 세대를 세우고, 나라를 축복하는 사역들을 하라고 우리를 남겨두셨다고 하십니다.

우리는 환경을 탓합니다. 모세도 환경을 탓했습니다. 40년 동안 미디안에서 피난 생활을 하면서 그곳에는 하나님의 사명이 없는 줄 알았습니다. 애굽에서 자랐을 때에는 영웅이 되고 싶은 마음에 하나님의 소명을 안고 자랐지만 40년 동안 미디안에서 생활하는 시간들은 자신의 인생을 낭비하는 것이라 생각했습니다. 거기에는 하나님의 소명이 없다고 여겼습니다.

그런데 그곳에서 하나님께서 모세를 부르십니다. 가시덤불이 불에 타는데 이상하게도 타들어가지 않았습니다. 소멸되지 않았습니다. 그 안에서 하나님의 음성이 들립니다.

"모세야, 네가 선 곳은 거룩한 땅이다. 신발을 벗고 내게 오라."

우리 생각에는 미디안 땅과 같은 곳에는 아무런 소명이 없어 보입니다. 이런 곳에서는 하나님의 일을 할 수 있는 여유가 없다고 생각합니다. 그러나 하나님은 그 땅조차도 거룩한 땅이라고 말씀하십니다. 내가 아니라고 생각하는 그곳에도 하나님의 거룩하신 임재가 있고, 하나님의 거룩하신 소명이 있다고 말씀하십니다.

요셉은 하나님의 꿈을 갖고 살았지만 형들에게 미움을 받고 타국에 노예로 팔려가게 됩니다. 자기 인생이 거기서 끝나는 줄로 생각할 수 있었지만, 요셉은 그러지 않았습니다. 요셉의 위대함은 여기에 있었습니다.

요셉은 그 자리에서 하나님과 동행했습니다. 그는 보디발의 집에서 노예생활을 하면서도 '하나님이 나를 이곳으로 부르셨다면, 내 인생을 책임지시는 분이 하나님이시라면 여기서도 내가 할 일이 있으리라'고 여기면서 하나님과 동행하며 하나님을 섬기듯 보디발의 집을 잘 섬겼습니다.

나중에는 보디발이 요셉을 신뢰하며 모든 것을 그에게 맡겼습니다. 맡기지 않은 것은 딱 하나, 보디발의 부인이었습니다. 그런데 이게 웬일입니까? 보디발의 아내가 요셉을 보고 음란을 품기 시작합니다. 그래서 요셉을 유혹했습니다. 그때 요셉이 무엇이라고 합니까? "당신의 남편이 나에게 모든 것을 맡겼지만 당신만큼은 내게 맡긴 적이 없습니다. 어떻게 하나님 앞에 죄를 짓겠습니까?"

요셉은 그 자리에서 살아남기 위해 노예생활을 한 것이 아니라 하나님을 섬겼던 것입니다. 그런데 누명을 쓰고 감옥에 들어가게 되었습니다. 진짜 인생이 끝났다고 말할 수밖에 없는 상황이었지만, 요셉은 감옥에서도 하나님을 섬기기 시작합니다. 하나님과 동행하기 시작합니다. 그래서 감옥장이 요셉에게 모든 것을 맡겼습니다. 요셉의 손이 가는 곳마다 하나님의 형통함이 있었기 때문입니다.

우리는 이 세상에서 하나님의 백성으로 부르심을 받았습니다. 예수 그리스도의 은혜로 구원을 받고, 주님이 다시 오시는 그날까지 하나님의 선하시고 온전하시고 기뻐하시는 뜻을 이루라고 이 세상에 있는 것입니다. 그런데 환경을 탓하며 주저앉아 있다면, 이 자리에서는 내가 할 일이 없다고 자포자기하고 있다면, 여기에는 하나님의 거룩하신 임재가 없다고 스스로 결론지어 버린다면, 이것은 큰 비극입니다. 주어진 자리에서 주님을 섬겨야 합니다.

하나님은 왜 혼란한 자리, 갈팡질팡하는 사회 가운데 우리를 남겨 두셨을까요? 좋은 환경에 남겨두시지 않고 어려운 환경에 남겨두신 이유가 무엇일까요? 거기서 빛이 되라는 것입니다. 빛은 밝은 데서는 필요가 없습니다. 썩을 것이 없는 곳에서는 소금이 필요 없습니다. 하나님은 우리에게 소금 역할을 하라고, 빛의 역할을 하라고 그 자리에 남겨두신 것입니다.

그러므로 우리는 환경을 탓하지 말고, 환경에 삼킴을 받지 말고, 도리어 주님의 소명으로 환경을 정복하며 하나님께 영광 돌리는 하나님의 백성이 되어야 합니다.

그렇게 우리가 준비하는 것입니다. 주님이 다시 오시는 날, 내게 주신 소명을 가지고 충성하는 모습을 보여드려야 합니다. 주님이 맡겨주신 달란트를 가지고 무얼 했는지 물으시면 제대로 대답할 수 있어야 합니다. 그렇지 못하면 주님이 다시 오실 때, 우리는 준비되지 못한 부끄러운 모습으로 설 수밖에 없습니다.

이웃을 사랑하라

세 번째 비유에 이르러서 주님은 마지막 때에 대해 노골적으로 말씀하십니다. 첫 번째 비유와 두 번째 비유에서는 상징적으로 말씀하셨습니다. 갑자기 오는 신랑처럼 오실 것이다, 또한 멀리 가 있다가 오랜 후에 예고 없이 돌아오는 주인이 될 것이라고 말입니다. 그러나 세 번째 비유에서는 노골적으로 말씀하십니다.

인자가 자기 영광으로 모든 천사와 함께 올 때에 자기 영광의 보좌에 앉으리니 모든 민족을 그 앞에 모으고 각각 구분하기를 목자가 양과 염소를 구분하는 것 같이 하여 마 25:31,32

인자가 영광 가운데 다시 올 때에는 모든 인류를 세상 끝에서부터 모아 두 부류로 나눌 것이라고 말씀하십니다. 한 부류는 양이고, 한 부류는 염소입니다. 그리고 양들에게 이렇게 말씀하십니다.

"얘들아, 내가 배고팠을 때 너희가 내게 먹을 것을 주었어. 내가 헐벗고 있었을 때 너희가 옷을 입혀주지 않았니? 내가 병들었을 때 너희들이 나를 돌보아주지 않았니? 내가 감옥에서 홀로 있을 때 나를 방문하여 소망을 주지 않았니?"

양들이 깜짝 놀랍니다.

"예수님, 우리가 언제 예수님이 배고프신 것을 보고 먹을 것을 드렸고, 병들었을 때에 돌보아주었다는 말씀이세요? 저희는 그런 적이 없는데요."

그러자 예수님은 "내 형제 중에 지극히 작은 자 하나에게 한 것이 곧 내게 한 것이니라"(마 25:40)라고 말씀하셨습니다.

그리고 염소들에게 말씀하십니다.

"내가 배고팠을 때 너희는 나를 외면했지. 내가 헐벗고 추웠을 때 외면했지. 병들어서 혼자 외롭게 있을 때도, 감옥에서 홀로 외롭게 있을 때도 너희는 나를 외면했지."

"언제 우리가 주님을 외면했습니까? 주님인지 알았으면 분명히 주님을 찾아갔을 겁니다."

그러자 예수님은 "이 지극히 작은 자 하나에게 하지 아니한 것이 곧 내게 하지 아니한 것이니라"(마 25:45)라고 말씀하십니다.

주님은 마지막 심판대 앞에서 이 말씀을 갖고 우리를 심판하실 것입니다. 우리가 이웃을 얼마나 사랑했는지, 특별히 힘들고 어렵고 가난한 이웃을 위해 무엇을 했는지 물어보실 것입니다. 지극히 작은 자에게 한 것이 곧 주님에게 한 것이기에 그것에 대해 물을 것이라고 말씀하십니다. 이 질문에 답할 준비가 되어 있습니까?

지금 세상의 관심은 돈입니다. 예수님은 '하나님을 섬기든지 맘몬을 섬기든지 둘 중 하나'라고 명확하게 말씀하셨습니다. 하나님의 라이벌이 돈이 되었습니다. 디모데전서 6장 10절을 보면 "돈을 사랑함이 일만 악의 뿌리가 되나니"라고 했습니다.

신문이나 인터넷 기사들을 보십시오. 대부분의 사건 사고와 사회 혼란의 궁극적인 이유는 돈에 대한 욕심 때문입니다. 돈을 사랑하기 때문에 일어나는 일들입니다. 어떻게 하면 이러한 세상의 흐름을 바꿀 수 있을까요?

이웃을 사랑하고 베푸는 것이 그 답입니다. 다른 길이 없습니다.

우리가 적극적이고 능동적으로 이 일을 행해야 합니다. 수동적이어서는 안 됩니다. 왜냐하면 우리가 돈의 지배를 받고 있기 때문입니다. 돈을 다스릴 수 있어야 합니다. 재정의 종이 되는 것이 아니라 재정을 종으로 삼고 살 수 있어야 합니다. 그 좋은 방법 중의 하나가 이웃과 나누는 것입니다.

인간의 유전자가 무엇인지 한번 잘 생각해보십시오. 원래 인간은 받는 것을 좋아합니다. 아이들도 받는 것을 좋아합니다. 이게 세상의 유전자입니다. 그런데 하나님이 세상의 유전자에 파묻혀 있는 우리에게 빛으로 들어오셔서 하나님의 유전자를 우리에게 심어주십니다. 하나님의 유전자가 무엇입니까? 베푸는 것입니다. 주는 것입니다. 나누는 것입니다. 하나님은 우리를 사랑하셔서 독생자를 주셨습니다. 전에는 세상의 유전자가 전부였습니다. 그런데 하나님의 새로운 유전자로 인해 새롭게 변화합니다. 성경은 적극적으로 말합니다.

> 도둑질하는 자는 다시 도둑질하지 말고 돌이켜 가난한 자에게 구제할 수 있도록 자기 손으로 수고하여 선한 일을 하라 엡 4:28

세상의 유전자를 가지고는 주님을 맞이할 수 없습니다. 주님은 우리를 구원하심으로 새로운 유전자를 주셨습니다. 그런데 어떻게 여전히 세상과 똑같은 유전자를 가지고 주님 앞에 설 수 있겠습니까? 우리에게서 하나님의 새로운 모습이 보여야 합니다. 예수님이 심어주신 새로운 빛의 모습이 보여야 합니다. 그것이 이웃을 사랑하는 것입니다. 함께 나누며 봉사하며 기부하며 축복하며 사는 것입니다.

이렇게 주님 앞에 서야 합니다. 주님이 다시 오실 때에 준비하지 못했다는 말은 하면 안 됩니다. 깨어서 기도하면 됩니다. 주어진 자리에서 소명을 갖고 살면 됩니다. 이웃을 사랑하며 복을 나누며 살면 됩니다. 그러면 주님이 다시 오실 그때, 영광과 기쁨 가운데서 주님을 만나게 될 것입니다. 우리 모두가 그렇게 주님을 맞이할 수 있기를 바랍니다. 하나님의 나팔소리가 천지에 진동할 때 기쁨으로 주님의 잔치에 올라갈 수 있기를 바랍니다.

———

"나는 저리로서 산 자와 죽은 자를 심판하러
오실 예수님을 믿습니다!"

성령과
교회

PART 4

I believe

나 는
믿 습 니 다

우리가 유대인이나 헬라인이나 종이나 자유인이나 다 한 성령으로 세례를 받아 한 몸이 되었고 또 다 한 성령을 마시게 하셨느니라

고린도전서 12장 13절

성령님을 믿습니다

chapter 13

삼위일체 하나님

우리가 믿는 하나님은 인간의 논리로 상상해낸 분이 아닙니다. 만약 그렇다면 성경에서 말하는 하나님이 되실 수 없습니다. 성경을 통해 계시된 하나님은 삼위일체 하나님이십니다. 본질상 한 분이신 하나님이 세 분의 인격체로 존재하신다니, 논리적으로 말이 안 됩니다. 그러나 우리는 논리를 따라 하나님을 믿는 것이 아니라 하나님께서 친히 말씀으로 계시하신 하나님을 믿는 것입니다. 그리고 사도신경을 통해서도 성경에 계시된 삼위일체 하나님을 믿는다고 고백하는 것입니다.

사실 생각해보면 하나님 입장에서 볼 때 한 분이신 하나님이 세 인격체를 가지고 존재하시는 것은 아무런 문제가 되지 않습니다. 하나님은 전능하신 분 아닙니까? 전능하다는 것은 모든 것이 가능하다는 것입니다. 전능하신 하나님이시라면 삼위일체의 하나님도 가능하다는 것입니다.

인간의 짧은 논리로 하나님을 제한하려는 시도 자체가 어리석은 일입니다. 하나님께서는 그분이 계시하신 대로 영원부터 영원까지 존재하시는 하나님이 되십니다. 또한 하나님의 속성은 사랑이신데, 사랑이란 홀로 존재할 때는 불가능합니다. 함께 있을 때만 가능한 것이 사랑입니다. 영원 전부터 하나님의 속성이 사랑이었다면 그 사랑이 증명되기 위해서는 함께 계시는 하나님이셔야 하는 것입니다.

처음부터 성령이 계셨다

성경을 보면 처음부터 성령 하나님이 계심을 명확하게 말하고 있습니다. 성경의 가장 첫 페이지인 창세기 1장을 봅시다.

> 태초에 하나님이 천지를 창조하시니라 땅이 혼돈하고 공허하며 흑암이 깊음 위에 있고 하나님의 영은 수면 위에 운행하시니라 창 1:1,2

태초에, 즉 하나님이 천지 만물을 창조하셨을 때 성령이 함께 계셨습니다. 성경은 성령께서 하나님의 천지창조 역사에 능동적으로 개입하시어 그 사명을 감당하셨다고 증언합니다. 시편 104편에도 성령에 대한 말씀이 언급되고 있습니다. 여기서도 주의 영이신 성령께서 천지창조의 역사에 동참하셨다고 설명하고 있습니다.

주의 영을 보내어 그들을 창조하사 지면을 새롭게 하시나이다 시 104:30

하나님의 사람 다윗은 자신이 큰 죄를 범한 것을 깨닫고 하나님 앞에 회개할 때 이렇게 기도했습니다.

나를 주 앞에서 쫓아내지 마시며 주의 성령을 내게서 거두지 마소서 시 51:11

다윗은 성령님과 동행하는 것이 곧 하나님과 동행하는 것이란 사실을 알았기에 성령님이 함께하지 않으시는 것은 마치 하나님 앞에서 쫓겨나는 것과 같다고 고백하고 있는 것입니다.

구약에서도 성령 하나님에 대한 말씀은 이토록 분명하게 전해지고 있으며, 신약에 와서는 더욱 명확하고 광범위하게 전해지고 있습니다. 이는 예수님 자신이 가장 먼저 확실하게 가르치셨습니다.

요한복음 14장에서 예수님은 제자들에게 청천벽력 같은 말씀을 하십니다. 이제 곧 제자들 곁을 떠나시겠다는 것입니다. 그러면서 이런 말씀을 하십니다.

내가 아직 너희와 함께 있어서 이 말을 너희에게 하였거니와 보혜사 곧 아버지께서 내 이름으로 보내실 성령 그가 너희에게 모든 것을 가르치고 내가 너희에게 말한 모든 것을 생각나게 하리라 요 14:25,26

예수님은 곧 떠나시겠지만 고아처럼 홀로 버려두는 것이 아니라 보혜사 성령께서 오셔서 함께하실 거라고 말씀하신 것입니다. 또 예수님은 이런 말씀도 하셨습니다.

> 그러나 내가 너희에게 실상을 말하노니 내가 떠나가는 것이 너희에게 유익이라 내가 떠나가지 아니하면 보혜사가 너희에게로 오시지 아니할 것이요 가면 내가 그를 너희에게로 보내리니 요 16:7

자신이 떠나간 후에 보혜사 성령님이 오셔서 그들로 하여금 예수님이 하신 일보다 더 큰 일을 감당하게 하실 것이기 때문에 예수님이 떠나가시는 것이 오히려 제자들에게 더 유익이라는 것입니다.

이렇게 곧 오실 성령에 대해 예고하셨던 예수님은 승천하시면서 제자들에게 이렇게 말씀하셨습니다.

"이제 내가 떠나고 나면 성령의 시대가 시작될 것이다. 너희는 예루살렘을 떠나지 말고 아버지께서 약속하신 성령을 기다리라."

성령의 시대가 시작되다

예수님이 말씀하신 그 성령이 언제 임하셨습니까? 사도행전에 그에 대한 기록이 자세히 담겨 있습니다. 오순절 날 성령이 임하시자 제자들이 완전히 변합니다. 이전에는 자기 힘으로 일했지만, 이제는 성령의 능력으로 감당하기 시작합니다. 그러자 일의 차원이 달라졌습니다. 예전에는 내 힘만큼, 내가 하는 만큼 일이 이루어졌는데, 이제는 하나님의 영이 친히 사역하시는 것이기에 세상이 감당하지 못하는 일들을 이루어내는 하나님의 교회가 되었습니다. 예수님의 약속처럼 온 유대와 사마리아와 땅 끝까지 이르는 하나님의 능력을 보게 되었습니다. 그 복음이 오늘날 우리나라까지 이르고 또 북한 땅까지 임한 것을 우리가 똑똑히 목격하고 있지 않습니까?

> 오직 성령이 너희에게 임하시면 너희가 권능을 받고 예루살렘과 온 유대와 사마리아와 땅 끝까지 이르러 내 증인이 되리라 하시니라 행 1:8

하나님의 영으로 말미암아 시작된 역사를 막을 수 있는 권세는 없습니다. 오늘날 땅 끝까지 임한 하나님의 나라는 성령님의 능력으로 일어난 것입니다. 이것이 사도행전에 기록된 분명한 성령의 역사입니다.

복음서에서 예수님이 성령님에 대해 가르치셨고, 사도행전에서는 성령의 역사를 볼 수 있습니다. 이어지는 성경은 사도들이 초대교회에 보낸 편지들인데, 그 편지들을 보면 하나같이 성령님에 대한 가르침으로 가득합니다. 모든 교회들이 성령님의 능력으로 세워진 것이고, 또 앞으로도 성령님의 인도하심을 받아 사명을 감당해야 하는 것이기에 그 편지들 안에 성령에 대한 가르침이 넘치는 것은 당연한 일이었을 것입니다.

그리고 신약성경의 가장 마지막 책인 요한계시록 역시 사도 요한이 기록하였으나 사실 성령께서 그 당시 소아시아에 위치한 일곱 교회에 보내신 말씀입니다. 그래서 각 교회들에게 주시는 말씀마다 "성령이 교회에게 하시는 말씀을 들을지어다"라고 권하고 있는 것입니다.

이렇듯 신약성경 전체가 성령에 대한 가르침으로 충만하다고 해도 과언이 아닙니다. 그렇다 보니 이 짧은 지면에 성령님에 대한 교훈을 다 담기란 불가능합니다. 사도신경에서 고백하고 있는 "나는 성령님을 믿습니다"라는 주제를 살펴보기 위해 성경의 어느 구절을 중심으로 살펴봐야 할지를 정하는 것조차 고민스러웠습니다.

고민스러운 마음으로 오래 기도하고 묵상하면서 성령님이 우리를 위해 하시는 가장 기본적이고 중요한 세 가지 일이 잘 설명된 구절을 선택하였습니다.

> 우리가 유대인이나 헬라인이나 종이나 자유인이나 다 한 성령으로 세례를 받아 한 몸이 되었고 또 다 한 성령을 마시게 하셨느니라 고전 12:13

우리가 사도신경을 통해 "성령님을 믿습니다"라고 고백할 때마다, "우리는 성령께서 오셔서 이런 일을 하시는 분이란 것을 알고 믿습니다"라고 고백할 수 있게 되기를 바라는 마음으로 이 구절을 중심으로 성령님이 행하시는 사역에 대해 조금 더 깊이 살펴보고자 합니다.

성령과 새 생명

첫째, 성령께서는 우리에게 오셔서 새 생명을 주십니다. 이것이 성령께서 하시는 가장 기본적인 사역입니다.

본문 말씀을 보면 "우리가 … 다 한 성령으로 세례를 받아"라고 되어 있습니다. 믿는 사람 모두에게 다 임하는 성령 세례입니다. 이 부분을 영어로 보면 과거형으로 되어 있습니다. 그렇다면 여기서 말하는 성령 세례란 무엇입니까? 분명 모든 고린도교회 성도들에게 해당되는 일이고, 또한 이것이 그들에게 이미 일어난 일이라면 이것은 무엇을 말하는 것일까요?

성경 해석에 있어서 가장 중요한 원리 중 하나는 문맥 안에서 봐야 한다는 것입니다. 따라서 우리가 지금 보고 있는 고린도전서 12장에 언급된 '성령의 세례'가 무엇인지 명확하게 알기 위해서는 본문 전후의 문맥을 살펴야 합니다. 3절에 이런 말씀이 있습니다.

> 그러므로 내가 너희에게 알리노니 하나님의 영으로 말하는 자는 누구든지 예수를 저주할 자라 하지 아니하고 또 성령으로 아니하고는 누구든지 예수를 주시라 할 수 없느니라 고전 12:3

즉, 성령님이 오셔서 예수님을 주로 시인할 수 있도록 하셨다는 말씀입니다. 다시 말하면, 성령님이 오셔서 우리로 하여금 예수님을 믿게 하시고, 예수님을 믿음으로 말미암아 새 생명을 주신 것입니다. 예수님을 주로 시인하고 믿는 자에게는 성경의 명확한 가르침대로 이미 성령님이 임하셨습니다. 성령님이 오셔서 허물과 죄로 죽었던 우리 영혼을 살리신 것입니다.

구약의 '성령'이란 단어의 원어는 '루아흐'인데, 이 단어는 바람이란 뜻도 있고, 성령이란 뜻도 있습니다. 창세기 2장을 보면 하나님이 첫 인류인 아담을 창조하시는 장면이 나옵니다. 하나님은 흙으로 먼저 그의 모형을 만드셨습니다. 이것은 아직 모형일 뿐입니다. 아직 생명이 없습니다.

그런데 하나님께서 그의 코에 생기를 불어넣으셨습니다. 이것이 '루아흐'입니다. 생기, 즉 하나님의 영이 들어가자 아담은 곧 생명을 얻게 되었습니다. 하나님의 영은 생명을 주는 영입니다. 생명의 원천이 되시는 하나님의 영이 임할 때 죽어 있던 것이 살게 됩니다.

에스겔 선지자가 어느 날 환상을 보았습니다. 골짜기에 뼈들이 가득 쌓여 있었는데, 하나님께서 에스겔 선지자에게 말씀하십니다.

"가서 뼈들에게 선포하라. 말씀을 전하라."

에스겔 선지자가 하나님의 명령에 순종하여 뼈들을 향해 말씀을 선언합니다. 그러자 뼈들이 움직이며 서로 연결되기 시작합니다. 뼈에 힘줄이 생기고 살이 오르며 그 위에 가죽이 덮이면서 사람의 모형을 이룹니다. 그러나 어디까지나 모형에 불과합니다. 마네킹과 같습니다. 그 후에 하나님께서 보내신 생기가 그들에게 임하자 그들은 곧 살아나서 지극히 큰 하나님의 군대가 됩니다.

우리는 다 마른 뼈들과 같이 예수님을 믿기 전에는 죄와 허물로 죽어 있던 자들이었습니다. 그러니 어떻게 예수님께 반응할 수 있겠습니까? 아무리 복음을 들어도 아무런 반응도 할 수 없습니다. 성령께서 오셔서 우리를 깨우쳐주심으로 새 생명을 주셔야 합니다.

앞에서도 살펴본 바 있지만 예수님이 니고데모에게 하신 말씀이 바로 이것입니다. 요한복음 3장을 보면 니고데모라 하는 종교지도자가 예수님을 찾아오는 장면이 나옵니다. 그에게는 질문이 하나 있었습니다.

'어떻게 하면 하나님나라에 갈 수 있을까?'

종교적으로 아무리 애를 쓰고 바르게 살아도 도무지 천국에 갈 수 있으리란 확신을 얻을 수 없었기에 예수님께 그 대답을 얻으려고 찾아온 것입니다. 그런 니고데모를 향해 예수님이 엄청난 말씀을 하십니다.

"거듭나야 천국에 갈 수 있다."

예수님의 대답을 듣고 니고데모가 깜짝 놀랍니다.

"아니, 어떻게 다 자란 어른이 다시 어머니 배 속으로 들어갔다가 다시 태어날 수 있습니까?"

니고데모는 다시 태어나는 것은 불가능하다고 생각했습니다. 그때 예수님이 이런 말씀을 하십니다.

> 내가 네게 거듭나야 하겠다 하는 말을 놀랍게 여기지 말라 바람이 임의로 불매 네가 그 소리는 들어도 어디서 와서 어디로 가는지 알지 못하나니 성령으로 난 사람도 다 그러하니라 요 3:7,8

인간의 힘으로는 거듭날 수 없습니다. 돈과 권력이 아무리 많아도, 과학이 아무리 발달했어도 한 번 태어난 사람은 다시 태어날 수 없습니다. 그러나 예수님은 사람이 할 수 없는 그것을 성령께서 하신다고 말씀하십니다. 여기서도 예수님의 메시지는 명확합니다. 성령님이 오셔서 우리에게 새 생명을 주시고 거듭나게 하신다는 것입니다. 이것이 성경의 명확한 가르침입니다.

그래서 에베소서 2장에 이런 말씀이 기록되어 있습니다.

> 너희는 그 은혜에 의하여 믿음으로 말미암아 구원을 받았으니 이것은 너희에게서 난 것이 아니요 하나님의 선물이라 엡 2:8

구원은 오직 하나님의 선물일 뿐 우리의 행위에서 난 것이 아니기에 자랑하지 말라는 것입니다. 성령으로 말미암아 우리를 살게 하시는 하나님의 은혜가 먼저 있어야 우리가 예수님을 믿을 수 있고, 구원 받을 수 있습니다.

성도들 중에 아무리 전도해도 꿈쩍도 안 하는 가족들이나 친구들 때문에 마음 상해 하는 분들이 많습니다. 가슴이 돌과 같습니다. 아무리 말을 해도 바늘구멍 하나 들어갈 틈이 안 보입니다. 그들을 전도하는 것은 영영 불가능할 것 같습니다.

그러나 성령님이 하시면 됩니다. 어느 순간 전혀 마음을 열 것 같지 않던 분이 예수님을 영접합니다. 그러니 믿음으로 소망을 가져야 합니다. 그리고 성령님이 역사하실 그 순간을 위해 끊임없이 전도해야 합니다. 우리가 예상하지 못한 어느 순간, 성령님의 역사하심으로 새 생명을 누리게 될 줄 믿습니다.

성령과 새로운 정체성

둘째, 성령님은 우리에게 오셔서 새로운 정체성을 주십니다. 본문 말씀을 다시 봅시다.

> 우리가 유대인이나 헬라인이나 종이나 자유인이나 다 한 성령으로 세례를 받아 한 몸이 되었고 … 고전 12:13

유대인과 헬라인이란 것은 민족성을 가리킵니다. 종이나 자유인이란 것은 사회 구조 속에 속해 있는 신분을 가리킵니다. 전에는 우리의 민족성과 신분이 우리의 정체성이었습니다. 그런데 성령님이 오시어 그것을 완전히 바꾸어버리셨습니다. 어떤 민족이든, 어떤 신분이든 상관없이 한 몸으로 이끄신다는 것입니다.

바로 앞 절인 12절을 보면 "몸은 하나인데 많은 지체가 있고 몸의 지체가 많으나 한 몸임과 같이 그리스도도 그러하니라"라는 말씀이 있습니다. 그렇다면 여기서 말하는 몸이란 그리스도의 몸인 교회를 말하는 것이 분명합니다. 전에는 다 다른 민족, 다른 인종, 다른 신분, 다른 세대, 다른 지역에 살던 우리에게 성령님이 임하셔서 그리스도 안에서 새로운 정체성을 주심으로 한 교회로 부르신다는 것입니다. 이것이 성령께서 행하시는 두 번째 일입니다.

이러한 가르침은 당시 엄청난 폭발력을 일으켰습니다. 그때까지 유대인들과 이방인들은 완전히 원수지간이었습니다. 로마 사회에서 자유인과 종은 전혀 다른 차원의 사람이었습니다. 그런데 이들을 다

한 몸으로 부르신다니, 그 충격이 얼마나 컸겠습니까?

인간 사회가 민족으로, 부족으로, 언어와 방언으로 각기 나뉘게 된 것은 바벨탑 사건 이후 하나님의 심판의 결과 때문입니다. 창세기 11장을 보면 그때까지 한 언어로 소통하던 인류가 힘을 합쳐 하나님께 대적하고 하나님 자리에 대신 서기 위해 바벨탑을 쌓습니다.

하나님께서는 그런 그들을 그대로 두고 보실 수 없었습니다. 그들의 언어를 각기 달리 하여 온 지면에 흩으셨습니다. 그 결과로 언어별, 지역별로 새로운 문화와 민족이 탄생하게 된 것입니다. 오늘날 이토록 민족적, 사회적 분열이 끊이지 않고 화합이 힘든 것은 바벨탑 사건의 후유증이라고 볼 수 있습니다.

그런데 성령께서 오셔서 그 저주를 반전시키십니다. 성령님이 오시어 성령의 새 시대가 시작되던 2천 년 전 오순절 날 무슨 일이 일어났습니까? 성경은 이렇게 묘사합니다.

오순절 날이 이미 이르매 그들이 다 같이 한 곳에 모였더니 홀연히 하늘로부터 급하고 강한 바람 같은 소리가 있어 그들이 앉은 온 집에 가득하며 마치 불의 혀처럼 갈라지는 것들이 그들에게 보여 각 사람 위에 하나씩 임하여 있더니 그들이 다 성령의 충만함을 받고 성령이 말하게 하심을 따라 다른 언어들로 말하기를 시작하니라 그때에 경건한 유대인들이 천하 각국으로부터 와서 예루살렘에 머물러 있더니 이 소리가 나매 큰 무리가 모여 각각 자기의 방언으로 제자들이 말하는 것을 듣고 소동하여 다 놀라 신기하게 여겨 이르되 보라 이 말하는 사람들이 다 갈릴리 사람이 아니냐 우리가 우리 각 사람이 난 곳 방언으로 듣게 되는

것이 어찌 됨이냐 행 2:1-8

이스라엘의 큰 명절인 오순절을 맞아 원근각처에서 수많은 사람들이 예루살렘으로 모여들었습니다. 그들 중에는 바대인, 베대인, 엘람인이 있었고 메소보다미아, 유대, 갑바도기아, 본도와 아시아, 부르기아와 밤빌리아, 애굽과 구레네에 가까운 리비야 등 여러 지방에 사는 유대인 후손들, 유대교로 개종한 사람들 등 다양했습니다.

그런데 제자들에게 성령이 임하자 그들이 다 알아들을 수 있는 새 언어를 말하기 시작한 것입니다. 성령께서는 분명히 새로운 한 언어를 주셨는데, 그 언어가 그들 모두가 들을 수 있는 각 방언으로 들려진 것입니다. 성령님이 임하신 그날, 비로소 바벨탑의 저주가 반전된 것입니다.

이처럼 성령께서는 새로운 정체성과 새로운 언어를 주시면서 그분의 백성들을 부르시는데, 전에는 유대인과 이방인, 자유인과 종, 한국인과 미국인과 중국인과 일본인 등으로 나뉘어 있던 우리가 이제는 주님의 몸 된 교회로 한 형제가 되어 서게 된 것입니다. 이것이 성령께서 이루시는 새로운 정체성입니다.

한 형제로 묶으시는 성령님

요즘 국제뉴스를 들어보면, 미국의 백인과 흑인 간의 갈등이 점점 심해지고 있음을 보게 됩니다. 갈등이 폭동으로 이어지는 안타까운 일들도 계속되고 있습니다. 오랜 세월 쌓여온 갈등이 폭발하는 것입니다. 그러나 그런 가운데서도 등대처럼 빛나는 아름다운 이야기를 종종 접하게 됩니다. 예수님의 이름으로 흑인 교회와 백인 교회가 한자리에 서서 서로에게 용서를 빌고 축복하는 모습을 볼 수 있습니다.

어떻게 그럴 수 있습니까? 성령 안에서 이제는 더 이상 우리의 인종이나 피부색이 우리의 정체성을 결정하지 않기 때문입니다. 더 이상 배경이나 환경이 우리를 지배하지 않기 때문입니다. 이제는 오직 성령 안에서 예수님만 바라봅니다. 예수님 안에서 한 가족인 것을 깨닫는 것입니다.

1992년 LA에서는 한인과 흑인 사이의 갈등이 폭동과 테러로 터져버린 사건이 일어났습니다. 정말 너무나 비참한 날이었습니다. 그때 미국에서 그 상황을 직접 목격했던 저는 너무나 큰 충격을 받았습니다. 폭동이 일어나고 2,3일째 되던 날, 너무나 낙심하여 정신 나간 사람처럼 거리를 걷고 있는데, 거리 저쪽에서 한 흑인 형제가 복음을 전하고 있는 소리가 들려왔습니다.

"여러분, 지금 이곳에서 일어나고 있는 갈등과 폭동은 사탄이 주는 것입니다. 속지 마세요! 주님은 우리를 하나로 만드십니다. 우리는 주 안에서 하나가 되었습니다. 한 형제가 되었습니다!"

그 형제의 선포가 우울한 제 마음에 정말 큰 위로와 격려가 되었습니다. 저는 자석에 이끌리듯 그에게 다가가 말을 건넸습니다.

"나의 형제여, 당신이 하는 말에 절대적으로 동의합니다."

저를 쳐다보는 그 형제의 눈에 눈물이 글썽였습니다. 우리는 서로를 포옹하며 "주 안에서 우리는 하나입니다"를 외치며 함께 하나님을 찬양했습니다. 그때 LA는 한인과 흑인의 갈등으로 불타는 도시가 되었지만, 우리가 서 있던 그 자리만큼은 한인 혹은 흑인이라는 예전의 정체성은 다 사라진 채 '그리스도 안에서 하나'라는 새로운 정체성으로 서로를 축복해줄 수 있는 곳이었습니다.

갈등이 끊이지 않는 오늘 우리 사회에 이것이 얼마나 큰 소망이 되겠습니까? 특히 우리나라는 지역 갈등, 이념 갈등, 세대 갈등이 극심합니다. 월드컵 응원하면서 "오, 필승 코리아"를 외칠 때는 다 하나가 된 것 같은데, 다음 선거 때 보면 내재된 모든 갈등이 폭발하여 서로를 비난하느라 정신이 없습니다. 우리나라에 소망이 있으려면 이런 갈등이 해소되어야 합니다.

그런데 그것은 성령님이 주시는 능력이 아니면 불가능합니다. 성령께서 주시는 새로운 정체성이 반드시 우리에게 필요합니다. 한 몸으로 부름 받은 우리 교회 안에서라도 지역 갈등, 세대 갈등이 없어져야 합니다. 서로의 차이를 인정하고 그 모든 차이를 포용하시는 그리스도 안에서 하나가 되어야 합니다. 이것이 성령님이 하시는 일입니다.

우리가 성령님이 하시는 일을 무시하고 우리 뜻대로 갈라져 여전히 갈등을 일으키고 있다면, 그것은 죄입니다. 교회가 해서는 안 되는 일입니다. 우리가 이 부분에 있어서 더욱 성령님을 의지하고 철저하게 회개해야 합니다. 주님의 교회는 달라야 합니다. 우리는 성령 안에서 하나 된 것을 지켜야 합니다. 성령과 함께 파도를 타고 한 방향으로 나아가야 합니다. 그래야 교회에 소망이 있고, 우리나라에 소망이 있습니다.

성령과 충만함

셋째, 성령님은 오셔서 우리에게 충만함을 나누어주십니다.

본문 말씀을 우리말 성경으로 보면 그 차이가 잘 보이지 않지만, 영어성경으로 보면 미묘한 차이가 있음을 알 수 있습니다.

앞에서 살펴본 "한 성령으로 세례를 받은 것"은 'baptized by one Spirit'으로 과거형으로 표현되어 있습니다. 이는 이것이 이미 허락하신 일이며, 성령께서 주도적으로 행하신 성령의 주권적 사역임을 알려줍니다.

그런데 그 후에 나오는 부분을 영어성경으로 보면 'we were all given the one Spirit to drink'라고 표현되어 있는데, '다 한 성령을 마시도록 허락되었다'라는 뉘앙스가 담겨 있습니다. 사람에 따라서 마실 수도 있고 안 마실 수도 있는 것입니다. 즉, 성령을 마시는 일은 성령께서 주권적으로 행하시는 것이 아니라 그 몫을 우리에게 맡겨주셨다는 것입니다.

그러면 성령을 마신다는 것이 도대체 무엇입니까? 이 부분에 대해서는 예수님이 명확하게 설명해주신 적이 있습니다.

명절 끝날 곧 큰 날에 예수께서 서서 외쳐 이르시되 누구든지 목마르거든 내게로 와서 마시라 나를 믿는 자는 성경에 이름과 같이 그 배에서 생수의 강이 흘러나오리라 하시니 이는 그를 믿는 자들이 받을 성령을 가리켜 말씀하신 것이라
요 7:37-39

이 말씀에서 예수님은 구원받은 모든 성도들을 초대하고 계십니다. 목마르거든 누구든지 와서 마시라는 것입니다. 그러면 그 배에서 생수의 강이 흘러나올 것인데, 그것은 믿는 자들이 받을 성령의 충만함을 가리키는 것입니다. 즉 예수님은 믿는 자들이 받을 성령의 충만함을 가리켜 '성령을 마시라'고 하신 것입니다.

그 자리에 있지 말고 와서 마셔라

그런데 이것은 성령께서 주도권을 가지고 주권적으로 행하시는 일이 아니라 우리가 해야 하는 일입니다. 우리에게 달려 있다는 말입니다. 그래서 예수님이 "목마르거든 내게로 와서 마셔라. 그 자리에 남아 있지 말라. 와서 마셔라"라고 초대하시는 것입니다. 목마르면 그 자리에 남아 있지 말아야 합니다. 주님께 나아가 마셔야 합니다.

성령 충만함은 가만히 있는데 그냥 주어지는 것이 아닙니다. 우리가 사모하고 갈망해야 합니다. 성령의 충만함을 받기 위해 죄를 회개하고 하나님 앞에 우리 자신을 정결하게 드리는 노력이 있어야 합니다. 성령님이 근심하시지 않도록, 오셔서 충만히 역사하실 수 있도록 우리 삶이 주님의 말씀과 나란히 서야 합니다.

인생의 갈증은 예수님을 만나야 해소될 수 있고, 성도의 갈증은 성령 충만함을 받아야 해소되는 것입니다. 우리가 성령을 받아 예수님을 믿는 자가 되었다면, 이제 성령으로 말미암아 생기는 갈증, 거룩한 영적 갈증이 생겨날 것입니다. 성령을 따라 살고자 하는 갈증이 생겨날 것입니다. 하나님의 능력으로 살면서 하나님의 사명을 이루어드리고자 하는 갈증이 생길 것입니다. 그러면 그 갈증을 가지고 주님께 나아가야 합니다. 믿는 마음으로 나아가 성령의 충만함을 갈망하며 구해야 합니다.

갈라디아서 5장에 이런 말씀이 있습니다.

> 내가 이르노니 너희는 성령을 따라 행하라 그리하면 육체의 욕심을 이루지 아니하리라 육체의 소욕은 성령을 거스르고 성령은 육체를 거스르나니 이 둘이 서로 대적함으로 너희가 원하는 것을 하지 못하게 하려 함이니라 갈 5:16,17

예수님을 믿는 자들에게 주시는 말씀입니다. 성령을 따라 행하라, 성령의 사람이 되어라, 성령 충만함을 받으라는 말씀입니다. 그러면 육체의 욕심을 이루지 않게 된다는 것입니다.

우리가 아무리 성령을 받아 예수를 믿게 되어도 우리의 육체는 아직 살아 있습니다. 옛 습성, 곧 육신의 정욕이 아직 남아 있습니다. 그래서 우리가 성령으로 충만하지 않으면 구원 받은 다음에도 육체의 욕심을 따라 살 수 있다는 것입니다. 하나님이 우리에게 맡기신 사명과 상관없이 여전히 육체의 지배를 받으며 살 수 있다는 것입니다. 육체의 소욕이 그래서 무섭습니다. 예수 믿으면서도 여전히 세상 사람과 똑같이 살도록 만들 수 있기 때문입니다. 그렇게 살지 않도록 성령의 충만함을 받아야 합니다.

예수님을 믿고 주님의 백성들이 된 우리는 새로운 정체성을 가지고 주님의 사명을 이루어가는 삶을 살아야 합니다. 우리가 다 성령의 충만함을 받아 육체의 욕심을 이기고 승리의 삶을 살게 되기를 바랍니다.

"성령을 믿습니다"라고 고백할 때마다 그 안에 "성령으로 말미암아 내가 구원받았고, 이제 주님의 새로운 정체성을 갖는 하나님의 교회가 되었으며, 성령 충만함을 사모함으로 주님과 동행하며 주님의 사명을 이루어드리는 하나님의 백성이 되겠습니다"라는 의미가 담겨 있음을 생각하며 간절한 마음으로 올려드리는 우리 모두가 되기를 바랍니다.

"나는 성령님을 믿습니다!"

I believe

나는
믿 습 니 다

고린도에 있는 하나님의 교회 곧 그리스도 예수 안에서 거룩하여지고 성도라 부르심을 받은 자들과 또 각처에서 우리의 주 곧 그들과 우리의 주 되신 예수 그리스도의 이름을 부르는 모든 자들에게

고린도전서 1장 2절

거룩한 공회를 믿습니다

chapter **14**

교회의 시작

'공회(公會)'란 '하나님의 백성들이 모인 곳'이란 뜻으로, 쉽게 말해서 '교회'입니다. 그러니 우리는 사도신경을 통해 "나는 주님의 거룩한 교회를 믿습니다"라고 고백하는 것입니다. 사도신경은 하나님 아버지, 그의 독자 예수 그리스도, 성령 하나님을 믿는다는 고백에 이어서 교회를 믿는다고 고백합니다. 즉, 삼위일체 하나님을 믿는다고 고백한 즉시 그 다음으로 고백하는 내용이 주님의 교회에 대한 것입니다. 그렇다면 '교회'가 얼마나 중요하다는 말이겠습니까?

어느 날 베드로가 예수님께 이런 고백을 합니다.

"예수님, 당신은 그리스도이십니다. 살아 계신 하나님의 아들이십니다."

그때 예수님은 베드로에게 "내가 이 반석 위에 교회를 세우겠다"라고 말씀하셨습니다. 즉 예수님을 향해 신앙을 고백하며 나오는 자를 보시며 주님은 즉시 교회를 그리셨던 것입니다. 주님의 가슴에 교회가 있었기 때문입니다. 예수님은 믿는 자들을 통해 세워질 주님의 거룩한 공회, 즉 믿는 자들이 모이는 교회를 처음부터 생각하셨습니다.

사도행전을 보면 예수님이 하나님 우편으로 승천하신 후에 성령께서 오셔서 주님의 백성들을 통해 능력으로 역사하시는 모습이 보입니다. 예수님의 복음이 능력 있게 전파되어 많은 사람들이 구원을 받으며, 가는 곳마다 하나님의 이적과 기사가 보이고, 사회와 사람들이 변하는 놀라운 장면들이 나타납니다. 이처럼 본격적인 성령 시대의 개막을 알리며 놀라운 성령님의 역사를 보여주고 있는 사도행전이지만, 우리가 한 가지 간과할 수 없는 것이 있습니다. 그것은 사도행전의 기록이 교회의 역사란 것입니다. 성령의 능력으로 예수 그리스도의 복음 사역이 흥왕하는 곳마다 공통적으로 교회가 세워졌습니다.

교회, 하나님의 디자인

사도 바울의 경우 그가 들렀던 곳마다 교회를 세웠습니다. 가는 곳마다 복음을 전하며 믿는 자들의 모임이 조직화될 수 있도록 영적 지도자들을 세웠습니다. 사도 바울이나 초대교회 모든 사도들은 주님의 교회가 세워지는 일의 중요성을 너무나 잘 알고 있었습니다. 왜냐하면 교회를 통해 하나님나라가 확장되는 것, 이것이 하나님의 디자인이자 비전이기 때문입니다.

교회의 원어는 헬라어로 '에클레시아'입니다. '불러내다, 뽑아내다'란 의미로, 하나님께서 세상에서 불러내시어 따로 세운 사람들, 죄와 사망의 자리에서 뽑아내 하나님께로 나아오게 한 사람들을 뜻하는 것입니다. 그러니 교회는 건물을 지칭하는 것이 아닙니다. 하나님께서 허물과 죄로 죽었던 곳으로부터 우리를 구원하시어 그분의 백성으로 따로 세워주신 곳, 그곳에 모여 있는 사람들을 가리켜 '교회'라고 하는 것입니다. 즉 우리 자신이 교회입니다.

우리가 "거룩한 교회를 믿습니다"라고 신앙고백할 때마다 우리는 바로 이것을 고백하는 것입니다. 교회가 바로 하나님이 디자인하신 하나님의 계획이란 것을 인정하고 믿는다고 고백하는 것입니다. 그리고 하나님이 디자인하신 그 교회 안에 내가 한 지체로 서 있다는 것과 교회의 지체로서 내가 감당해야 할 책임이 있다는 것을 인정하고 믿는다는 의미입니다.

그런데 안타깝게도 오늘날은 교회에 대한 중요성을 잃고 있는 것 같습니다. 심지어 믿는 자들 가운데도 꼭 교회라는 공동체에 속해 있을 필요가 있느냐고 묻는 자들도 있습니다. 하나님을 믿고 예수님을 따르면 됐지 꼭 교회 공동체 안에 속해 있을 필요는 없다고 강하게 도전하는 자들도 있습니다.

어쩌면 지상의 교회에 실망했기 때문에 그럴 수도 있습니다. 아니면 귀찮은 것이 싫고 편하게 신앙생활 하고 싶어서 그런지도 모릅니다. 그러나 성경은 그런 모습은 하나님이 본래 계획하신 디자인이 아니라고 분명히 가르칩니다. 만약 교회가 단순히 건물을 의미하는 거라면 신앙생활 하기 위해 굳이 교회에 갈 필요가 없습니다. 그러나 교회는 건물이 아니라 사람입니다. 하나님께서 믿는 자들을 불러서 세우신 공적인 모임인 것입니다. 그렇기에 우리의 믿음은 주님의 교회를 떠나서는 불가능합니다.

> 너희는 사도들과 선지자들의 터 위에 세우심을 입은 자라 그리스도 예수께서 친히 모퉁잇돌이 되셨느니라 그의 안에서 건물마다 서로 연결하여 주 안에서 성전이 되어 가고 너희도 성령 안에서 하나님이 거하실 처소가 되기 위하여 그리스도 예수 안에서 함께 지어져 가느니라 엡 2:20-22

하나님의 분명한 디자인이 여기에 있습니다. 예수 믿는 우리 모두는 주님의 몸 된 교회의 지체입니다. 그리스도 예수께서 모퉁잇돌이 되시며 우리는 그와 연결된 건물로 주 안에서 성전이 되어가는 것입니다. 우리는 다 하나님이 거하실 처소가 되기 위하여 함께 지어져 가도록 하나님께 부르심을 받은 것입니다.

그렇다면 우리는 반드시 주님의 교회로서 살아야 합니다. 주님을 믿는 것과 교회의 한 지체로 서 있는 것을 따로 생각할 수 없는 것입니다. 그래서 "나는 교회를 믿습니다"라는 고백을 하는 것입니다.

그런 의미에서 주님의 교회를 더 깊이 알기를 바랍니다. 고린도전서 1장 2절 말씀을 중심으로 주님의 교회가 무엇이며 세상에서 어떤 위치를 차지하고 있는지, 또 어떤 모습으로 서 있어야 하는지 생각해 보고자 합니다.

고린도에 있는 하나님의 교회 곧 그리스도 예수 안에서 거룩하여지고 성도라 부르심을 받은 자들과 또 각처에서 우리의 주 곧 그들과 우리의 주 되신 예수 그리스도의 이름을 부르는 모든 자들에게 고전 1:2

이 말씀은 교회에 대한 모든 것을 설명해주진 않지만 특별히 사도신경에서 교회를 믿는다고 고백할 때 강조하는 교회의 두 가지 중요한 원리를 담고 있습니다. 이 말씀을 통해 교회의 두 가지 측면에 대해 살펴보겠습니다.

거룩한 교회

교회에 대해 살펴봐야 할 첫 번째 포인트는, 교회는 하나님으로부터 이미 구별된 백성이면서 계속 성화되어야 하는 공동체라는 것입니다. 이것이 거룩성입니다. 그래서 사도신경에서는 특별히 '거룩한 교회'를 강조하고 있는 것입니다.

'거룩'이란 구별되었다는 뜻입니다. 하나님께서 그분의 백성으로 구별하신 것이 교회입니다. 그런데 구별 받은 것에서 끝나는 것이 아니라 계속 성화되어감으로 거룩해져야 하는 공동체로 부르셨습니다. 이것이 교회입니다.

사도 바울은 고린도교회를 향해 편지하면서 서두에 "고린도에 있는 하나님의 교회 곧 그리스도 예수 안에서 거룩하여지고 성도라 부르심을 받은 자들"에게 편지한다고 밝히고 있습니다. 이 말씀을 원어 그대로 직역해보면 '거룩'이란 단어가 두 번 나옵니다.

"고린도에 있는 하나님의 교회 곧 그리스도 예수 안에서 거룩하여지고 또한 계속 거룩하라고 부르심을 받은 교회에게 편지한다."

즉, 주님의 교회란 예수님 안에서 거룩하여진 백성을 뜻하는데, 그들은 동시에 거룩한 백성이 되기 위해 계속 거룩을 추구해야 하는 자들이란 뜻입니다. 이것은 주님의 교회를 이해하는 데 매우 중요한 요소가 됩니다.

> 우리로 하여금 빛 가운데서 성도의 기업의 부분을 얻기에 합당하게 하신 아버지께 감사하게 하시기를 원하노라 그가 우리를 흑암의 권세에서 건져내사 그의 사랑의 아들의 나라로 옮기셨으니 골 1:12,13

이 말씀을 보면 하나님께서는 우리의 자리를 옮기셨습니다. 하나님께서 우리를 구원하셨을 때 단순히 죄를 씻어주신 것만이 아니라 흑암의 권세 아래서 건져내어 그분의 아들 예수 그리스도의 나라로 자리를 옮겨주셨습니다.

예를 들어, 난민들이 한 나라의 시민권을 받는 것을 생각해봅시다. 그 나라에 와서 시민권을 받기 전과 후는 완전히 다릅니다. 신분이 달라졌기 때문입니다. 내가 지금 서 있는 이곳에 어떤 모습으로 서 있는가 하는 것이 그만큼 중요합니다. 우리가 예수님을 믿는 순간 하나님께서는 우리를 하나님나라의 시민으로 설 수 있도록 우리의 자리를 완전히 바꾸어주셨습니다. 이것이 하나님이 우리를 거룩한 자로 구별하여 세우셨다는 뜻입니다. 이것은 하나님이 하신 일입니다.

그리고 이제 우리는 하나님이 우리를 부르신 그 거룩을 능동적으로 이루어나가야 하는 것입니다. 다시 말하면, 하나님께서 우리의 위치를 바꾸어 천국 시민으로 살 수 있는 시민권을 주셨는데, 이제는 우리가 천국의 시민으로서 능동적으로 살아야 한다는 것입니다.

너희는 유혹의 욕심을 따라 썩어져 가는 구습을 따르는 옛 사람을 벗어 버리고 오직 너희의 심령이 새롭게 되어 하나님을 따라 의와 진리의 거룩함으로 지으심을 받은 새 사람을 입으라 엡 4:22-24

하나님이 우리의 위치를 옮겨주셨지만 우리에게는 구습을 따르는 옛 사람의 모습이 여전히 남아 있습니다. 그렇기 때문에 옛 사람을 벗어 버리고 하나님의 거룩하신 새로운 옷을 입어나가야 한다는 것입니다.

이 땅에서 천국을 연습하라

여기서 우리는 굉장히 중요한 교훈을 받아야 합니다. 그것은 교회가 왜 존재하는가에 관한 부분입니다. 우리는 지금 세상에서 살고 있습니다. 하나님이 우리를 구별하여 하나님의 백성으로 거룩하게 하셨지만, 여전히 세상에 남아 있습니다. 그렇다면 우리는 그 세상 속에서도 우리의 궁극적인 시민권이 하나님나라에 있음을 알고 그 나라의 모습을 배워나가야 합니다. 그 나라의 언어와 생각과 가치관을 가지고 살 수 있도록 말입니다. 바로 이것을 위해서 하나님께서 교회를 허락하셨습니다.

하나님께서는 우리를 이미 그리스도 안에서 구별하셨지만, 계속적으로 성화된 삶을 살라고 교회로 부르셨다는 것입니다. 만일 하나님께서 우리를 구원하시는 것에만 목적을 두셨다면 굳이 교회로 인도하실 필요는 없었을 것입니다. 그런데 그것이 아닙니다. 우리가 이 땅에 살면서 하나님나라의 시민답게 사는 것을 지금부터 배워가라고 교회로 부르신 것입니다.

예를 들어 생각해봅시다. 우주정거장에서 몇 달씩 생활하는 우주인들이 있습니다. 그런데 그들은 언제나 한 가지 사실을 기억하고 있습니다.

'우리는 언젠가 지구로 돌아갈 사람이다. 여기 남을 사람이 아니다.'

그렇기 때문에 우주정거장에 머물면서도 지상의 이야기를 합니다. 지상의 뉴스를 계속 듣습니다. 지상에서 듣던 노래를 듣습니다. 중력이 없는 우주에 있지만 언젠가 돌아갈 지구의 중력에 익숙해지도록 훈련과 운동을 계속합니다.

마찬가지입니다. 지금은 세상에 살고 있지만 궁극적으로 우리는 하나님의 백성들이고 천국 시민들입니다. 그렇기에 지금부터 주님의 몸 된 교회를 통해 그 나라의 언어를 말하고, 그 나라의 노래를 부르며, 그 나라의 가치관을 가지고, 그 나라의 교제를 누리며, 그 나라에 갈 준비를 하라는 것입니다. 하나님께서는 이것을 위해 이 땅에 교회를 허락하셨습니다. 그리고 그 과정이 거룩을 향해 나아가는 성화의 과정인 것입니다.

이런 의미에서 교회는 편히 다니라고 있는 곳이 아닙니다. 하나님은 교회를 거룩한 교회로 구별하셨습니다. 세상과 달라야 합니다. 언어와 생각과 모습과 활동과 교제가 달라야 합니다. 그런데 세상 속에 살고 있는 우리가 어떻게 세상과 다르게 살아갈 수 있습니까? 훈련이 없이는 안 됩니다. 양육 받지 않고는 안 됩니다. 함께 모여서 성도의 교제를 나누지 않으면 안 됩니다. 함께 예배드리며 하나님나라의 문화에 익숙해지지 않으면 안 됩니다. 그 나라의 시민권은 가지고 있으면서 이 세상 문화에만 익숙해진 채 살아가서는 안 됩니다.

그렇기 때문에 교회에서 훈련과 양육과 영성과 교제가 강조되는 것입니다. 그리고 이것이 하나님이 디자인하신 교회의 본래 모습입니다. 하나님은 우리를 '거룩한 공회'로 부르셨습니다. 이것은 체질 변화 없이 이루어질 수 없습니다. 굉장한 노력이 필요합니다. 지속적으로 훈련함으로 점차 이루어갈 수 있는 것입니다.

하나님께서는 교회를 향해 원대한 계획을 가지고 계십니다. 바로 교회를 통해 하나님 자신의 모습을 온 세상과 우주에 드러내 보이기를 원하십니다. 교회가 하나님의 거룩하신 형상을 이루어 이 세상에 진정한 빛이 되어야 하는 것입니다.

그래서 교회가 '거룩'을 잃으면 다 잃은 것입니다. 교회가 세속화되면 더 이상 교회가 아닙니다. 하나님의 교회는 거룩한 교회입니다.

달라야 합니다. 생각이 달라야 하고, 언어가 달라야 하고, 문화가 달라야 하고, 체질이 달라야 합니다.

하나님께서는 한 사람의 신앙을 거룩한 공회와 따로 보지 않으십니다. 그리스도 안에서 함께 성전으로 지어져 가도록 부르심 받았기 때문입니다. 우리가 다 세상 속에 살면서도 거룩한 공회로서 하나님의 형상을 이루어 그분의 빛을 세상에 전하는 자들이 되기를 바랍니다.

개 교회이자 세계 교회

교회에 대해 살펴야 할 두 번째 포인트는, 개 교회이면서 동시에 세계 교회라는 것입니다. 말씀에 이 같은 사실이 분명히 드러나 있습니다.

> 고린도에 있는 하나님의 교회 곧 그리스도 예수 안에서 거룩하여지고 성도라 부르심을 받은 자들과 … 고전 1:2

이 말씀은 고린도에 있는 교회, 즉 그 지역 교회를 향해 주어졌습니다. 그러나 동시에 그 교회만을 위해 주신 것이 아닙니다.

> … 또 각처에서 우리의 주 곧 그들과 우리의 주 되신 예수 그리스도의 이름을 부르는 모든 자들에게 고전 1:2

세계만방 곳곳에서 예수 그리스도의 이름을 부르는 모든 자들에게 주어진 것입니다. 성경이 가르치는 교회론은 개 교회이면서 동시에 세계 교회라는 것입니다. 우리말로 사도신경을 고백하다 보면 이 부분에 대한 개념이 명확하게 드러나지 않는 것 같습니다. 그러나 영어로 보면 더 분명합니다.

"I believe in the Holy universal church"(나는 하나님의 거룩한 우주적인 교회를 믿습니다).

우리가 이 사실을 깨닫지 못하면 교회를 제대로 이해할 수 없습니다. 우리가 교회라고 할 때 보통은 한 교회를 생각합니다. 그러나 하나님은 그렇게 보지 않으십니다. 주님께서는 그들 모두가 다 한 교회로 보이는 것입니다. 세계 교회에 대한 개념이 없으면 교회가 이상한 길로 나아가게 됩니다. 기업들이 서로 경쟁하듯 수많은 교회 중에 우리만 살아남으면 된다는 이상한 교회론으로 빠지게 되는 것입니다. 이것은 하나님이 가르치신 교회론이 아닙니다.

> 몸이 하나요 성령도 한 분이시니 이와 같이 너희가 부르심의 한 소망 안에서 부르심을 받았느니라 주도 한 분이시요 믿음도 하나요 세례도 하나요 하나님도 한 분이시니 곧 만유의 아버지시라 만유 위에 계시고 만유를 통일하시고 만유 가운데 계시도다 엡 4:4-6

한 주님, 한 부르심, 한 소망 안에서 우리는 한 몸 된 거룩한 교회입니다.

한 몸, 한 교회

그러면 개 교회가 왜 필요한 것입니까? 분명히 성경을 보면 고린도교회, 갈라디아교회, 에베소교회 등 개 교회가 있었고 그들 각각의 교회의 모습을 인정하고 있습니다. 그것은 눈에 보이지 않는 하나님의 우주적인 교회가 각 지역에 서 있는 개 교회들로 나타나고 있기 때문입니다. 우리 눈에 보이는 실제적인 한 교회를 통해 우주적인 교회가 어떤 곳인지 배워가는 것입니다.

그래서 각 교회가 건강해야 합니다. 각 교회가 건강함으로 세계 교회가 건강해지는 것입니다. 몸의 원리와 같습니다. 몸 전체가 건강하려면 몸의 각 지체가 건강해야 합니다. 소화기능이 약한데 몸 전체가 건강할 수 없습니다. 귀가 잘 들리지 않는데 몸 전체가 온전하다고 말할 수 없습니다. 또 몸을 떠나서 각 지체를 따로 보는 것도 의미가 없습니다. 제아무리 손이 예쁘다고 해도 손만 따로 떨어져서 존재할 수 없습니다. 몸 전체가 있음으로 인해 그 몸의 각 지체가 의미가 있는 것이고, 동시에 각 지체가 제대로 활동하고 있음으로 인해 전체 몸이 건강한 것입니다.

마찬가지로 하나님의 세계 교회가 강건하기 위해서는 각 교회가 강건하게 서 있어야 합니다. 우리 교회가 개 교회로서 건강하고 성령 충만해야 합니다. 그러면서 동시에 우리는 하나인 주님의 교회라는 것을 잊어서는 안 됩니다. 항상 주님의 교회 전체를 볼 수 있어야 하고 주님의 우주적인 교회를 마음에 품고 있어야 합니다.

이러한 인식이 있어야 한국 교회가 아파할 때 우리도 아파할 수 있고, 우리가 잘될 때에는 한국 교회와 더불어 유익을 나눌 수 있습니다. 더 나아가 세계 교회를 보면서 주님의 한 교회를 볼 수 있게 됩니다. 우리가 감당할 수 있는 범위 안에서 세계 교회와 함께 이루어나가야 하는 사역을 짊어지고 함께 나아가게 됩니다. 그것이 저 멀리 있는 중동 교회나 남미 교회만의 사역이 아니라 우리 모두의 사역이라는 것을 자각하게 되는 것입니다.

이것이 우리가 "나는 거룩한 교회를 믿습니다"라고 고백할 때마다 기억하고 함께 고백해야 하는 것입니다. 주님의 교회는 하나님이 거룩하게 구별하신 공동체입니다. 그래서 교회는 계속해서 그 거룩성을 유지하고 지켜가야 합니다. 세속화되어서는 안 됩니다. 또한 개 교회인 동시에 세계 교회입니다. 그래서 각 교회가 건강하게 세워지는 것도 중요하지만 항상 모든 주님의 교회를 생각하며 그들과 함께 설 수 있어야 합니다. 개 교회가 강건해져서 세계 교회에 귀하게 사역할 수 있는 우리 모두가 되기를 바랍니다.

"나는 거룩한 공회를 믿습니다!"

I believe

나는
믿습니다

그에게서 온몸이 각 마디를 통하여 도움을 받음으로 연결
되고 결합되어 각 지체의 분량대로 역사하여 그 몸을 자
라게 하며 사랑 안에서 스스로 세우느니라

에베소서 4장 16절

성도들이 서로 교통하는 것을 믿습니다

chapter 15

공동체로 나타나는 주님의 교회

성도가 서로 교통하는 것을 믿는다는 것은 무슨 뜻일까요? '성도가 서로 교통하는 것'을 영어로 보면 'the communion of saints(성도의 교제)'라고 되어 있습니다. 즉 성도들이 함께 나누는 교제를 가리키는 것입니다. 영어로 'communion(교제)'이란 말이 'community(공동체)'를 의미하는 것처럼, 이 말은 주님의 백성들이 서로 교통해서 이루는 공동체를 뜻하기도 합니다.

즉 성도가 서로 교통한다는 것을 구체적이고 작은 의미로 보면 성도들의 교제 자체를 의미하기도 하지만, 포괄적이며 큰 의미로 본다면 주님의 공동체를 가리키고 있는 것입니다. 그래서 우리가 "성도가 서로 교통하는 것을 믿습니다"라는 고백을 통해 선언하는 것은, 우리가 주님의 공동체의 중요성을 믿고 또 그 공동체를 이루기 위해 우리가 힘써야 하는 것을 믿는다고 고백하는 것입니다.

앞에서 살펴본 '거룩한 공회를 믿는다'는 고백은 사실 이제부터 살펴볼 '성도의 교통을 믿는다'는 고백과 함께 가는 내용입니다. 왜냐하면 하나님의 공교회, 즉 세계적인 교회는 우리 눈에 보이지 않습니다. 그것은 다만 하나님의 눈에 보이는 무형교회인데, 그것이 우리 눈에 보이는 가시적인 교회가 될 때는 반드시 '공동체'의 형태로 나타나기 때문입니다.

예수님이 모퉁잇돌 되신 한 건물

에베소서 2장에 이와 관련한 중요한 말씀이 언급됩니다.

> 너희는 사도들과 선지자들의 터 위에 세우심을 입은 자라 그리스도 예수께서 친히 모퉁잇돌이 되셨느니라 엡 2:20

예수님을 믿어 하나님의 백성들이 된 자들은 '하나님이 준비하신 새로운 터 위에 선 자'라고 합니다. 우리에게 새로운 터가 주어졌다는 것입니다. 전에는 세상 풍조를 따르며 세상의 철학을 가지고 살았지만 이제는 하나님이 새로운 세계관 위에 우리를 세우셨는데, 그 터는 사도들과 선지자들의 터, 즉 하나님의 말씀을 가리킵니다.

예수님을 믿는다는 것은 여전히 전에 살던 세상의 터 위에 사는 것이 아닙니다. 하나님께서 주신 말씀의 터 위에 서서 새롭게 살아가는 것을 뜻합니다.

그런데 하나님께서는 그 자리에 우리를 각각 홀로 세우신 것이 아니라, 모퉁잇돌이신 예수님과 연결된 모습으로 세우셨습니다. 모퉁잇돌이란 옛날에 돌로 집을 지을 때 기초 돌로 사용된 돌입니다. 유럽이나 중동 같은 곳에서는 돌로 집을 많이 지었는데, 집을 짓기 전에 가장 먼저 하는 일이 모퉁잇돌을 찾는 것이었습니다. 코너에서 기준이 되어 거기서부터 다른 돌들이 연결되어 결국 집이 세워지는 것이기 때문입니다.

그래서 예수님이 모퉁잇돌이 되셨다는 것은 그에게로 연결되어 지어지는 건물처럼 우리가 그 토대 위에 지어진다는 말입니다. 다음 구절에서는 조금 더 구체적으로 말씀합니다.

> 그의 안에서 건물마다 서로 연결하여 주 안에서 성전이 되어 가고 너희도 성령 안에서 하나님이 거하실 처소가 되기 위하여 그리스도 예수 안에서 함께 지어져 가느니라 엡 2:21,22

우리는 예수 그리스도께서 친히 모퉁잇돌 되시는 말씀의 터 위에서 주님과 연결되어 건물이 되어가는데, 단순한 건물이 아니라 하나님이 거하실 성전이 되어가는 것입니다. 이것을 말씀하실 때 "너희도 성령 안에서 하나님이 거하실 처소가 되기 위하여"라고 표현합니다. '너희도'는 복수입니다. 하나님께서 우리를 구원하셨을 때 즉시 그분의 공동체 안으로 인도하셨다는 것입니다. 즉, 우리에게 주어진 새로운 정체성을 제대로 깨닫기 위해서는 공동체 없이는 불가능하다는 말입니다.

공동체 가운데 임하시는 주님

구약성경을 보면 성막이 나옵니다. 하나님의 성막은 무엇입니까? 이스라엘 백성들이 애굽에서 나와 약속의 땅으로 가면서 40년 동안 광야생활을 했습니다. 그러자니 텐트를 치고 살 수밖에 없었습니다. 요즘 같은 때라면 텐트 치고 캠핑 하자고 하면 좋아하며 낭만적이라고 생각할 것입니다. 그러나 하루 이틀이 아니라 1년, 2년 텐트에서 살아보십시오. 낭만적이겠습니까? 굉장히 힘들 것입니다. 난민들의 생활 같겠지요. 그런데 이스라엘 백성들은 텐트를 치고 40년을 살았습니다. 그러니 얼마나 힘든 나날들을 보냈겠습니까?

또한 텐트를 치고 살았기 때문에 보호를 받을 수 없었습니다. 적들이 한번 공격하면 금방 무너집니다. 튼튼하게 지어진 성이 아니었기 때문입니다. 그렇기 때문에 그들은 늘 불안감을 가지고 살 수밖에 없었습니다.

그런데 그들이 친 수많은 텐트 한가운데 하나님의 임재가 있는 성막이 있었습니다. 이스라엘 백성들은 그 성막을 바라보면서 '하나님이 우리와 함께하시는구나! 하나님이 우리를 버리지 않으셨구나'라는 것을 항상 알 수 있었습니다. 그러면서 하나님의 영광이 성막 가운데 구름 기둥으로 머물러 있으면 이스라엘 백성들도 그 자리에 머물렸고, 구름이 올라가 움직이기 시작하면 그 구름을 따라 텐트를 거두고 하나님을 따라 갔습니다. 그렇게 하나님의 인도하심을 받으며 광야생활을 한 것입니다.

구약의 이 모습이 신약에서는 어떻게 실행됩니까? 구약에서는 백성들이 친 텐트 한가운데 자리한 성막에 거하셨던 하나님의 임재가 오늘날에는 주님의 공동체를 이루어 함께 거룩한 성전으로 지어져가는 우리 가운데 그분의 영으로 친히 임하시는 것입니다. 즉, 예수 그리스도를 믿고 따르는 자들 개인 안에도 거하시지만, 그 믿는 자들이 이룬 공동체 안에 거하시어 그 안에서 능력으로 역사하시는 것입니다. 이것이 성경이 명확하게 가르쳐주는 바입니다.

신앙의 핵심 요소

사도신경은 '예수님을 믿는 자라면 이것만큼은 알고 믿어야 한다'는 차원에서 지난 기독교 역사 속에서 선포되어온 가장 기본적이며 핵심적인 교리 내용을 담고 있는 신앙고백문입니다. 그런 사도신경 안에 성도들의 교제를 통해 우리가 이루어가는 주님의 공동체에 대한 내용이 담겨 있다는 것은 우리가 이것에 대해 반드시 알아야 한다는 것입니다.

우리가 그 공동체를 믿는다고 고백까지 할 정도로 이것이 우리 신앙에 필수적인 요소라면, 우리는 그 공동체를 적극적으로 이뤄나가는 하나님의 백성들이 되어야 합니다. 그런 차원에서 에베소서 4장

16절 말씀을 중심으로 하나님의 공동체에 대해서 여러 측면으로 살펴보고자 합니다.

> 그에게서 온몸이 각 마디를 통하여 도움을 받음으로 연결되고 결합되어 각 지체의 분량대로 역사하여 그 몸을 자라게 하며 사랑 안에서 스스로 세우느니라
> 엡 4:16

이 말씀은 뭔가 이해하기가 쉽지 않습니다. 문장의 구조도 복잡한 것 같고 자연스럽지 않은 것 같습니다. 그러나 이 한 구절 안에 공동체에 대한 정말 중요한 내용이 다 담겨 있습니다. 하나님의 공동체의 모습(structure)을 볼 수 있고, 그 공동체가 이루어지는 원동력(dynamic)과 그 공동체를 보존시키는 핵심 가치(core value)를 깨달을 수 있습니다.

함께 나아가는 공동체

먼저 에베소서 말씀은 믿음의 공동체의 모습을 '머리 되신 그리스도와 서로에게 연결된 공동체'라고 설명합니다. '그에게서' 즉 그리스도에게서 "온몸이 각 마디를 통하여 도움을 받음으로" 연결되어 있는 것이 믿음의 공동체입니다. 즉 머리 되신 그분과 연결되고 또 각 지체가 서로 연결된 공동체라는 말입니다.

믿음의 공동체는 그리스도에게서 시작됩니다. 이 말씀은 그분의

주권을 인정할 때 이 공동체가 세워진다는 것입니다. 궁극적으로 교회의 리더는 예수님 한 분이십니다. 담임목사도 아니고 당회도 아니고 장로들도 아닙니다. 오직 그분의 성품, 그분의 말씀, 그분의 가르침과 가치관으로 주님의 공동체가 시작되는 것입니다. 이것이 무너지는 순간 그 공동체는 더 이상 주님의 공동체가 아닙니다. 예수 그리스도가 중심이어야 합니다.

그런데 또 하나 중요한 것은, 주님의 공동체는 예수님에게 연결되어 세워져가는 동시에 예수님께만 연결된 것이 아니라 지체 서로 간에 연결되어 있다는 것입니다. 이것은 서로를 의지하고 돕는 공동체라는 말입니다. 우리 눈에는 공동체라 하여도 그 안에 속해 있는 각각의 사람이 보이겠지만, 주님께는 이 공동체가 서로 연결되어 있는 하나로 보입니다. 그리고 공동체의 힘은 바로 여기서 나옵니다. 그리스도와 연결되어 있고 또 서로에게 연결되어 있기 때문에 능력이 있는 것입니다.

이것은 미국 캘리포니아 북쪽 끝에서 볼 수 있는 세계적인 거목 세쿼이아 나무(sequoia tree)에 비유할 수 있습니다. 이 나무는 사진 속에 다 담을 수도 없을 정도로 큽니다. 그 크기만 보자면 뿌리도 엄청 깊게 내리고 있을 것 같습니다. 그러나 이 나무를 연구한 사람들은 생각보다 이 나무의 뿌리가 깊지 않다고 말합니다. 뿌리가 깊지 않은데 어떻게 바람이 많이 부는 캘리포니아 북부에서 수백 년에 걸쳐 그토록 거대한 나무로 자랄 수 있을까요? 비밀은 뿌리의 모양에 있습니다. 깊지 않은 그 뿌리들이 서로 다 엉켜 있다고 합니다.

이론적으로 세쿼이아 나무처럼 거대한 나무는 절대로 홀로 서 있을 수 없습니다. 넘어질 수밖에 없습니다. 게다가 바람이 많고 지진이 많은 지역에서는 더더욱 제대로 서 있을 수 없습니다. 그런데 홀로 서 있는 것이 아니기에 서 있을 수 있습니다. 뿌리가 서로 엉켜 함께 서 있는 것입니다. 서로 엉키면서 함께 의지하는 것, 거기서 능력이 나오는 것입니다.

예수님이 마태복음 16장에서 교회에 대해 "음부의 권세가 이기지 못하리라"(마 16:18) 하신 말씀을 묵상하다 보면 이 세쿼이아 나무가 떠오릅니다. 주님의 교회가 어떻게 음부의 권세를 이길 수 있을까요? 우리는 그저 세상의 풍조와 같이 그냥 흘러가며 살 수밖에 없는 연약한 존재들인데 어떻게 세상의 거대한 흐름에 맞서 흔들리지 않는 교회로 설 수 있는 것입니까? 그 비결은 함께 서 있는 것에 있습니다.

하나님께서 우리를 서로 연결시켜주셨습니다. 같이 기도하고, 같이 예배하고, 같이 말씀을 보고, 같이 주님의 일을 감당할 때 우리는 음부의 권세가 이기지 못하는 주님의 공동체로 서게 될 것입니다. 마귀가 한 사람은 무너뜨려도 기도로 묶여 있는 수십 명, 수백 명, 수천 명의 공동체는 흔들지 못합니다. 넘어뜨려도 다시 일어납니다. 이것이 주님이 보시는 공동체라는 것입니다. 주님이 마련하신 터 위에 세워나가는 우리의 새로운 정체성이며 새로운 모습입니다.

주님께 올려드리는 신앙고백과 함께 우리가 이것을 인정해야 합니다. 홀로 설 수 없고, 홀로 서서도 안 되는 주님의 공동체에 대한 인정과 동의가 함께 담겨 있어야 하는 것입니다.

각자의 역할을 감당하는 공동체

공동체를 이루는 세우는 또 하나의 원동력은 각자가 자신의 역할을 감당하는 것입니다. 각자가 자신의 역할을 감당하면서 함께 자라가는 것, 여기서 공동체의 원동력이 나옵니다.

본문은 "각 지체의 분량대로 역사하여 그 몸을 자라게 하며"라고 합니다. 이 부분을 영어성경으로 보면 그 뜻이 더 명확합니다.

"as each part does its work"(모든 파트가 자기 일을 함으로써).

모든 파트가 자기에게 주어진 역할을 감당하면서 자라는 공동체라는 뜻입니다. 몸이 건강하려면 각 파트가 건강해야 합니다. 각 파트가 제 역할을 감당하지 못하면 그 몸이 어떻게 건강해질 수 있겠습니까? 99퍼센트 건강해도 1퍼센트 건강하지 않으면 전체가 건강하지 않은 것입니다.

마찬가지로 주님의 몸 된 교회, 즉 주님의 공동체도 각 파트의 역할이 중요합니다. 어떤 사람들은 "나는 있으나 없으나 상관없는 존재야. 떼어내도 상관없는 맹장 같은 존재야"라고 생각하곤 하는데, 아닙니다. 그런 존재가 되면 안 됩니다.

그리고 우주인들은 맹장이 없으면 우주로 갈 수 없다고 합니다. 그렇다는 것은 의학적으로는 완전히 밝혀내지 못했지만 맹장도 꼭 필요하기 때문에 하나님이 주셨다는 생각이 들었습니다. 맹장이라 할지라도 자기 역할이 있다는 것입니다.

우리는 우리의 역할을 감당하며 몸을 생각해야 합니다. 내가 주님의 몸으로서 내 역할을 감당해야 나도 살고 이 공동체도 살 수 있다는 것을 깨달아야 합니다. 주님의 공동체가 역동적으로 움직이기 위해서는 각 지체의 역할 없이는 불가능합니다.

처음부터 계획하신 일

이것을 실용주의적 관점에서만 이해하는 경우가 있습니다. 현실적으로 교회가 유지되고 움직이려면 각 사람들이 제 역할을 감당해야 한다는 것입니다. 예배를 드리려면 설교자가 있어야 하고, 찬양대가 있어야 하고, 헌금위원이 있어야 하고, 봉사자가 있어야 하니 말입니다.

그러나 이것을 실용주의적으로만 이해하면 신앙고백을 잘못 이해하는 것입니다. 하나님께서 실용주의적인 차원에서 이 말씀을 주셨다면 굳이 신앙고백에 이 내용이 담겨 있지 않았을 것입니다.

이것은 실용적인 이유 때문이 아니라 원칙으로서 하나님이 처음부터 설계하시고 계획하시어 주신 말씀입니다. 하나님께서는 처음부터 하나님의 교회가 각자의 역할을 감당하며 함께 자라가는 것을 계획하셨습니다. 그렇기 때문에 우리가 그 사실을 인정하고 믿는다고 신앙고백으로 올려드리는 것입니다. 에베소서 2장에 이런 말씀이 있습니다.

> 우리는 그가 만드신 바라 그리스도 예수 안에서 선한 일을 위하여 지으심을 받은 자니 이 일은 하나님이 전에 예비하사 우리로 그 가운데서 행하게 하려 하심이니라 엡 2:10

우리는 그리스도 안에서 하나님이 만드신 새로운 피조물로, 하나님의 선한 일을 감당하기 위해 지음 받은 존재입니다. 예수 믿는 모든 사람들이 그 가운데서 선한 사역을 감당하며 하나님의 공동체로서 일어나게 하시려고 처음부터 계획하셨다는 것입니다. 이것이 하나님의 원칙이며, 하나님의 가르침입니다. 그렇다면 우리는 우리 자신에게 물어야 합니다.

'내가 하나님의 공동체에 몸담고 있는 지체라면, 이곳에서 나의 역할이 무엇인가?'

그 역할을 찾아나서야 합니다. 우리 모두에게는 다 각자 할 일이 있습니다. 그리고 교회에 목회자를 허락하신 이유도 마찬가지의 맥락에서입니다.

> 어떤 사람은 교사와 목사로 삼으셨으니 이는 성도를 온전하게 하여 봉사의 일을 하게 하며 그리스도의 몸을 세우려 하심이라 엡 4:11,12

목회자가 왜 있어야 한다고 합니까? 성도들을 준비시켜 봉사의 일을 맡기기 위해서입니다. 그래야 그리스도의 몸이 세워지기 때문입니다. 그래서 하나님의 공동체를 믿는다는 것은, 그 공동체를 지탱해주고 세워주는 원동력이 우리 자신에게 있다는 것을 인정하는 믿음이 있어야 합니다.

사랑으로 세워지는 공동체

계속해서 본문 말씀은 공동체를 보존해주는 핵심 가치가 바로 '사랑으로 세워지는 공동체', 즉 사랑이라고 설명합니다.

> … 사랑 안에서 스스로 세우느니라 엡 4:16

사랑 없이는 안 됩니다. 이것이 굉장히 중요합니다. 우리에게 달란트도 있고, 열정이 있어도 사랑이 없으면 아무것도 아닙니다.

고린도교회가 그랬습니다. 열정이 많았습니다. 은사가 많았습니다. 그런데 그 은사 때문에 망가지는 교회가 되고 말았습니다. 사랑이 없었기 때문입니다. 분열되고 싸움으로 치닫는 교회가 되었습니다. 사랑은 오래 참는다고 했는데 오래 참지 못하고, 사랑은 상대방의 부족함을 덮어준다고 하는데 덮어주지 않았기 때문에 망가진 교회가 되는 것입니다.

요한일서 4장에 사랑에 대한 정말 놀라운 말씀이 있습니다.

> 어느 때나 하나님을 본 사람이 없으되 만일 우리가 서로 사랑하면 하나님이 우리 안에 거하시고 그의 사랑이 우리 안에 온전히 이루어지느니라 요일 4:12

하나님의 사랑이 우리 안에서 비로소 완성된다는 뜻입니다. 영어 성경으로 보면 "His love is made complete in us"라고 되어 있는데, 우리를 통해 하나님의 사랑이 온전히 완성된다는 말입니다. 이 말을 다시 보면 하나님의 사랑이 미완성이라는 것입니다.

아니, 어떻게 하나님의 사랑이 미완성입니까? 허물과 죄로 죽은 우리를 만세 전부터 택하시고 그분의 독생자를 희생제물로 내주시어 우리를 구원하신 하나님의 사랑이 어떻게 부족한 사랑입니까?

예수 그리스도의 사랑을 한번 보십시오. 하늘 보좌를 버리고 이 세상에 오시어서 죄로 가득한 우리를 대신하여 십자가에 달려 돌아가신 그분의 사랑이 어떻게 미완성 작품입니까?

성령님의 사랑은 어떻습니까? 돌과 같은 나의 마음을 녹여주셔서 예수님을 믿게 하시고 구원 받게 하시는 그 사랑이 무엇이 부족한 사랑입니까?

그런데 성경이 그렇게 말합니다. 왜 그렇습니까? 하나님의 사랑이 부족하기 때문일까요? 아닙니다. 하나님이 처음부터 그렇게 계획하셨기 때문입니다. 하나님이 처음부터 가지고 계신 사랑에 대한 계획이 주님의 공동체 안에서 완성되는 것이었기 때문입니다.

이는 릴레이 경주와 같습니다. 하나님 아버지께서 시작하셨지만, 예수 그리스도께서 다음 바통을 잡고 뛰셔야 했고, 그 뒤를 이어 성령께서 바통을 잡고 뛰셔야 했습니다.

그런데 여기서 끝난 게 아니라 그리스도의 몸 된 공동체에 한 번 더 바통을 넘겨주신 것입니다. 이제 그 바통을 받아 그리스도의 공동체가 달려감으로써 하나님이 계획하신 사랑이 완성되는 것입니다.

사랑은 사명이다

사랑은 그저 감정으로만 하는 것이 아닙니다. 하나님의 엄청난 사랑을 완성시키는 것이 우리의 사명입니다. 이것은 우리가 선택할 수 있는 옵션이 아닙니다. 사랑하고 싶으면 하고, 사랑할 수 없으면 안 해도 되는 것이 아닙니다. 우리가 사랑을 포기하면 하나님이 계획하신 거대한 퍼즐이 완성될 수 없습니다.

그렇기 때문에 성령의 열매로 사랑을 주시는 것입니다. 우리 힘으로 부족한 것을 아시기 때문입니다. 이것을 깨닫고 사랑에 대한 우리의 생각과 자세를 바꿔야 합니다. 사랑은 결단이고 순종입니다.

사랑은 추상적인 것이 아니라 실제적이어야 하고 실천적이어야 합니다. 수천 명이 모인 곳에서 "여러분 모두를 사랑합니다"라고 말하기는 쉽습니다. 추상적으로 말할 수 있기 때문입니다. 그러나 내 옆에 있는 한 사람을 사랑함으로 그들을 위해 함께 짐을 지고, 관심을 가져주고, 축복하며 기도해주는 것은 어렵습니다. 그런데 그것을 주님의 이름으로 감당해야 하는 것입니다.

사랑이 공동체의 중심이 되어야 합니다. 성령님의 도우심으로 사랑할 수 있도록, 성령의 열매인 사랑을 맺을 수 있도록 구해야 합니다. 그리고 사랑에 대한 우리의 마음과 태도를 바꿔야 합니다. 공동체를 지탱해주는 것은 우리의 사랑입니다.

신앙고백은 고백으로 끝나서는 안 됩니다. 삶으로 이어져야 합니다. 우리의 신앙고백이 "나는 성도들이 서로 교통하는 것을 믿습니다"라고 올려질 때에는 그 안에 담긴 깊은 의미들이 우리 삶 속에서 실천되어야 한다는 것을 전제로 담고 있습니다.

우리는 신앙고백을 할 때마다 하나님의 공동체를 생각해야 합니다. 예수님과 연결되어 있고, 서로 간에 연결되어 있는 하나님의 공동체에 대한 모습을 기억하고, 그 공동체가 우리 각자가 자신의 역할을 감당하는 것으로 세워져가며, 우리의 실제적인 사랑을 원동력으로 움직여간다는 사실을 기억하고 우리의 실제적인 삶 속에서 이루어지도록 결단하고 순종해야 합니다.

그래서 주님의 공동체를 통해 하나님의 영광이 더욱 드러나게 되기를 기도해야 합니다. 이것이 우리의 신앙고백 안에 담겨 있는 우리의 결단이 되기를 바랍니다.

"나는 성도가 서로 교통하는 것을 믿습니다!"

I believe

나 는
믿 습 니 다

또 자기를 의롭다고 믿고 다른 사람을 멸시하는 자들에게 이 비유로 말씀하시되 두 사람이 기도하러 성전에 올라가니 하나는 바리새인이요 하나는 세리라 바리새인은 서서 따로 기도하여 이르되 하나님이여 나는 다른 사람들 곧 토색, 불의, 간음을 하는 자들과 같지 아니하고 이 세리와도 같지 아니함을 감사하나이다 나는 이레에 두 번씩 금식하고 또 소득의 십일조를 드리나이다 하고 세리는 멀리 서서 감히 눈을 들어 하늘을 쳐다보지도 못하고 다만 가슴을 치며 이르되 하나님이여 불쌍히 여기소서 나는 죄인이로소이다 하였느니라 내가 너희에게 이르노니 이에 저 바리새인이 아니고 이 사람이 의롭다 하심을 받고 그의 집으로 내려갔느니라 무릇 자기를 높이는 자는 낮아지고 자기를 낮추는 자는 높아지리라 하시니라

누가복음 18장 9-14절

죄를 사하여주시는 것을 믿습니다

chapter 16

죄 사함을 약속하신 하나님

사도신경의 마지막 세 개의 메시지는 사실 우리와 직접적으로 관련된 내용들입니다. 지금까지는 우리가 믿는 것을 고백했지만, 이제 마지막 세 번의 고백은 하나님 안에서 예수님을 믿음으로 말미암아 내게 주어지는 하나님의 은혜와 그것에 대한 우리의 믿음을 고백하는 것입니다. 그중에 지금 살펴보고자 하는 것은 "우리 죄를 사하여주시는 것을 믿습니다" 하는 것입니다.

'죄 사함'이라는 것은 죄에 대해 용서받고 씻음을 받는다는 뜻입니다. 사실 생각해보면 이것보다 중요한 복은 없습니다. 우리가 언젠가 창조주 하나님 앞에 서게 될 텐데, 우리의 죄가 씻음 받지 못한 상태로 그 앞에 선다면 우리에게 무슨 소망이 있겠습니까? 생각만 해도 아찔한 일입니다.

그런데 하나님은 성경을 통해 그리스도 안에서 우리의 죄를 씻어 주시겠다는 약속을 거듭하여 명확하게 밝혀주고 계십니다. 그중 몇 곳을 살펴보겠습니다.

우리가 잘 아는 이사야 1장 18절 말씀은 죄악 가운데 방황하는 백성들에게 주시는 하나님의 약속을 담고 있습니다.

> 여호와께서 말씀하시되 오라 우리가 서로 변론하자 너희의 죄가 주홍 같을지라도 눈과 같이 희어질 것이요 진홍같이 붉을지라도 양털같이 희게 되리라 사 1:18

정말 가슴 뛰게 하는 놀라운 약속입니다. 그런데 우리의 죄가 아무리 주홍같이 붉을지라도 눈과 같이 희게 되리라는 이 약속은 과연 어떻게 이루어지는 것일까요? 이사야 53장에서 구체적으로 말씀하고 계십니다.

> 그는 실로 우리의 질고를 지고 우리의 슬픔을 당하였거늘 우리는 생각하기를 그는 징벌을 받아 하나님께 맞으며 고난을 당한다 하였노라 그가 찔림은 우리의 허물 때문이요 그가 상함은 우리의 죄악 때문이라 그가 징계를 받으므로 우리는 평화를 누리고 그가 채찍에 맞으므로 우리는 나음을 받았도다 우리는 다 양 같아서 그릇 행하여 각기 제 길로 갔거늘 여호와께서는 우리 모두의 죄악을 그에게 담당시키셨도다 사 53:4-6

이 약속은 하나님께서 보내주실 한 사람을 통해서 이뤄질 것이며,

그는 우리를 대신하여 고난 받는 자가 될 것입니다. 그러면 그는 누구입니까?

하나님이 보내신 한 사람, 예수 그리스도

세례 요한은 하나님이 약속하신 메시아의 길을 예비하기 위해 먼저 온 자였습니다. 메시아를 맞을 수 있도록 사람들의 마음을 준비시키기 위해 온 자인데, 그는 예수님을 처음 본 날 이렇게 선언합니다.

> 이튿날 요한이 예수께서 자기에게 나아오심을 보고 이르되 보라 세상 죄를 지고 가는 하나님의 어린양이로다 요 1:29

그는 예수님을 보는 순간 바로 그분이 하나님의 메시아라는 사실을 즉시 알았습니다. 그래서 예수님을 향해 "세상 죄를 지고 가는 하나님의 어린양"이라고 선언한 것입니다.

그러면 예수님은 자신의 이 같은 사명에 대해 정확하게 인식하며 사셨을까요? 물론 그렇습니다. 예수님은 잡히시기 전날 밤 제자들과 마지막 만찬을 나누며 이런 말씀을 하십니다.

> 이것은 죄 사함을 얻게 하려고 많은 사람을 위하여 흘리는 바 나의 피 곧 언약의 피니라 마 26:28

이 밤이 지나고 나면 예수님은 십자가에 달려 돌아가시게 됩니다. 제자들과 마지막 만찬을 나누시던 예수님은 '이것을 기념하라' 하시며 교훈을 주십니다. 무엇을 기념하라고 하십니까? 떡을 떼시며 이 떡은 많은 사람을 위해 찢기는 자신의 살이라고 말씀하셨습니다. 그 후에 포도주 잔을 돌리시며, 이 잔은 너희의 죄 사함을 위해 흘리는 자신의 피라고 말씀하십니다. 예수님은 십자가에 달려 흘리게 될 자신의 피가 죄 사함을 위한 것임을 분명하게 알고 계셨습니다.

사도들이 초대교회에 전한 말씀 안에도 예수님의 피로 말미암아 우리가 죄 사함을 입었다는 메시지가 분명히 드러나고 있습니다.

> 하나님이 죄를 알지도 못하신 이를 우리를 대신하여 죄로 삼으신 것은 우리로 하여금 그 안에서 하나님의 의가 되게 하려 하심이라 **고후 5:21**

이 말씀은 교회에 하시는 말씀입니다. 하나님이 죄를 알지도 못하신 예수님을 우리를 대신하여 죄로 삼으셨기 때문에 우리가 그 안에서 하나님의 의가 되었다고 설명하고 있습니다. 그래서 우리가 교회로 모이게 된 것입니다. 우리의 죄는 그분에게로 옮겨지고 그분의 의가 우리에게 옮겨졌습니다. 이것이 예수님을 믿는 자들에게 주어지는 놀라운 복입니다.

에베소서 1장에 죄 사함과 관련하여 굉장히 짧지만 영광스러운 말씀이 담겨 있습니다.

> 우리는 그리스도 안에서 그의 은혜의 풍성함을 따라 그의 피로 말미암아 속량 곧 죄 사함을 받았느니라 엡 1:7

예수 그리스도 안에서 하나님의 은혜의 지극히 풍성함이 우리에게 나타나게 되었는데, 곧 예수 그리스도의 피로 말미암아 우리의 구원 곧 죄 사함이 이루어졌습니다. 할렐루야!

인간의 노력으로는 불가능하다

셰익스피어의 〈맥베스〉를 보면, 맥베스의 부인이 아무도 몰래 임금인 자기 남편을 살해합니다. 그런데 그 사건이 지난 다음 맥베스의 부인이 계속해서 손을 씻는 장면이 나옵니다.

그 사건은 철저하게 비밀리에 일어난 일이기에 아무도 아는 사람이 없었습니다. 그런데도 그 부인은 계속 손을 씻고 있습니다. 양심에 찔린 것입니다. 아무리 그 잘못을 목격한 사람이 없다 할지라도 자기 양심은 알고 있다는 것입니다. 나중에는 "이 피 비린내를 씻어 줄 물이나 향수는 없는 것이냐" 하면서 한탄합니다. 죄로 말미암아 괴로워하는 인류의 모습을 잘 보여주는 장면입니다.

죄라는 것이 그런 것입니다. 씻겨지지 않습니다. 아무도 모르는 은밀한 죄라 할지라도 우리의 양심은 속일 수 없습니다. 그리고 그 양심을 허락하신 하나님을 속일 수 없는 것입니다. 우리가 언젠가 하나님의 심판대 앞에 서야 하는데, 죄 씻음 없이 선다는 것은 정말 끔찍한 일입니다. 반드시 죄 씻음을 얻어야 우리에게 소망이 생길 텐데, 문제는 우리의 노력과 방법으로는 도무지 죄악이 씻어지지 않는다는 것입니다.

그러나 길이 있습니다. 세상의 방식으로는 우리의 죄를 씻을 수 없지만, 하나님이 죄를 씻을 수 있는 유일한 길을 허락하셨습니다. 그분의 아들 예수 그리스도의 피가 우리를 모든 죄에서 씻어줍니다!

내가 죄인이라고?

이제 '죄 사함'에 대해 조금 더 자세히 살펴볼 텐데, 특별히 '죄'에 대해 조금 다른 차원에서 생각해보려고 합니다.

우리 가운데는 죄에 대한 성경의 가르침에 동의하지 못하거나 아니면 어려워하는 사람들이 있습니다. 특히 처음 예수님을 믿는 초신자들은 이런 생각을 할 수 있습니다.

'왜 나를 죄인이라고 말하는 거지? 내 삶을 보면 뭐 완벽하지는 않지만 죄인이라고 정죄할 정도는 아닌데…. 물론 실수도 하고 넘어질 때도 있지만, 전체적으로 볼 때 난 나름대로 착하게 살았고 또 양심적으로 살고 있어. 그런데 성경은 왜 나를 가리켜 죄인이라고 말하는 거지? 억울한 일이다.'

이런 문제는 초신자들에게만 있는 것이 아닙니다. 예수님을 오래 믿어온 사람들은 하도 많이 들어온 말이라 그냥 쉽게 지나쳐버립니다. 죄에 대한 심각한 자기 인식 없이 '난 죄 사함을 받았어' 하고 지나갈 수 있다는 말입니다.

그렇기 때문에 '하나님이 죄를 사하여주시는 것을 믿습니다'라고 고백하기 위해서는 먼저 하나님이 생각하시는 죄가 무엇인지에 대해 살펴봐야 하는 것입니다.

두 사람의 기도

누가복음 18장에서 예수님은 비유로 말씀을 전해주고 계십니다. 이 비유에는 두 사람이 나옵니다. 한 사람은 바리새인이고 다른 사람은 세리입니다. 두 사람이 성전에 올라가 기도를 합니다.

바리새인은 당시 존경받는 스승이었습니다. 선을 행하는 모범 시민이기도 했습니다. 반면에 세리는 그 땅을 침략한 로마 정부의 앞잡이 노릇을 하며 동족의 피를 빨아먹는 상종 못할 나쁜 놈이었습니다.

그래서 그런지 두 사람이 기도하는 모습이 전혀 다릅니다. 바리새인은 이렇게 기도합니다.

> 바리새인은 서서 따로 기도하여 이르되 하나님이여 나는 다른 사람들 곧 토색, 불의, 간음을 하는 자들과 같지 아니하고 이 세리와도 같지 아니함을 감사하나이다 나는 이레에 두 번씩 금식하고 또 소득의 십일조를 드리나이다 **눅 18:11,12**

세리의 경우에는 어땠습니까?

세리는 멀리 서서 감히 눈을 들어 하늘을 쳐다보지도 못하고 다만 가슴을 치며 이르되 하나님이여 불쌍히 여기소서 나는 죄인이로소이다 하였느니라 눅 18:13

두 사람이 완전히 다른 모습으로 하나님 앞에 나오고 있습니다. 그런데 예수님이 주시는 말씀이 굉장히 충격적입니다.

이에 저 바리새인이 아니고 이 사람이 의롭다 하심을 받고 그의 집으로 내려갔느니라 눅 18:14

존경받는 모범 시민인 바리새인은 하나님께 의롭다 인정받지 못하고 죄인으로 돌아갔습니다. 반면에 동족을 착취하는 세리는 하나님 앞에서 의롭다 칭함을 받고 돌아갔다고 합니다. 우리는 이것을 어떻게 받아들여야 합니까?

비유를 말씀하시기 전에 예수님은 "자기를 의롭다고 믿고 다른 사람을 멸시하는 자들에게"(눅 18:9) 이 비유를 주신다고 밝히셨습니다. 그래서 더욱 충격적인 말씀으로 전하고 계신 것 같습니다. 이제 이 말씀을 가지고 생각해봐야 할 것이 몇 가지 있습니다.

하나님이 보시는 죄

여기서 볼 수 있는 첫 번째 교훈은, 하나님은 죄를 다른 차원에서 보고 계시다는 것입니다.

인간의 차원에서 죄를 본다면 세리가 죄인이고 바리새인은 모범 시민입니다. 우리는 겉만 보기 때문에 그렇게 판단하는 것입니다. 또한 우리는 상대적으로 봅니다. 상대적으로 나는 괜찮은 사람이고 저 사람은 나쁜 사람이라고 판단합니다. 그러나 하나님은 근본적인 차원에서 죄를 보십니다. 우리의 본래 모습을 보신다는 것입니다.

성경은 "의인은 없나니 하나도 없으며"(롬 3:10), "모든 사람이 죄를 범하였으매 하나님의 영광에 이르지 못하더니"(롬 3:23)라고 말합니다. 이사야서 64장에는 이런 말씀이 있습니다.

> 무릇 우리는 다 부정한 자 같아서 우리의 의는 다 더러운 옷 같으며 우리는 다 잎사귀같이 시들므로 우리의 죄악이 바람같이 우리를 몰아가나이다 사 64:6

뭐라고 말합니까? 우리의 '의'는 다 더러운 옷 같다고 합니다. 우리의 죄 혹은 우리의 부족함이 더럽다고 말하지 않습니다. 우리가 자랑하는 우리의 의, 곧 우리의 선행이 하나님 보시기에 더러운 옷처럼 보인다는 것입니다. 여기서 사용하는 '더러운 옷'이란 단어는 굉장히 자극적인 단어입니다. 이것은 본래 사람이 부상을 입어 고름이 터져나오고 냄새가 날 때 그것을 닦은 헝겊을 말합니다. 우리의 의가 바로 그런 헝겊 같다는 것입니다.

왜 우리가 보기엔 '의'인데 하나님은 더러운 헝겊과 같다고 말씀하시는 걸까요? 하나님께서는 근본적인 차원에서 보시기 때문입니다. 우리는 근본적인 차원에서 이미 빗나가 있는 존재입니다. 그런 우리가 비정상의 자리에서 선을 행한다며 우리의 '의'라고 자랑하니, 그것이 하나님 보시기에는 의가 아니라 가식이며 더러운 헝겊과 같은 것입니다.

정신과 의사들의 보고에 따르면, 환자를 치료할 때 가장 중요한 순간인 분수령이 있다고 합니다. 그것은 환자 자신이 정상이 아니란 것을 스스로 깨닫는 순간입니다. 환자들이 "나는 정상이야"라고 말하는 것이 사실은 비정상입니다. 그들이 치료받기 위해서는 자신이 고집하고 있던 비정상을 비정상으로 인정하는 순간이 와야 합니다. 그래서 의사는 어떻게든 환자 스스로 자신의 상태를 인정하게 하는 것이 중요하다고 말합니다.

예를 들어 음식을 거부하는 거식증 환자들은 자신의 몸이 이미 정상으로 볼 수 없을 만큼 말라 있다는 것을 인정하지 않습니다. 살이 더 빠져야 한다고 생각합니다. 그에게는 정상의 기준이 다른 데 있기 때문입니다. 그러나 그 기준이 사실은 잘못되어 있음을 깨달아야 병을 고칠 수 있는 것입니다.

얼마 전에 인터넷에서 거식증 여성과 그녀의 남편이 도움을 요청하는 영상을 본 적이 있습니다. 30대 후반인 그녀는 키가 170센티미터인데 몸무게가 18킬로그램에 불과했습니다. 어떻게 저럴 수 있을까 싶을 정도로 뼈만 앙상한 몸이었습니다. 다행히 그녀는 자신의 몸이 더 이상 정상이 아니란 것을 깨달았기 때문에 도움을 호소하는 자리에 설 수 있었습니다.

우리의 죄성이 어떻게 보면 그와 같습니다. 우리 눈에는 그것이 죄로 안 보입니다. 그러나 하나님이 보시기에 우리는 빗나간 자들입니다. 죄의 영향 아래서 비정상의 자리로 어긋나버린 것입니다. 그래서 하나님은 우리가 생각하는 정상이 사실은 비정상이란 사실을 성경을 통해 가르쳐주십니다. 이것을 깨달아야 우리가 하나님 앞에 나올 수 있습니다.

바리새인은 자신이 비정상인 것을 못 봤습니다. 스스로 생각할 때 자신은 지극히 정상적으로 살고 있었기 때문에 하나님 앞에 비정상이란 인식도, 통회해야 한다는 마음도 전혀 갖지 못한 것입니다. 그러나 세리는 자신이 비정상이란 것을 깨달았습니다. 이것이 바리새인과 세리의 차이점이었습니다. 겉으로 보이는 차이가 아니라 근본적인 차원에서 하나님의 말씀을 인지하는가 그렇지 않은가 하는 것이 둘 사이를 가르는 결정적인 차이입니다.

예수님이 공생애 사역을 시작하시고 처음으로 하신 설교는 복에 대한 설교입니다. 여덟 가지 진정한 의미의 복이 무엇인지 말씀하셨기 때문에 '팔복'이라고도 알려진 말씀인데, 이 팔복 중에 가장 처음 나오는 복이 무엇입니까?

> 심령이 가난한 자는 복이 있나니 천국이 그들의 것임이요 마 5:3

심령이 가난한 자에게 천국이 주어진다는 것입니다. 자신이 비정상인 것을 깨닫고 하나님 앞에서 세리처럼 두 손 들고 하나님의 긍휼을 구하는 것, 그것이 심령이 가난한 모습입니다. 여기서 모든 복이 시작됩니다. 이 첫 번째 복을 누리지 못하면 첫 단추를 잘못 끼우게 된 것처럼 두 번째 복, 세 번째 복도 누리지 못합니다.

하나님 앞에서 심령이 가난한 자로 선다는 것은 하나님 보시기에 나의 모습은 더러운 헝겊과 같고, 그것은 근본부터 어긋나 있는 비정상이란 것을 인식하는 것과 바로 연결됩니다. 그 사실을 깨달을 때에라야 하나님의 긍휼을 구하며 겸손히 나올 수 있기 때문입니다.

우리가 그렇게 두 손 들고 주님 앞에 나아올 때, 하나님이 세리를 받아주신 것처럼 우리를 받아주시고 천국을 소유하는 백성으로 삼아주실 줄 믿습니다. 우리가 다 그 복을 누리게 되기를 바랍니다.

상하고 통회하는 마음을 찾으신다

두 번째 교훈은 하나님은 상하고 통회하는 마음을 찾고 계신다는 것입니다.

심령이 가난한 자, 곧 자신이 영적으로 파산한 상태라는 것을 깨달은 사람은 하나님 앞에 어떤 모습으로 나오겠습니까? 무언가를 자랑하며 나올까요? 바리새인처럼 자신의 선행을 내세우며 나올까요? 아닙니다. 심령이 가난한 자는 상하고 통회하는 마음으로 나옵니다. 하나님이 이것을 찾으신다는 것입니다.

다윗을 생각해보십시오. 그는 하나님의 마음에 맞는 사람이었습니다. 그는 한 나라의 왕이었으며, 하나님의 백성을 이끌어 예배를 인도하는 자였습니다. 그런 다윗이 어느 날 엄청난 죄를 범합니다.

다른 사람의 아내를 탐하기 시작합니다. 우리아의 아내 밧세바를 탐하여 그와 동침하였습니다. 그리고 그녀의 남편 우리아를 죽을 수밖에 없는 전쟁터로 보내어 죽게 하였습니다. 살인을 저지른 것입니다.

그런데 이 큰 죄를 짓고도 다윗은 이것을 그냥 잊어버리고 지나갔습니다. 왜 그랬을까요? 추측해보자면 어쩌면 다윗은 왕인데 이 정도는 괜찮다고 생각했을지도 모릅니다. 다른 왕들은 더 악한 일도 하는데 말입니다. 어쨌든 정확한 이유는 모르겠지만 다윗이 그 일에 대해 그냥 지나갔다는 게 문제입니다. 그러면서 계속 사람들 앞에서 말씀을 선포하고 예배를 인도하며 살았습니다.

그러던 어느 날 나단 선지자가 다윗 왕을 찾아왔습니다. 그리고 노골적으로 지적합니다.

"왕은 하나님 앞에서 큰 죄를 범했습니다."

다윗이 그제야 정신을 차립니다.

'맞다! 내가 진짜 죄인이다!'

다윗은 하나님 앞에서 회개하기 시작했습니다. 그리고 그 회개의 내용이 시편 51편에 기록되어 있습니다. 이 회개의 시는 이렇게 시작합니다.

하나님이여 주의 인자를 따라 내게 은혜를 베푸시며 주의 많은 긍휼을 따라 내 죄악을 지워주소서 나의 죄악을 말갛게 씻으시며 나의 죄를 깨끗이 제하소서 무릇 나는 내 죄과를 아오니 내 죄가 항상 내 앞에 있나이다 시 51:1–3

지금까지 당연하게 지나쳤던 것이 큰 죄악이었다는 사실이 깨달아지자 하나님 앞에 어떻게 나옵니까? 먼저 하나님의 긍휼을 구하며 나옵니다. 그리고 자신이 본래 죄인인 것을 고백하며 나아옵니다.

그는 또 하나님 앞에 이런 고백을 드립니다.

> 주께서는 제사를 기뻐하지 아니하시나니 그렇지 아니하면 내가 드렸을 것이라 주는 번제를 기뻐하지 아니하시나이다 하나님께서 구하시는 제사는 상한 심령이라 하나님이여 상하고 통회하는 마음을 주께서 멸시하지 아니하시리이다
> 시 51:16,17

지금까지 하나님이 받으실 수 없는 제사와 예배를 드려왔다고 고백하니다. 죄를 묻어둔 채 드리는 예배는 하나님께 아무런 기쁨이 되지 못한다는 사실을 알았습니다. 그리고 하나님께서는 "상하고 통회하는 마음"을 멸시하지 않으시며, 회개하는 마음으로 나오는 것을 바라셨음을 깨닫게 됩니다. 그것이 바로 하나님이 기뻐 받으시는 제사란 사실을 깨달은 것입니다.

하나님이 세리의 기도를 받으시고 바리새인을 그냥 돌려보내신 까닭이 여기에 있습니다. 우리는 상대적으로 누가 의인이고 누가 죄인이라고 말하지만, 하나님께서 보시기에 우리는 이미 다 빗나간 가운데 살고 있는 비정상들입니다. 그렇기 때문에 중요한 것은 그 사실을 깨닫고 상하고 통회하는 마음으로 나오는 것입니다. 하나님은 이것을 기다리고 계십니다.

하나님은 상하고 통회하는 마음을 절대로 그냥 보내지 않으십니다. 우리 같으면 세리가 와서 "죄송합니다"라고 용서를 구하면 "넌 더 벌 받아야 해" 하면서 쫓아낼 텐데, 하나님은 그러지 않으신다는 것입니다.

탕자가 냄새 나고 더러운 모습으로 아버지께 나아왔을 때 아버지는 달려가 그를 껴안고 맞이하였습니다. 상하고 통회하는 마음으로 아버지께 달려왔을 때 아버지는 멸시하지 않았습니다. 이것이 하나님이 우리에게 주시는 귀한 메시지입니다. 이것을 깨닫고 상하고 통회하는 마음으로 하나님 앞에 나아가는 것이 우리의 신앙고백 안에 같이 담겨야 할 자세라는 것을 꼭 기억해야 합니다.

확신 가운데 살기 바라시는 하나님

본문 말씀을 통해 기억해야 할 것이 한 가지 더 있습니다. 그것은 하나님은 우리가 확신 가운데서 살기를 원하신다는 것입니다. 우리가 상하고 통회하는 마음으로 와서 하나님께 용서를 받았으면 그 다음이 중요합니다. 이제는 확신을 가지고 살아야 합니다.

본문 말씀을 묵상하면서 굉장히 인상 깊게 와 닿은 문장이 있었습니다. 그것은 마지막 부분에 세리가 의롭다 하심을 받고 "그의 집으로 내려갔느니라"라는 문장입니다.

집으로 돌아갔다는 것은 일상생활로 돌아갔다는 것입니다. 통회하고 상한 마음을 가지고 하나님 앞에 나아와 기도한 다음에 그 자리에 남아 있으라는 것이 아닙니다. 하나님이 그 상한 마음을 받아주셨는데, 계속 그 자리에 남아서 가슴을 치는 것은 하나님의 뜻이 아닙니다. 집으로 돌아가야 합니다. 돌아가서 용서 받은 자로서 확신을 가지고 살아야 합니다.

죄를 사해주시는 것을 믿는다고 고백하면서도 아직도 죄에 눌림 받는 자리에서 벗어나지 못한다면 그것은 비극입니다. 우리가 더 이상 전진할 수 없게 만드는 마귀의 함정입니다. 로마서 8장에 이런 말씀이 있습니다.

> 그러므로 이제 그리스도 예수 안에 있는 자에게는 결코 정죄함이 없나니 이는 그리스도 예수 안에 있는 생명의 성령의 법이 죄와 사망의 법에서 너를 해방하였음이라 **롬 8:1,2**

우리는 해방되었습니다. 그런데 왜 아직도 노예처럼 두려워하며 묶인 채 살아갑니까? 해방되었으면 해방된 자로 살아야 합니다. 다음 구절은 계속해서 이렇게 말합니다.

> 율법이 육신으로 말미암아 연약하여 할 수 없는 그것을 하나님은 하시나니 곧 죄로 말미암아 자기 아들을 죄 있는 육신의 모양으로 보내어 육신에 죄를 정하사 육신을 따르지 않고 그 영을 따라 행하는 우리에게 율법의 요구가 이루어지게 하려 하심이니라 **롬 8:3,4**

죄악에 묶여 있을 때는 하나님의 뜻에 따라 살 수 없었습니다. 그런데 하나님이 해방시켜주셨습니다. 전에는 할 수 없던 것이 이제는 하나님의 영을 따라 할 수 있게 되었습니다. 그렇다면 이전과는 달라져야 합니다. 확신을 가지고 살아야 하는 것입니다.

병이 들어 병원에 들어갔으면 병 고침을 받고 병원을 나오는 것이 목적입니다. 하나님의 성전은 병원과 같습니다. 죄로 말미암아 병들어서 병 고침이 필요하여 들어갔으면, 이제 하나님 앞에 고침 받고 집으로 돌아가는 것이 하나님의 뜻입니다.

"하나님께서 나의 죄를 사해주시는 것을 믿습니다!"

이 신앙고백 안에 이 모든 의미가 다 담겨 있습니다. 우리의 원래 모습이 죄인인 것을 깨닫고 오직 하나님의 은혜로만 씻음 받고 고침 받을 수 있음을 인정하며 하나님 앞에 상하고 통회하는 마음으로 나아오는 것입니다. 그리고 그 후엔 확신 가운데 살면서 하나님의 새 생명을 살아내는 것이 이 신앙고백에 담긴 가르침입니다. 우리가 다 하나님의 죄 사함의 은혜를 누리며 확신 가운데 살아가기를 바랍니다.

"나는 죄를 사하여주시는 것을 믿습니다!"

I believe

나는
믿습니다

그 바라는 것은 피조물도 썩어짐의 종 노릇 한 데서 해방
되어 하나님의 자녀들의 영광의 자유에 이르는 것이니라
피조물이 다 이제까지 함께 탄식하며 함께 고통을 겪고
있는 것을 우리가 아느니라 그뿐 아니라 또한 우리 곧 성
령의 처음 익은 열매를 받은 우리까지도 속으로 탄식하여
양자 될 것 곧 우리 몸의 속량을 기다리느니라 우리가 소
망으로 구원을 얻었으매 보이는 소망이 소망이 아니니 보
는 것을 누가 바라리요 만일 우리가 보지 못하는 것을 바
라면 참음으로 기다릴지니라

로마서 8장 21-25절

몸이 다시 사는 것을 믿습니다

chapter 17

믿는 자들의 첫 열매

우리의 몸은 다시 삽니다. 이것은 성경의 명확한 가르침입니다. 그것도 그냥 다시 사는 것이 아니라 영광스러운 몸으로 다시 삽니다. 어떻게 알 수 있습니까? 예수님은 부활하실 때 영광스러운 몸으로 부활하셨습니다. 그리고 부활하신 후에 제자들을 찾아오셔서 자신의 몸을 만져보라고 하셨습니다. 예수님은 신체적인 부활, 곧 몸을 가지고 다시 사신 부활을 체험하셨습니다. 그리고 예수님을 가리켜 성경은 "모든 믿는 자들의 첫 열매가 되셨다"라고 증거합니다.

예수님이 우리의 첫 열매라는 것은 그 뒤를 따르는 모든 열매들이 똑같은 나무의 씨를 받아 똑같은 모습으로 열매를 맺는 것처럼 우리 역시 예수님의 부활의 열매를 맺게 되리라는 것입니다. 그래서 우리는 성경이 가르치는 대로 우리의 몸이 예수님처럼 다시 산다는 것을 믿는다고 고백하는 것입니다.

그런데 한 가지 질문이 있습니다. 왜 우리는 굳이 이것을 신앙고백으로 고백하고 선포하는 것일까요? 그 이유는 이 고백 안에 우리 믿음이 완성되는 모습이 설명되어 있고, 또 우리의 진정한 소망이 무엇인지 강조되고 있기 때문입니다. 이 두 가지를 좀 더 살펴보겠습니다.

구원의 세 단계와 구원의 완성

첫째로, 우리는 몸이 다시 살 때 우리의 구원이 완성되는 것을 알아야 합니다.

성경을 보면 우리의 구원은 과거와 현재와 미래의 세 단계를 거칩니다. '과거'의 단계는 우리가 예수님을 믿는 그 순간 이루어지는 일입니다. 예수님을 믿고 그분을 나의 구세주로 받아들이는 순간, 하나님께서는 우리를 그분의 백성으로 인정해주시며 구속해주십니다.

> 내가 진실로 진실로 너희에게 이르노니 내 말을 듣고 또 나 보내신 이를 믿는 자는 영생을 얻었고 심판에 이르지 아니하나니 사망에서 생명으로 옮겼느니라
> 요 5:24

이 말씀에서 보면 '영생을 얻었다'라고 과거형으로 되어 있습니다. 우리의 삶이 그 순간 완전히 변한 것입니다. 우리가 서 있는 자리가 사망의 자리에서 생명의 자리로 옮겨졌기 때문입니다.

예수님이 십자가에 달려 돌아가실 때 좌우에 달린 죄수가 두 명 있었습니다. 그중 한 사람이 예수님께 믿음을 고백합니다. 그때 예수님은 "오늘 네가 나와 함께 낙원에 있으리라"(눅 23:43)라고 말씀하셨습니다. 즉, 그 순간 구원이 이루어진 것입니다. 즉 예수 믿는 모든 자들에게 구원은 과거에 이루어진 것입니다.

개인적으로 저는 중학교 다닐 때 예수님을 인격적으로 만나 그분을 제 구세주로 영접하고 주님으로 모셨습니다. 죄악의 길을 돌이키고 주님을 붙잡기로 결단했습니다. 그 순간에 이루어진 구원의 과거형, 이것이 구원의 첫 번째 단계입니다.

그렇다면 과거에 이루어진 구원이 현재에는 어떻게 이어지고 있습니까? 성경을 보면, 과거의 구원이 현재의 단계를 통해 성화의 과정을 걷고 있다고 가르치고 있습니다.

> 무릇 그리스도 예수와 합하여 세례를 받은 우리는 그의 죽으심과 합하여 세례를 받은 줄 알지 못하느냐 그러므로 우리가 그의 죽으심과 합하여 세례를 받음으로 그와 함께 장사되었나니 이는 아버지의 영광으로 말미암아 그리스도를 죽은 자 가운데서 살리심과 같이 우리로 또한 새 생명 가운데서 행하게 하려 함이라
> 롬 6:3,4

우리는 예수님을 믿는 순간 예수님과 함께 십자가에 못 박혀 장사지낸 바 되었습니다. 그리고 주님의 부활의 능력으로 이제 예수 그리스도의 새 생명 가운데서 사는 것입니다. 이것의 현재의 과정입니다.

예수님의 성품, 예수님의 능력, 예수님의 영성, 예수님의 마음과 그분의 영을 가지고 주님을 점점 더 닮아가는 성화의 과정이 우리의 현재 구원의 과정이라는 것입니다.

그리고 구원의 미래 단계가 있습니다. 이미 이루어진 구원이 오늘을 살아가는 가운데 언젠가 주님이 허락하시는 그 순간, 즉 예수님이 다시 오시는 그 순간, 우리의 몸이 속량되어 새로운 육체를 입게 될 것입니다. 이것을 영화(glorification)라고 하는데, 이것은 미래에 속한 것입니다. 즉, 우리의 구원은 그때 완성되는 것인데, 그것이 우리 몸의 속량이라는 것입니다.

이미 죽은 자들은 새 몸으로 부활하고 살아 있는 자들에게는 그 순간 새로운 몸이 주어집니다. 이것이 사도신경의 "몸이 다시 사는 것을 믿습니다"라는 고백에 포함되어 있는 것이고, 성경이 명확하게 가르쳐주고 있는 교훈입니다.

피조물이 바라는 것

로마서 8장 21절 말씀을 보면 피조물이 바라는 것이 있다고 합니다. 지금 썩어짐의 종 노릇 한 데서 해방되는 것입니다.

> 그 바라는 것은 피조물도 썩어짐의 종 노릇 한 데서 해방되어 **롬 8:21**

인간을 비롯하여 살아 있는 모든 것들은 시간이 갈수록 쇠퇴합니다. 몸이 쇠약해지고 쇠퇴하다가 나중에는 죽어서 그 몸이 썩습니다. 이것은 누구도 벗어날 수 없는 과정입니다. 시작이 있으면 끝이 있습니다. 이것이 자연의 원리이고 모든 것을 창조하신 하나님이 우리에게 허락하신 원칙입니다. 아무리 의학과 과학기술로 싸워보려고 해도 우리는 여기에서 벗어날 수 없습니다. 이것이 썩어짐의 종 노릇인데, 모든 피조물이 여기에서 해방되기를 원한다는 것입니다.

윤동주 시인의 〈서시〉에 이런 시구가 있습니다.

"모든 죽어가는 것을 사랑해야지."

이 문장이 우리의 가슴을 두드립니다. 이 시를 알레고리적으로 해석한다면 다른 의미도 있을 수 있겠으나, 문자 그대로 본다면 이 세상의 모든 피조물이 죽어가고 있다는 것을 의식하는 것입니다. 그래서 세상의 모든 피조물이 연민의 대상이라는 한 청년의 순수한 고백입니다. 이 현실 속에서 모든 피조물이 고통하고 있습니다.

그런데 23절을 보십시오. "그뿐 아니라", 즉 이렇게 피조물이 탄식하는 것뿐 아니라 "또한 우리 곧 성령의 처음 익은 열매를 받은 우리까지도"라고 되어 있습니다. 무슨 말입니까? 성령의 인 치심을 받은 우리까지도 이 죽음의 과정을 걸으며 탄식한다는 것입니다.

이 사실을 분명히 알아야 합니다. 예수를 믿는다고 병 안 걸리는 것이 아니고 안 죽는 것도 아닙니다. 우리는 분명히 치유하시는 하나님, 역사하시는 하나님을 믿지만, 그렇다고 날이 갈수록 쇠약해지다가 언젠가 죽는다는 사실에는 변함이 없습니다.

성령의 인 치심을 받은 구원 받은 백성들도 다 속으로 탄식합니다.

육신의 질병 앞에서 탄식합니다. 죽음 앞에서 슬퍼합니다. 믿는 자들도 언젠가는 다 죽습니다. 죽은 지 나흘 만에 다시 살아났던 나사로도 그 후에 다시 죽었습니다. 그는 분명 놀라운 부활의 이적을 체험했지만, 그도 역시 죽었습니다. 아무도 예외가 없다는 것입니다.

그러나 성경을 계속 보면 우리가 언제까지 탄식한다고 합니까? 양자 될 때까지, 곧 우리 몸의 속량이 이루어질 때까지라고 합니다. 우리가 예수님을 믿는 순간 하나님의 자녀가 되어 법적으로 하나님의 양자가 되었지만, 여기서 양자 된다는 것은 우리가 몸의 속량을 입어 실제적으로 하나님의 양자로 서게 되는 그때를 말합니다. 즉 미래를 기다린다는 것입니다.

완성의 때를 기다리는 믿음

이렇게 우리의 구원은 과거, 현재, 미래의 과정으로 진행됩니다. 그런데 우리는 자꾸 과거에 이루어진 구원에만 머무는 것 같습니다. 그래서 지금 이 순간 다 이루어지지 않으면 믿음이 흔들리고 그냥 포기해버리고 싶습니다. 완성의 때를 기다리며 광야와 같은 이때를 걸으면서 광야에서도 하나님의 은혜가 있고 광야에서만 부를 수 있는 찬양이 있다는 것을 알아야 하는데, 이것을 받아들이지 못합니다.

하나님께서는 분명히 치유하는 분이십니다. 그러나 그렇다고 병에 걸리지 않는 것이 아닙니다. 우리가 죽지 않는다는 말이 아닙니다. 그렇기 때문에 우리가 지금 살고 있는 이때가 전부가 아니라는 것을 알아야 합니다. 성숙한 믿음은 지금의 아픔을 받아들일 수 있어야 합니다. 성숙한 믿음은 지금의 어려움을 감당할 수 있는 믿음을 소유하는 것입니다. 그리고 장차 완성되는 그 구원의 때를 바라보는 것입니다. 빌립보서 3장에 이런 말씀이 있습니다.

> 그는 만물을 자기에게 복종하게 하실 수 있는 자의 역사로 우리의 낮은 몸을 자기 영광의 몸의 형체와 같이 변하게 하시리라 빌 3:21

만유의 주가 되시어 만물을 그분 아래 복종케 하실 수 있는 주님이 그날에 우리의 낮은 몸을 그분의 영광의 몸의 형체와 같이 변하게 하실 것이라고 말씀합니다.

부활하시기 전에는 예수님의 육체도 한계가 있었습니다. 스스로를 제한시키신 것입니다. 시간을 뚫고 가실 수 없었고, 공간을 초월하실 수 없었습니다. 그것은 물리적으로 불가능했습니다. 때리면 아프셨고, 찌르면 피가 나셨으며, 십자가에 못 박히면 죽으시는 몸이었습니다.

그런데 예수님이 부활하실 때 새로운 몸으로 변화되셨습니다. 분명히 예수님의 몸입니다. 제자들은 예수님을 보고 알아보았습니다. 그러나 다른 몸, 새로운 몸이었습니다. 영화로운 몸으로 변화되신 것입니다. 예수님과 같이 우리의 몸이 새롭게 되는 그 순간, 우리의 구원이 완성되는 것입니다. 이것을 알면 우리의 믿음이 한층 더 성숙해집니다. 그래서 신앙고백을 통해 이것을 강조하는 것입니다.

진정한 소망이 된다

둘째로, 우리의 몸이 다시 산다는 약속은 우리의 진정한 소망이 되기 때문에 이 신앙고백이 중요합니다.

우리의 존재는 육체를 벗어나서 이해할 수 없습니다. 이것이 성경적인 가르침입니다. 하나님께서는 인간을 만드셨을 때 흙으로 먼저 몸을 만드셨습니다. 그 다음에 그 안에 생기를 불어넣으심으로 하나님의 형상을 담은 인간이 탄생하게 된 것입니다. 몸과 하나님의 생기로 만들어진 게 우리 인간입니다. 그렇기 때문에 우리의 실존은 육체를 벗어나 이해할 수 없는 것입니다.

그렇다면 우리의 육체가 나이가 들어 쇠약해지고, 병들고, 장애로 인해 정상적인 생활이 불가능하다면 사실상 우리에게는 소망도 없는 것입니다. 물론 믿음으로 연약하고 제한된 육체를 극복해가며 살아가겠지만, 인간이란 존재 자체가 육체를 떠나서 생각할 수 없는 존재이기에 진정한 소망이 주어지기 위해서는 신체적인 소망이 주어져야 합니다.

또 사람은 죽음 앞에서 소망을 잃습니다. 전도서를 보니 "헛되고 헛되며 헛되고 헛되니 모든 것이 헛되도다"(전 1:2)라고 합니다. 그러면서 죽음 앞에서는 사람과 동물이 똑같다고 합니다. 맞는 말입니다. 세상에서 죽어 떠난다는 것에는 사람과 동물과 차이가 없고, 그런 측면에서 그 이상의 소망이 없다면 헛되고 헛되며 헛되니 모든 것이 헛된다는 결론을 낼 수밖에 없는 것입니다.

서양에서는 헤어질 때 "See you"(다시 보자)라고 인사합니다. 언어만 다를 뿐 독일이나 프랑스에서 사용하는 작별 인사도 비슷한 의미입니다. 언젠가 왜 이런 인사를 하게 되었을까 생각해본 적이 있습니다. 그러면서 우리 인간의 마음 깊은 곳에는 다시 보고 싶어 하는 열망이 있다는 생각을 했습니다. 왜냐하면 언제 떠날지 모르기 때문입니다. 죽음이란 것을 벗어날 수 없는 현실 속에서 언제 떠나서 언제 다시 볼 수 없는 사람이 될지 모르기에 "우리 꼭 다시 만납시다"라고 인사하는 것 같습니다.

특히 분단국가인 한국에서 살고 있는 우리는 이 아픔을 잘 알고 있지 않습니까? 이산가족들이 판문점이나 금강산에서 가족을 잠시 만나고 헤어질 때 통곡하며 뭐라고 인사합니까?

"우리 살아서 꼭 다시 만납시다!"

이것이 우리가 열망하는 소망입니다. 이 소망이 주어지지 않는다면 진정한 의미에서 우리에게는 소망이 없다는 것입니다. 그래서 성경은 신체적인 소망을 말하고 있는 것입니다. 성경에서 말하는 소망은 추상적인 소망이 아닙니다. 한낱 신기루 같은 소망을 붙잡아 보자는 것이 아닙니다. 하나님께서는 신체적인 소망을 약속하심으로 실제적인 소망을 주십니다.

새롭고 영화로운 몸을 주셔서 영원히 죽지 않고 살리라는 소망은 뜬 구름 잡는 소망이 아니라 예수 그리스도의 부활을 통해 우리에게 확증해주신 확실한 소망입니다. 성경은 이 확실한 소망을 붙잡고 살아가라고 이 말씀을 주신 것입니다.

어떻게 다시 살 수 있는가?

고린도교회의 누군가가 "죽은 사람이 어떻게 다시 살아날 수 있느냐? 그것이 무슨 말도 안 되는 소망이냐?"라고 질문했습니다.

> 누가 묻기를 죽은 자들이 어떻게 다시 살아나며 어떠한 몸으로 오느냐 하리니
> 고전 15:35

이 질문에 바울이 비유로 설명하기 시작합니다.

"씨를 보라. 씨를 뿌리면 그 씨가 떨어져 썩어져 죽은 후에 나무로 일어나 열매를 맺게 된다. 죽지 않으면 다른 형체를 맺을 수 없으나 썩어져 죽으면 다른 형체로 다시 살아나는 것이다"(고전 15:36-38 참조).

그러면서 자연의 원칙에서 보여주는 것처럼 우리가 다시 사는 것도 마찬가지라고 말합니다. 우리도 죽게 되면 그 몸은 썩어지지만 하나님이 주시는 영광스러운 새 몸으로 부활하게 될 것이라고 설명합니다. 그리고 그때의 몸은 지금과 다르다고 설명하면서, 지금은 부패하고 아프고 장애가 있고 죽는 몸이지만, 다시 살게 될 몸은 그렇지 않다고 말합니다.

> 죽은 자의 부활도 그와 같으니 썩을 것으로 심고 썩지 아니할 것으로 다시 살아나며 욕된 것으로 심고 영광스러운 것으로 다시 살아나며 약한 것으로 심고 강한 것으로 다시 살아나며 육의 몸으로 심고 신령한 몸으로 다시 살아나나니
> 고전 15:42-44

육신의 몸, 즉 땅에 속한 몸으로 심겨졌지만 다시 살아날 때는 육신의 몸이 아니라 영광스러운 하늘의 몸으로 일어날 것입니다. 땅의 습성을 가진 아담의 후손으로 심겨지지만 새 생명을 주시는 하늘에 속하신 예수 그리스도 안에서 신령한 몸으로 부활하게 되는 것입니다.

바울은 계속해서 이렇게 말합니다.

보라 내가 너희에게 비밀을 말하노니 우리가 다 잠 잘 것이 아니요 마지막 나팔에 순식간에 홀연히 다 변화되리니 나팔 소리가 나매 죽은 자들이 썩지 아니할 것으로 다시 살아나고 우리도 변화되리라 이 썩을 것이 반드시 썩지 아니할 것을 입겠고 이 죽을 것이 죽지 아니함을 입으리로다 고전 15:51-53

이것이 우리의 믿음입니다. 여기에 우리의 소망이 있습니다. 우리의 몸이 지금은 썩는 몸이요, 쇠퇴하는 몸입니다. 언젠가 죽고 나면 썩어버릴 몸입니다. 그런 몸을 보며 무슨 소망이 있습니까? 그런데 주님이 말씀하십니다.

"썩을 것이 반드시 썩지 아니할 것을 입겠고 이 죽을 것이 죽지 아니함을 입겠다."

씨앗이 썩어졌을 때 다시 새 생명으로 일어나듯이 우리의 썩어질 몸도 다시 썩어지지 않을 영화로운 몸으로 살아날 것이니, 여기에 우리의 소망이 있다는 것입니다.

예수님을 믿고 구원받았어도 땅에 속한 우리의 몸이 말을 안 들을 때가 있습니다. 그래서 한탄하고 슬퍼할 때가 있습니다. 그러나 하나님께서 땅에 속한 몸이 아니라 하늘의 속한 몸으로 우리를 다시 살려주신다고 약속하십니다. 그래서 우리는 분명한 소망을 붙잡고 그 소망의 날을 기다리며 살 수 있는 것입니다.

소망을 가지고 그때를 기다리자

우리 교회의 성도 가운데도 10년 이상 혼수상태로 누워 계신 분이 있습니다. 그분에게도 확실한 소망이 있습니다. 그 몸이 다시 살게 될 것입니다. 장애를 가지고 살아가는 분들도 있습니다. 자녀가 장애를 가지고 있어서 애태우는 부모들도 있습니다. 지금은 아프고 힘들지만 우리는 그때를 기다리는 것입니다. 그때가 되면 장애가 없고 가장 아름답고 가장 영화로운 모습으로 다시 살게 될 것입니다. 우리에게 이 소망이 있기 때문에 그때를 기다리며 살아갈 수 있는 것입니다. 나이 들어 점점 쇠약해지는 육체를 바라보며 한숨 쉬고 있습니까? 그 한계는 언젠가 끝납니다. 우리에게는 소망이 있습니다.

그래서 피조물의 탄식으로 시작한 본문 말씀은 소망에 관한 말씀으로 이어집니다.

우리가 소망으로 구원을 얻었으매 보이는 소망이 소망이 아니니 보는 것을 누가 바라리요 만일 우리가 보지 못하는 것을 바라면 참음으로 기다릴지니라

롬 8:24,25

지금 현실 속에서 이 과정은 눈에 보이지 않습니다. 이것은 미래에 완성될 것이기 때문입니다. 그러나 우리의 현실이 주의 은혜 안에서 기적적으로 이뤄지고 있다면, 이 미래 역시도 하나님 안에서 반드시 일어날 것입니다. 이것을 믿기에 약하고 썩어질 육신을 가지고도 우리는 절망하지 않고 소망을 바라볼 수 있는 것입니다. 그 소망을 바라보며 전진해 나갈 수 있는 것입니다.

이 소망을 주시기 위해 예수님이 오셨습니다. 이 소망 가운데 살게 하시기 위해 약속의 말씀을 주셨습니다. 그러니 지금 현실 가운데서는 보이지 아니할지라도 믿으며 견디며 인내할 수 있는 것입니다. 이 소망을 굳게 붙잡고 전진하며 소망으로 승리하는 우리 모두가 되기 바랍니다. 그래서 세상에 이 소망을 전하는 삶을 살게 되기 바랍니다.

"나는 몸이 다시 사는 것을 믿습니다!"

I believe

나는
믿습니다

또 그가 수정같이 맑은 생명수의 강을 내게 보이니 하나님과 및 어린양의 보좌로부터 나와서 길 가운데로 흐르더라 강 좌우에 생명나무가 있어 열두 가지 열매를 맺되 달마다 그 열매를 맺고 그 나무 잎사귀들은 만국을 치료하기 위하여 있더라 다시 저주가 없으며 하나님과 그 어린양의 보좌가 그 가운데에 있으리니 그의 종들이 그를 섬기며 그의 얼굴을 볼 터이요 그의 이름도 그들의 이마에 있으리라 다시 밤이 없겠고 등불과 햇빛이 쓸 데 없으니 이는 주 하나님이 그들에게 비치심이라 그들이 세세토록 왕 노릇 하리로다

요한계시록 22장 1-5절

영원히 사는 것을 믿습니다

chapter **18**

영원을 사모하는 유한한 인생

사도신경의 마지막 부분은 "내가 영원히 사는 것을 믿습니다"라는 고백입니다. 믿는 사람이건 안 믿는 사람이건 간에 영원히 사는 것은 온 인류가 열망하는 것입니다. 전도서 3장 11절을 보면 하나님께서 모든 사람에게 영원을 사모하는 마음을 주셨다고 합니다. 이것이 동물과 사람의 차이점입니다. 동물은 하루하루 그저 먹고 살면 그만이지만 사람은 그렇지 않습니다. 하나님의 형상을 따라 지음 받은 사람 안에는 하나님의 영원을 사모하는 마음이 있기 때문입니다.

다만 문제는 우리에게 영원을 사모하는 마음은 있지만, 해결책이 없다는 것입니다. 묘지 앞에 설 때마다 우리는 그 사실을 절실히 깨닫습니다. 영원을 사모하는 마음만 있을 뿐 제한된 인생을 사는 우리이기에 여기서 더 나아갈 수 없습니다.

하나님의 해결책

그러나 하나님께서 우리에게 해결책을 주십니다. 이는 하나님만 주실 수 있는 해결책으로, 영원을 사모하는 사람에게 주시는 말씀이 명확합니다. 몇 구절만 살펴보겠습니다.

하나님이 세상을 이처럼 사랑하사 독생자를 주셨으니 이는 그를 믿는 자마다 멸망하지 않고 영생을 얻게 하려 하심이라 요 3:16

내가 진실로 진실로 너희에게 이르노니 내 말을 듣고 또 나 보내신 이를 믿는 자는 영생을 얻었고 심판에 이르지 아니하나니 사망에서 생명으로 옮겼느니라 요 5:24

도둑이 오는 것은 도둑질하고 죽이고 멸망시키려는 것뿐이요 내가 온 것은 양으로 생명을 얻게 하고 더 풍성히 얻게 하려는 것이라 나는 선한 목자라 선한 목자는 양들을 위하여 목숨을 버리거니와 요 10:10,11

예수께서 이르시되 나는 부활이요 생명이니 나를 믿는 자는 죽어도 살겠고 무릇 살아서 나를 믿는 자는 영원히 죽지 아니하리니 이것을 네가 믿느냐 요 11:25,26

죽음을 이기고 부활하신 예수님이 "나는 부활이요 생명이니"라고 말씀하시며 영생을 약속하십니다. 영원을 그저 사모할 뿐인 유한한 인생에게 하나님께서 그분의 아들 예수 그리스도 안에서 영생에 대한 확실한 대답을 주신 것입니다.

영원한 삶이란 무엇일까?

여기서 한 가지 묻고 싶은 것이 있습니다. '영생'이 무엇입니까? 그저 영원히 생존하는 것일까요? 신약성경을 원어로 보면 '생명'을 뜻하는 단어가 두 가지 나옵니다. 그중 하나가 '비오스'(bios)인데, '생존하는 삶'을 가리킵니다. 그리고 또 다른 단어가 '조에'(zoe)입니다. '조에'는 단순히 생존하는 삶이 아닌 '풍성한 삶'을 뜻합니다. 주어진 사명을 감당하는 삶, 창조주 하나님과 함께 그분의 기쁨과 사랑을 누리며 사는 삶, 그분의 영광 가운데서 사는 풍성한 삶을 뜻하는 단어입니다. 성경에서 우리가 영원히 산다고 할 때 해당되는 단어가 바로 이 '조에'입니다.

하나님께서 약속하시는 영생은 그저 막연히 영원히 사는 것이 아니라 풍성한 삶입니다. 그렇다면 그 삶이 어떤 삶인지를 알아야 합니다. 영원한 삶에 대해 우리가 좀 더 알게 될 때 우리는 그 삶을 더욱 열망하며 살 수 있게 될 것입니다.

성경의 마지막 책인 요한계시록에는 그 어느 곳보다 천국에 대한 풍성한 설명으로 가득합니다. 물론 인간의 언어와 개념을 가지고 하나님의 나라를 온전히 설명할 수는 없습니다. 그것은 마치 어머니 배 속에 있는 아기에게 곧 만나게 될 바깥세상을 설명해주는 것과 마찬가지입니다. 다 설명할 수도, 다 이해할 수도 없는 것입니다.

그러나 하나님께서는 우리가 이해할 만큼 말씀을 주셨습니다. 그 중 요한계시록 22장 1-5절을 통해 우리는 우리가 영원히 살게 될 그 나라에 관해 몇 가지 중요한 점을 알 수 있습니다.

보좌에서 생명수의 강이 흐르는 곳

첫째로, 하나님의 나라는 하나님의 보좌로부터 생명수의 강이 흐르는 곳입니다.

> 또 그가 수정같이 맑은 생명수의 강을 내게 보이니 하나님과 및 어린양의 보좌로부터 나와서 계 22:1

이 물은 생명의 물입니다. 인류의 역사를 보더라도 물은 생명과 직결된다는 것을 알 수 있습니다. 인류의 모든 문명이 물 옆에서 시작된 것만 봐도 알 수 있습니다. 물은 곧 생명입니다. 그런데 독특한 것은 그 생명수의 발원지가 바로 하나님의 보좌라는 것입니다. 생명의 원천이 되시는 하나님으로부터 직접 흐르는 생명수의 강이란 말입니다.

에스겔서 47장에도 이런 이미지가 보이는데, 하나님나라의 이미지가 이렇다는 것입니다. 엄마와 배 속의 아기가 생명의 탯줄로 연결되어 있는 것처럼, 하나님나라에서 우리의 생명은 하나님으로부터 직접 흐르는 생명으로 연결되어 있다는 것입니다. 그러니 마를 수가 없습니다.

계속해서 2절을 보면 길 가운데 생명수의 강이 흐르고 있는데, 강 좌우에 생명나무가 있어서 열두 가지 열매를 맺는다고 합니다. 열둘은 완전수입니다. 그곳에 생명나무가 쭉 세워져 있어서 거기서 열매가 계속 나옵니다. 그 열매를 우리가 누리며 사는 것입니다.

> 길 가운데로 흐르더라 강 좌우에 생명나무가 있어 열두 가지 열매를 맺되 달마다 그 열매를 맺고 그 나무 잎사귀들은 만국을 치료하기 위하여 있더라 계 22:2

창세기를 보면 인류의 첫 조상인 아담과 하와가 죄를 지은 후에 하나님께서 생명나무의 열매를 먹지 못하게 하십니다. 즉, 죄가 들어온 다음, 죄의 영향을 가지고 있는 상태로 영원히 사는 길을 막으신 것입니다. 죄와 함께 영원히 사는 것은 의미가 없습니다. 고통과 저주입니다. 그렇기 때문에 하나님은 생명나무가 있던 에덴동산에서 아담과 하와를 쫓아내셨습니다.

그런데 이제는 모든 죄악과 그 결과인 죽음을 다 물리치시고 새 하늘과 새 땅에서 생명나무의 열매를 우리에게 허락하시는 것입니다. 그 생명나무의 잎사귀는 모든 만국을 치료합니다. 즉, 모든 민족과 백성 가운데 하나님의 구원이 완성된 곳이라는 뜻입니다. 모든 민족과 방언과 나라들 가운데, 특별히 북한 땅, 이슬람 땅과 같은 구원 받아야 할 모든 자들의 구원이 완성되고 완전한 치유가 이루어진 곳이 하나님나라인 줄 믿습니다. 더 이상 해와 달이 필요 없이 하나님의 생명의 빛으로 우리를 완전히 감싸주시는 곳이 하나님나라입니다(계 22:5 참조).

다시는 저주가 없는 곳

둘째로, 하나님나라는 다시는 저주가 없는 곳입니다.

> 다시 저주가 없으며 하나님과 그 어린양의 보좌가 그 가운데에 있으리니 그의 종들이 그를 섬기며 계 22:3

저주는 죄의 결과입니다. 따라서 다시는 저주가 없다는 것은 죄의 영향이 없다는 것입니다. 이것이 왜 중요할까요? 하나님이 만드신 처음 세상인 에덴동산에도 죄의 영향이 없었습니다. 죄의 결과인 저주는 찾아볼 수 없었고 오직 하나님의 생명만 있던 곳이었습니다. 그런데 인간이 범죄함으로 죄가 침범하자 그로 말미암아 저주가 임합니다.

그러면 하나님의 새 하늘과 새 땅에서도 그런 식으로 죄가 침범할 가능성이 있는 것일까요? 아닙니다. 저주가 없다는 것은 죄의 결과가 없다는 것입니다. 성경은 확실히 "다시는 저주가 없다"라고 선언합니다.

주님의 새로운 나라에는 죄의 영향이 전혀 없고 저주가 전혀 없다는 말씀을 기억할 때마다 우리는 이 땅에서의 슬픔과 아픔과 애통함 때문에 눈물짓다가도 소망을 가질 수 있는 것입니다. 그 나라에서는 그럴 필요가 없기 때문입니다.

바로 앞 장인 요한계시록 21장에 이런 말씀이 있습니다.

> 내가 들으니 보좌에서 큰 음성이 나서 이르되 보라 하나님의 장막이 사람들과

함께 있으매 하나님이 그들과 함께 계시리니 그들은 하나님의 백성이 되고 하나님은 친히 그들과 함께 계셔서 모든 눈물을 그 눈에서 닦아주시니 다시는 사망이 없고 애통하는 것이나 곡하는 것이나 아픈 것이 다시 있지 아니하리니 처음 것들이 다 지나갔음이러라 계 21:3,4

죄의 영향으로 망가진 이 세상의 처음 것들이 다 지나갔습니다. 새 하늘과 새 땅에는 죄의 영향이 없습니다. 죄가 한시라도 꿈틀거릴 수 없는 곳이라는 것입니다.

본문 말씀을 다시 보면 "다시 저주가 없으며 하나님과 그 어린양의 보좌가 그 가운데에 있으리니"라고 되어 있습니다. 하나님의 보좌가 가운데 있기 때문에 어둠이 조금도 침범할 수 없습니다.

그래서 4절을 보면 "그의 얼굴을 볼 터이요"라고 되어 있습니다. 우리가 주님의 얼굴을 보게 됩니다. 지금은 하나님의 자녀로서 주님을 알고 있지만, 그분의 얼굴을 대면하여 보지는 못합니다. 그분의 얼굴을 본다는 것은 그분과 같이 되었기 때문에 가능한 것입니다.

요한일서 3장에 이런 말씀이 있습니다.

사랑하는 자들아 우리가 지금은 하나님의 자녀라 장래에 어떻게 될지는 아직 나타나지 아니하였으나 그가 나타나시면 우리가 그와 같을 줄을 아는 것은 그의 참모습 그대로 볼 것이기 때문이니 요일 3:2

고린도전서 13장에는 또 이런 말씀이 있습니다.

> 우리가 지금은 거울로 보는 것같이 희미하나 그때에는 얼굴과 얼굴을 대하여 볼 것이요 고전 13:12

우리가 아무리 하나님의 자녀가 되었다 해도 지금의 이 모습으로는 하나님의 얼굴을 직접 볼 수 없습니다. 그러나 그때가 되면 우리가 주님의 모습과 같이 변화될 것이기 때문에 주님을 직접 볼 수 있게 될 것입니다.

주님과 같이 된다는 것은 죄가 없다는 뜻입니다. 죄의 영향을 더 이상 받지 않는다는 것입니다. 4절 하반절에는 "그의 이름도 그들의 이마에 있으리라"라고 합니다. 주님의 백성으로 영원히 인 치심을 받았다는 뜻입니다. 이렇게 주님의 사람으로 영원히 인 치심을 받았으니 어떻게 죄의 결과인 저주가 그곳에 있을 수 있겠습니까?

계속해서 5절에는 이렇게 기록되어 있습니다.

> 다시 밤이 없겠고 등불과 햇빛이 쓸 데 없으니 이는 주 하나님이 그들에게 비치심이라 계 22:5

주님의 빛이 압도하는 곳이기 때문에 죄의 바이러스가 살아 있을 수가 없습니다. 그래서 주님은 "그곳은 죄의 영향이 없는 곳이다"라고 단언하시는 것입니다.

그곳은 죄의 결과인 저주는 다 사라지고 하나님의 새 하늘과 새 땅이 주님의 영광 가운데 세워진 곳이기 때문에 죄의 모습은 조금이라도 꿈틀거릴 수 없습니다. 그곳은 우리가 주님과 같이 되어서 주님의 얼굴을 맞대어 아는 곳입니다. 우리가 그런 곳에서 영원히 사는 것입니다.

주님을 섬기며 함께 왕 노릇 하는 곳

셋째로, 그곳은 우리가 주님을 섬기며 주님과 함께 왕 노릇 하는 곳입니다.

3절 마지막 부분을 보면 "그의 종들이 그를 섬기며"라고 되어 있고, 5절 마지막 부분을 보면 "그들이 세세토록 왕 노릇 하리로다"라고 되어 있습니다. 하나님의 나라는 아무것도 안 하고 그저 놀기만 하는 곳이 아닙니다. 그곳은 영광스러운 사역이 있는 곳입니다. 우리가 주님을 섬기는 곳이며, 주님과 함께 통치하는 곳입니다.

주님의 나라는 주님이 통치하는 곳입니다. 그런데 혼자서 통치하지 않으십니다. 주님이 그 통치권을 우리와 함께 나누시는 이유는 우리를 그분의 신부로 보시기 때문입니다.

요한계시록 21장 1,2절은 하나님의 나라를 이렇게 묘사합니다.

또 내가 새 하늘과 새 땅을 보니 처음 하늘과 처음 땅이 없어졌고 바다도 다시 있지 않더라 또 내가 보매 거룩한 성 새 예루살렘이 하나님께로부터 하늘에서 내려오니 그 준비한 것이 신부가 남편을 위하여 단장한 것 같더라 계 21:1,2

처음 하늘과 땅이 없어지고 새 하늘과 새 땅이 세워지게 될 때, 그 중심에 하나님의 거룩한 성 새 예루살렘이 보이는데, 그것은 바로 신부가 남편을 위해 단장한 것과 같다고 합니다. 그러면 그 신부는 누구입니까?

> 일곱 대접을 가지고 마지막 일곱 재앙을 담은 일곱 천사 중 하나가 나아와서 내게 말하여 이르되 이리 오라 내가 신부 곧 어린양의 아내를 네게 보이리라 하고 성령으로 나를 데리고 크고 높은 산으로 올라가 하나님께로부터 하늘에서 내려오는 거룩한 성 예루살렘을 보이니 계 21:9,10

즉, 하나님나라의 중심 역할을 할 것은 새 예루살렘인데, 그 새 예루살렘이 어린양의 신부라고 말합니다. 그러면서 그 신부가 구원 받은 그의 종들, 곧 그와 함께 왕 노릇 하는 하나님의 백성들이라고 말씀하고 계십니다.

그 신부에 대해 보여주시는 내용이 지금 우리가 본문으로 살펴보고 있는 22장 5절까지 계속되고 있습니다. 그 신부는 분명히 그분의 구원받은 종들입니다. 즉 주님과 함께 왕 노릇 하는 하나님의 백성들이란 말씀입니다. 그들이 주님을 섬기며 주님과 왕 노릇 하는 것입니다.

영원한 나라의 상급을 준비하는 삶

그렇다면 우리는 그때를 준비해야 합니다. 중요한 신학 개념 하나를 설명하고 싶습니다. 우리는 예수님을 믿고 하나님의 은혜로 구원을 받습니다. 손양원 목사님처럼 예수님을 신실하게 따르시다가 순교하신 분이나 예수님의 십자가 옆에 달린 강도처럼 마지막 순간에 믿음을 고백하여 구원 받은 사람이나 상관없이 모든 사람은 다 믿음으로 말미암아 하나님의 은혜로 구원받습니다.

그런데 중요한 것은 우리가 이 땅에서 어떻게 주님을 섬기며 살았느냐에 따라 주님의 나라에서 우리에게 주어지는 자리가 다르다는 것입니다. 성경은 이것을 주님이 주시는 '상급'이라고 말씀합니다.

하나님나라의 상급은 영광의 면류관입니다. 그것은 주님과 함께 통치하는 모습입니다. 그런데 그 자리가 다 다릅니다. 구원은 믿음으로 다 받지만, 그 나라에서 우리가 통치하게 될 위치는 다 다르다는 것입니다.

달란트 비유를 가르치는 가운데 이런 말씀이 있습니다.

> 그 주인이 이르되 잘하였도다 착하고 충성된 종아 네가 적은 일에 충성하였으매 내가 많은 것을 네게 맡기리니 네 주인의 즐거움에 참여할지어다 하고 마 25:21

지금 어떤 상황입니까? 주인이 멀리 떠나면서 자기 종들에게 달란트를 맡겼습니다. 그리고 돌아와서 그 달란트를 가지고 충성스럽게 산 자와 게으르게 산 자를 청산하는 장면입니다. 그런데 충성된 자에게 어떤 말씀을 하십니까?

"내가 너를 인정한다. 너는 착하고 충성된 종이다. 그래서 이제 내가 너에게 갑절의 달란트를 주겠다."

이제 주님의 나라에서 갑절로 더 영광스럽게 사역하라는 것입니다. 이것이 바로 '주인의 즐거움에 참여하는 것'입니다. 천국은 믿는 자들이 다 가는 곳이지만, 그 상급은 다릅니다. 하나님이 오늘 내게 맡겨주신 달란트를 가지고 어떻게 주를 섬겼느냐에 따라 영원히 사는 그 나라에서 우리의 자리가 다르다는 것입니다.

그러니 우리가 사는 오늘의 인생은 인턴의 과정으로 보면 됩니다. 성경은 우리의 인생이 '길어야 80'이라고 말합니다. 물론 과학과 의학이 발달한 요즘에는 평균 수명이 길어지긴 했지만, 그래도 하루 앞을 모르는 것이 우리의 인생입니다. 그렇다면 인턴의 과정을 거치고 있는 우리가 할 일은 주님 앞에 잘 보이는 것입니다. 주님은 인턴 기간 동안 테스트와 트레이닝을 하십니다.

'과연 일을 제대로 해낼 것인가? 게으르지 않고 충성된 종인가?'

언젠가 우리에게 합당한 직책이 주어질 것입니다. 영원한 나라에서 말입니다. 그런 의미에서 오늘날 우리가 어떻게 주님을 섬기며 어떻게 사느냐는 영원한 가치가 있는 것입니다.

주의 일에 힘쓰라

고린도전서 15장은 부활장입니다. 주님이 부활하실 것과 우리 역시 썩지 않는 몸으로 변화될 것이 굉장히 영광스럽게 설명되고 있습니다. 그런데 그 부활장은 이렇게 결론을 맺고 있습니다.

> 그러므로 내 사랑하는 형제들아 견실하며 흔들리지 말고 항상 주의 일에 더욱 힘쓰는 자들이 되라 이는 너희 수고가 주 안에서 헛되지 않은 줄 앎이라 고전 15:58

부활을 믿는 것과 이 말씀이 무슨 연관이 있습니까? 우리에게 주어지는 인턴의 과정을 이해하지 못한다면 이 말씀을 이해할 수 없습니다. "우리는 부활한다! 할렐루야!"가 끝이 아니란 말입니다. 우리가 부활을 믿는다면 지금 주님의 일에 더욱 힘쓰는 자들이 되어야 한다는 것입니다. 그러한 우리의 수고가 주 안에서 헛되지 않습니다. 영원한 결과를 맺습니다.

선배 목회자 한 분이 이런 이야기를 했습니다.

"나의 목회 철학은 내가 섬기는 성도들로 하여금 나보다 천국에서 상을 더 많이 받게 하는 것이다."

정말 놀라운 철학입니다. 맞습니다. 사람들이 구원 받게 하는 것도 중요합니다. 물론 가장 중요합니다. 그러나 그에 못지않게 중요한 것이 구원받은 자들이 영원한 나라에서 어떤 영원한 삶을 살게 할 것인가 하는 것입니다. 그것은 이 땅에서 하나님의 일을 어떻게 감당하느냐에 따라 좌우되는 것이기에, 하나님의 백성들이 그 나라를 위해 투자하게 해야 한다는 것입니다.

윌로우크릭교회의 빌 하이벨스 목사님은 성도들에게 사역을 시킬 때 절대로 미안한 마음으로 하지 말고 담대한 마음으로 요청하라고 합니다. 그것이 그들의 영원한 삶에 관련 있는 것이기 때문에 강력하고 확실하게 전하라는 것입니다. 우리가 "영원히 사는 것을 믿습니다"라고 고백할 때 그 안에는 이러한 내용이 함께 담겨 있는 것입니다.

우리는 이것을 믿습니다!

우리는 전능하사 천지를 만드신 하나님을 믿고, 그분의 독생자 예수 그리스도를 믿으며, 성령님을 믿습니다. 그리고 이 믿음을 가지고 하나님의 거룩한 공교회로 서 있는 사실을 믿는 것이고, 성도의 교제를 통하여 하나님의 몸 된 교회를 일으키는 것을 믿는 것입니다.

이 믿음으로 말미암아 우리가 죄 사함을 받고 구원 받은 사실과 이제 몸이 다시 살아서 주님의 영광에 참여하는 것과 주님의 영광 가운데서 주님과 함께 영원히 살며 함께 통치하는 것을 믿는 것입니다.

우리가 영원한 삶을 살게 될 하나님나라는 하나님의 보좌로부터 생명수의 강이 흐르는 곳이며, 다시는 죄와 저주가 없는 곳입니다. 그곳에서 우리는 주님을 섬기며 주님과 함께 영광스럽게 왕 노릇 하게 될 것입니다. 이것이 우리의 신앙고백입니다.

우리가 신앙고백을 마친 후에는 "아멘"으로 끝을 맺습니다. '아멘'이란 동의한다는 말입니다. 또한 동의를 넘어서 내가 믿는 이 사실을 충성되이 붙잡고 살아가겠다는 의지가 담겨 있는 것입니다. 그리고 더 나아가 믿음의 주가 되시는 예수님을 이전보다 더욱더 사랑하며 사모하며 흔들리는 이 세상에서 흔들리지 않는 견고한 믿음과 신앙의 반석 위에 굳게 서서 승리하겠다는 고백이기도 합니다.

우리가 다 하나님께 이러한 신앙고백을 올려드리기를 원합니다. 사도신경에 담긴 깊은 의미 하나하나를 날마다 되새겨 우리의 믿음을 굳건히 할 수 있는 우리 모두가 되기를 바랍니다.

"나는 영원히 사는 것을 믿습니다!"

하나님의 사랑 안에서
자신을 지키십시오!

epilogue

사도신경 강해를 마치면서 저는 성도들에게 이 위대한 신앙을 꼭 지키며 살자고 강조하고 싶었습니다. 사도신경은 '아멘'으로 끝이 납니다. 그 뜻은 우리가 이 신앙고백의 내용을 단순히 머리로만 알고 동의한다는 의미가 아닙니다. 우리의 삶에서 이 믿음이 그대로 나타나기를 원한다고 고백하는 것입니다. 우리의 믿음은 하나님께서 선물로 주셨지만, 그 믿음을 지켜나가는 것은 우리의 몫입니다.

사랑하는 자들아 너희는 너희의 지극히 거룩한 믿음 위에 자신을 세우며 성령으로 기도하며 하나님의 사랑 안에서 자신을 지키며 영생에 이르도록 우리 주 예수 그리스도의 긍휼을 기다리라 어떤 의심하는 자들을 긍휼히 여기라 또 어떤 자를 불에서 끌어내어 구원하라 또 어떤 자를 그 육체로 더럽힌 옷까지도 미워하되 두려움으로 긍휼히 여기라 유 20-23절

유다서는 성도들에게 믿음의 도를 힘써 지키라고 권면하고 있는 서신서입니다. 유다는 이단과 사이비들이 기승을 부리고 있고, 세속 문화는 성도들을 삼키려고 파도처럼 일어나고 있는 현실 속에서 살고 있는 성도들을 향해 몇 가지 구체적인 권면의 말씀을 주면서 믿음을 지키라고 강조하고 있습니다. 그의 권면은 비단 당시의 성도들에게뿐만 아니라 믿음을 지켜내는 것이 너무나 힘든 오늘 이 시대를 사는 우리에게도 절실히 필요한 말씀입니다.

유다서의 이 구절을 원어로 보면, 한 문장이 핵심 내용으로 강조되고 있음을 알게 됩니다. 그것은 바로 "하나님의 사랑 안에서 자신을 지키라"는 권면입니다. 이는 믿음의 도를 지키라는 말씀입니다. 그리고 그 문장을 앞뒤로 둘러싸고 있는 말씀에서 우리는 실제적으로 어떻게 믿음의 도를 지킬 수 있는지 배울 수 있습니다.

첫째, 거룩한 믿음 위에 자신을 세워나가야 합니다.

우리의 믿음은 수동적으로 남아 있는 것이 아니라 능동적으로 세워나가야 하는 것입니다. 예수님 역시도 산상수훈을 마치며 '반석 위에 세워진 믿음이란 들은 말씀을 지키며 자신의 집을 세워나가는 것'이라고 하시며 이것을 강조하셨습니다. 우리가 신앙의 양육을 받고 훈련을 받는 이유도 여기에 있습니다. 든든히 세워지지 않고 자라지 않는 믿음은 넘어질 수밖에 없기 때문입니다.

둘째, 성령으로 기도해야 합니다.

예수님은 오직 기도를 통해서만 모든 것이 가능하다고 가르쳐주셨습니다. 그리고 주님께서 친히 기도의 모범이 되시어 이 세상에서 사셨습니다. 하나님의 아들이신 예수님도 기도하며 사셨는데, 하물며 우리가 기도 없이 믿음으로 승리한다는 것은 불가능합니다. 특별히 여기에서는 성령으로 기도하라는 것이 강조되어 있습니다. 성령님은 늘 하나님의 뜻대로 성도들을 위해 기도하시는 분입니다(롬 8:26,27). 그래서 우리는 성령님의 인도하심을 받고 기도하는 것을 배워나가야 합니다. 그래야만 하나님의 뜻과 일치되어 능력 있는 삶으로 나아갈 수 있기 때문입니다.

셋째, 예수님의 긍휼을 기다려야 합니다.

우리의 구원은 과거의 한 순간에 모두 완성되는 것이 아닙니다. 예수님을 믿는 순간 영생을 받았으며, 현재의 삶으로 성화를 이뤄가야 합니다. 그리고 예수님이 다시 오실 때 우리에게 새로운 몸이 주어지며 이루어질 영화가 있습니다. 구원의 첫 단계인 영생도 주님의 긍휼로 이루어졌고, 두 번째 단계인 성화도 긍휼로 오늘날 이루어지고 있다면, 마지막 단계인 영화도 오직 주님의 긍휼로 이루어질 것입니다. 우리는 이것을 확신하며 주님의 긍휼을 기다려야 합니다.

넷째, 우리는 서로를 지켜주며 믿음의 도를 굳게 지킬 수 있습니다.

사도신경을 통해서 우리는 하나님의 공교회를 믿으며, 그 교회 안에서 성도들이 하나 되는 것을 믿는다고 고백하고 있습니다. 하나님께서는 성도의 교제를 위해 주님의 몸 된 교회를 허락하신 것입니다. 그 안에서 우리가 세상을 이기고 믿음으로 승리할 수 있기 때문입니다.

우리가 이렇게 믿음을 지키며 살 때 하나님께서는 우리를 반드시 보호하실 것이라고 약속하십니다. 그 약속이 유다서 마지막 구절에 나와 있습니다. 이 영광스러운 약속을 우리 모두 붙잡으며, 그 약속을 허락하신 주님께 모든 영광을 돌리시기 바랍니다.

능히 너희를 보호하사 거침이 없게 하시고
너희로 그 영광 앞에 흠이 없이 기쁨으로 서게 하실 이
곧 우리 구주 홀로 하나이신 하나님께
우리 주 예수 그리스도로 말미암아
영광과 위엄과 권력과 권세가
영원 전부터 이제와 영원토록 있을지어다 아멘

유다서 24,25절

나는 믿습니다

초판 1쇄 발행	2015년 8월 17일
초판 2쇄 발행	2023년 2월 10일
지은이	김승욱
펴낸이	여진구
책임편집	이영주 박소영
편집	최현수 안수경 김도연 김아진 정아혜
책임디자인	마영애 노지현 조은혜 이하은
홍보 · 외서	진효지
마케팅	김상순 강성민 허병용
제작	조영석
마케팅지원	최영배 정나영
경영지원	김혜경 김경희 이지수

303비전성경암송학교 박정숙
이슬비전도학교 / 303비전성경암송학교 / 303비전꿈나무장학회

펴낸곳	규장

주소 06770 서울시 서초구 매헌로 16길 20(양재2동) 규장선교센터
전화 02)578-0003   팩스 02)578-7332
이메일 kyujang0691@gmail.com   홈페이지 www.kyujang.com
페이스북 facebook.com/kyujangbook   인스타그램 instagram.com/kyujang_com
카카오스토리 story.kakao.com/kyujangbook
등록일 1978.8.14. 제1-22

ⓒ 저자와의 협약 아래 인지는 생략되었습니다.
이 출판물은 저작권법에 의해 보호를 받는 저작물이므로 무단 전재와 무단 복제를 할 수 없습니다.

책값 뒤표지에 있습니다.
ISBN 978-89-6097-417-3 03230

규 | 장 | 수 | 칙

1. 기도로 기획하고 기도로 제작한다.
2. 오직 그리스도의 성품을 사모하는 독자가 원하고 필요로 하는 책만을 출판한다.
3. 한 활자 한 문장에 온 정성을 쏟는다.
4. 성실과 정확을 생명으로 삼고 일한다.
5. 긍정적이며 적극적인 신앙과 신행일치에의 안내자의 사명을 다한다.
6. 충고와 조언을 항상 감사로 경청한다.
7. 지상목표는 문서선교에 있다.

하나님을 사랑하는 자 곧 그의 뜻대로 부르심을 입은 자들에게는 모든 것이 合力하여 善을 이루느니라(롬 8:28)

규장은 문서를 통해 복음전파와 신앙교육에 주력하는 국제적 출판사들의 협의체인 복음주의출판협회(E.C.P.A:Evangelical Christian Publishers Association)의 출판정신에 동참하는 회원(Associate Member)입니다.